戦略思考
Collaborate your Creativity and Logic
コンプリートブック
課題解決できる思考の「OS」教えます

河瀬 誠
Kawase Makoto

日本実業出版社

はしがき

　この本を手にしたあなたが、今後、経験するビジネス人生は、あなたの上の世代が経験したものとは、相当違ってくるはずだ。上の世代と同じようにマジメに勤めていさえすれば会社は報いてくれる……、という考えは、あまりに甘い。あなたには今後、あなた自身が会社や組織にどんな「付加価値」を提供できるか、が厳しく問われるようになる。

　その付加価値をつけるのに最も大切なのが、「課題解決」の力だ。つまり、会社や組織の直面する課題を見つけ出し、解決していく力である。これからのビジネス環境を生き抜くのに必要なのは、自分で考えて答えを出す力だ。

　あなたがいくら高い学歴を追い、山ほどの資格を持っても、それだけでは力にならない。同じ貴重な時間を投資するなら、課題解決の力を身につけるほうが、ずっとあなたの力になる。

　そして、あなたに課題解決の力が備われば、自力で新しいビジネスを創り出せるし、自分のキャリアを自分で作ることができるようにもなる。年齢や会社に縛られた上の世代と違って、あなたの望むように、あなた自身のビジネス人生を切り拓くこともできるだろう。

　この課題解決の力のベースとなるのが「戦略思考」だ。これは、右脳の「創造力」と左脳の「論理力」をうまくコラボレートして、ベストな解決策を組み立てる思考方法である。あなたの「思考のOS」として、戦略思考をぜひともインストールしてほしい。

　この本を手に取った今が、あなたの出発点だ。戦略思考特有の頭の使い方を練習し、実際のビジネスで戦略思考を使いながら腕を磨いていっていただきたい。そして、課題解決力を備えた"できる"ビジネスパーソンへと成長し、会社と日本社会に付加価値を与えると同時に、あなた自身もこれからのビジネス人生を大いに楽しんでもらいたい。

2003年7月　　　　　　　　　　　　　　　　　　　　河瀬　誠

戦略思考コンプリートブック

はしがき

序章 戦略思考であなたの付加価値を高めよう

- （1）あなたに、サラリーマン人生は許されていない……………10
- （2）この本が役に立つ読者…………………………………………19
- （3）この本で学ぶこと………………………………………………20
- （4）この本の構成……………………………………………………22

第1章 オリエンテーション 戦略思考のアプローチを知ろう

- （1）ファクトをアクトに落とし込め………………………………26
- （2）仮説（＝仮の答え）を先に出せ………………………………38
- （3）小さく分けて解決せよ…………………………………………46

CONTENTS

\<Coaching 1\>
　（4）戦略思考をより身近に感じよう！ ……………………………50
Column
　戦略思考の欠乏症 ……………………………………………37

第2章　基礎トレーニング1
左脳でイシューツリーを作る

　（1）左脳のロジックで課題を構造化せよ ……………………………58
　（2）MECEに論点を捉えよう …………………………………………60

\<Exercise 1\>
　（3）MECE分解の軸を出せ ……………………………………………67
　（4）イシューツリーで論点分解せよ ……………………………70
　（5）イシューツリーの作り方 ……………………………………82

\<Exercise 2\>
　（6）イシューツリーを作れ ………………………………………90

\<Coaching 2\>
　（7）イシューツリーをより身近に感じよう！ ……………………98

第3章 基礎トレーニング2
右脳で仮説の手がかりをつかむ

　（1）顧客の視点から発想せよ …………………………………104
　（2）「常識」の枠から自由になろう ……………………………108
　（3）顧客の視点から仮説をまとめろ …………………………114

\<Exercise 3\>
　（4）仮説を作る ……………………………………………………124

\<Coaching 3\>
　（5）仮説についての疑問に答えよう！ ………………………126

第4章 実戦テクニック1
論点を分解し初期仮説を作る

　（1）初期仮説を作る7つのステップ ……………………………132
　　❶課題の目的と動機の共有 …………………………………134
　　❷右脳作業：仮説の洗い出し ………………………………140
　　❸左脳作業：課題の論点分解 ………………………………144

CONTENTS

❹右脳と左脳の突き合わせ …………………………………146
❺仮説とイシューツリーの見直し …………………………150
❻検討課題の洗い出し ………………………………………156
❼作業プランの作成 …………………………………………158

Column
あなたの会社にビジョンは必要か？ ………………………138
戦略思考の演習風景 …………………………………………162

Tool Bank A
ツール編A：論点分解ツール
❶3C：戦略の基本軸 …………………………………………166
❷4P：マーケティングの軸 …………………………………168
❸5F：競争環境の理解軸 ……………………………………170
❹7S：企業全体像の理解軸 …………………………………172
❺SWOT：強み・弱みの把握 ………………………………174
❻競争戦略：リーダーを追え ………………………………176
❼価格戦略：ベンツかヴィッツか …………………………178
❽ビジネスシステム：KSFの発見 …………………………180
❾プロセス分解 ………………………………………………184
❿利益方程式 …………………………………………………190
⓫ビジネスモデル ……………………………………………194

第5章 実戦テクニック2
仮説を実際に検証してみる

- （1）まずはファクトを集めよう …………………………… 200
- （2）グラフで仮説を検証しよう …………………………… 210
- （3）結論はピラミッド・スタイルで伝えろ ……………… 224

Tool Bank B
ツール編B：仮説検証ツール
- ❶トレンド分析：変化の原因を見抜け ………………… 232
- ❷シナリオ分析：どの打ち手を取るべきか？ ………… 242
- ❸パレート分析：優良顧客を囲い込め ………………… 248
- ❹勝敗分析（シェア分析）：市場リーチ率か勝率か …… 252
- ❺漏れ分析：どこを押さえて漏れを防ぐか …………… 256
- ❻ベンチマーキング：改善箇所を洗い出せ …………… 258
- ❼プロセス時間分析：外からの時間に目を向けろ …… 264
- ❽ピーク分析：稼働率を平準化せよ …………………… 270
- ❾クリティカル・マス分析：資源投入を効率化せよ … 274
- ❿プロダクト・ポートフォリオ・マトリクス：選択と集中 … 278
- ⓫損益分岐点分析：どれだけ売れば儲かるか ………… 284

CONTENTS

Column

ビジネス関連資料の入手先 …………………………………203
アンケートを頼りにするな …………………………………209
グラフを描くコツ ……………………………………………221
シナリオの評価モデル ………………………………………246
TOC（制約理論） ……………………………………………272
規模の効果と経験効果 ………………………………………277

 終章 戦略思考で
あなたの人生を豊かにしよう

（1）生活の中で戦略思考のスキルを磨こう ……………290
（2）戦略思考を活かしてあなたの人生を豊かにしよう ………296
（3）一口コメント付・ブックガイド ……………………300

あとがき

カバーデザイン／恵比寿ロコ・モーリス組
●
カバーイラスト／大高郁子
●
本文デザイン・DTP／シナプス（三宅秀典）
●
本文イラスト／岡坂浩樹

序章

戦略思考であなたの付加価値を高めよう

あなたに、サラリーマン人生は許されていない

　日本のビジネス社会は、あと戻りできない変化を起こしている。長らく日本人が馴染んできた"サラリーマン人生"、つまり会社に忠誠を尽くせば報われる、よい会社に入れば安心という生き方は、もう、あなたには許されていない……。

　こんなことは、あなたは今まで耳にタコができるくらい聞いただろう。"本当かよ？"と眉に唾をつけたくなるかもしれない。
　マスコミが騒ぐわりには、サラリーマン社会は何も変わっていないように思える。それが証拠にあなたの上の世代（＝団塊の世代）のオヤジ達は、どんな能なしでもしっかり会社に残っている。たとえ出世しなくても関係会社に飛ばされても、会社は丸抱えしてくれている。リストラの噂も聞くが、会社から完全絶縁された人はまだ少数派だろう。
　これなら、苦労して新しいスキルなんか身につけなくても、頭を低くして大過なくマジメに過ごせば、何とか今の会社にしがみつけるじゃないか、と思えるかもしれない。
　しかしそう思えるのは、あなたの上の世代までが単に"例外的にラッキー"だったからなのだ。
　年功序列は、右肩上がりの成長を続ける社会ではとても合理的な仕組みだった。会社に居さえすれば給料もポジションも上がる制度で、社員全員のやる気を引き出すことができた。団塊の世代までは、大きな会社に入りサラリーマンとなれば、その後の成功と幸せは保証されたも同然だったわけだ。
　しかし──、あなたの世代にそんな甘い話は通用しない。

序　章●戦略思考であなたの付加価値を高めよう

　企業を取り巻く環境は、すでに変わってしまった。日本はそろそろ人口減少に転じ、国内市場は頭打ちだ。競争する中国企業は高度成長期の日本企業のように快進撃を続けている。会社を守っていた業界秩序もグローバル化で崩れ、今の規制産業も次第にむき出しの競争にさらされる。

　それでも多くの企業は、団塊の世代までは何とか丸抱えしようと懸命に努力している。しかし、彼らにしゃぶり尽くされた後、会社にはあなたの世代まで丸抱えする力など残っていない。試しにあなたの会社の社員名簿と財務諸表を突き合わせて、団塊の世代の退職金をマジメに払ったら、いくらのキャッシュが残るか計算してみるとよい。多くの会社は抜け殻のようになってしまうことがわかるだろう。

　いい大学を出て、いい会社に入れば人生安泰という"成功方程式"は、団塊の世代で打ち止めだ。あなたにはもう、旧世代的なサラリーマン人生を送ることはできない。

　年功序列が崩壊したあとは、日本の企業社会も"普通の"資本主義の姿に立ち戻るだろう。つまり、あなたが手にする給料なり地位は、属する企業の規模や勤続年数などに応じたものではなく、あなたが企業に提供する"付加価値の対価"となる。

　つまり、これからは会社があなたに何をしてくれるかではなく、**あなたが企業にどんな付加価値を提供できるか**、が問われてくるのだ。

　会社からの指示をこなしていくだけの仕事に付加価値はもうない。そんな仕事しかできない人の値打ちは、どんどん安くなっていく。会社はもう、そんな"サラリーマン"は求めていない。

　あなた自身が企業に高い付加価値を与えることができなければ、いくらやる気があっても一生使い走りのままだ。いくら年次が上がっても、後輩に追い越されるだけだ。面白い仕事は回ってこない。付加価値を上げた実績がなければ、転職だって難しい。

　状況の変化を嘆いても始まらない。あなたは、高度成長の夢が終わり、世界で最も高齢化が進む社会に、否応なしに巻き込まれ、生きていかなければならないのだ。

● 課題を解決できる"ビジネスパーソン"へと脱皮しよう

　では、あなたが企業に付加価値を提供するには、どうしたらいいのだろう。それは、あなたが自分で課題を見つけて解決する力を持った人材＝「ビジネスパーソン」になることだ。

　"ビジネスパーソン"とは、自分で商売を見つけ出し、自分でビジネスを生み出していける人をいう。自力で課題を見つけ出し、自力で目標を設定し、自力で解決していく人だ。
　たとえ企業の中にいても、自分の才覚で商売する心意気のある人、自力で新しい仕組みを作りあげていける人、自分でやりたい仕事を見つけ取り組んでいける人だ。ビジネスパーソンこそが、これから最も組織に貢献し、また組織からも最も求められ、そして自分のリターンを最大化することができるのだ。

　付加価値を提供できないサラリーマンが企業の庇護を期待できなくなる一方で、課題解決の能力を備えれば、旧世代ができなかったことができる。企業があなたをほしがり、あなたの裁量も広がり、報酬も上がる。ひいては会社の都合でではなく、あなたがしたいようにあなた自身の仕事とキャリアを作っていけるのだ。
　どうせ仕事をするのなら、ワクワクできる仕事をしよう、面白い仕事をしよう。人の役に立つことを実感できる仕事をしよう。これから何十年か続く職業人生だ。そのためのスキルを身につけて、あなた自身が納得できる仕事をしよう。
　自分を安売りすることはない。値踏みされたくないなら、あなた自身が付加価値を身につけよう。そのためには、あなた自身がサラリーマンからビジネスパーソンへと、自らをグレードアップすることが必要だ。

●「戦略思考」を身につけろ

サラリーマンからビジネスパーソンへと脱皮するためには、「戦略思考」を身につける必要がある。戦略思考は、ビジネス上の課題を解決するという、ビジネスパーソンの基礎となる思考方法だ。あなたがビジネスパーソンへと脱皮するのに不可欠な、すべての土台といっていい。

下図を見てみよう。コンピュータにたとえれば、戦略思考はビジネスパーソンの思考のOS（オペレーティング・システム）だ。それに対して、財務、マーケティング、製造、人事などの専門知識は、OSの上で動く個別のアプリケーションだ。

アプリケーションを仕込んだだけでは、課題解決の付加価値は発揮できない。便利屋（＝スペシャリスト）として使われるのが精一杯だ。まずはOSを最初にインストールしないとはじまらない。

あなたがビジネスパーソンを目指すのならば、まずは思考のOS＝戦略思考を身につけることから始めよう。

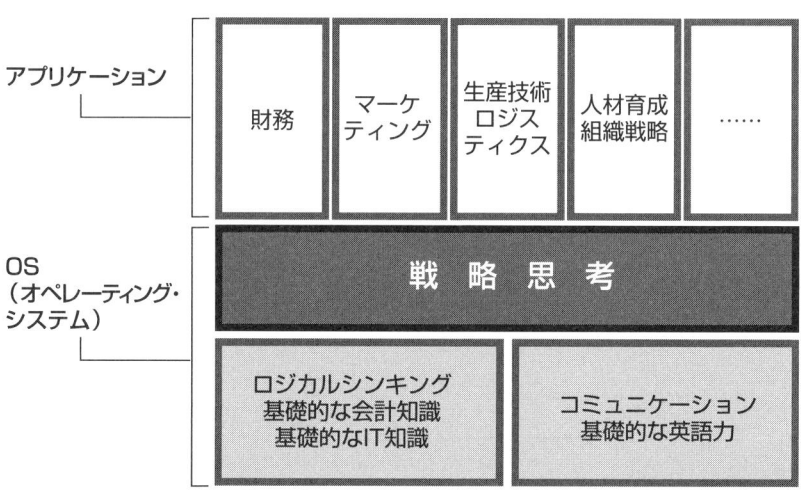

●戦略思考を身につけるには、どうすべきか

　ビジネスパーソンの思考のOS＝戦略思考。では、どうやって戦略思考を身につければいいのだろう？

　戦略思考は学校では教えてくれない。学校はすでにある正解を効率的に求める方法を教える場所だ。考える方法＝戦略思考を教える場所ではない。
　会社も教えてくれない。戦略思考を使いこなす有能なビジネスパーソンは多いが、各人が手探りで模索し身につけたのだ。会社が戦略思考を体系的に教えてくれるわけでない。
　ビジネススクールという手はある。しかし、本気で取り組むには（その価値はあるにせよ）、結構な時間と気力と体力とお金がかかる。

　では、本はどうだろう。最近は戦略関係の本も多数出ている。手っ取り早いし、最も現実的な選択肢だ。
　しかし、知識を仕込むこととそれを実際に使えることの間には"深い溝"がある。実は今まで、その溝をどう飛び越えるかを手取り足取り教える本はなかった。本を読んだら、あとは個々人の努力でその溝を飛び越さなければならなかったのだ。頭のいい本は多くても、現場で実際に動こう・使おうとすると、ちょっと距離感があったと思う。

　他の本を批判しているわけではない。実は、私もわからなかった。
　私は本業の傍ら、企業研修で戦略思考のコースを担当している。しかし、コースを受け持った最初の頃は、どうすれば受講生が戦略思考を使えるようになるか、よくわからなかった。知識やツールをいくら教えても"使うための肝心なエッセンスが伝わっていない"という、もどかしさで悩んでいた。

●戦略思考のエッセンスは「頭の動かし方」にあった

そんなある日、"学んでも戦略思考が使えないということは、要は頭の動かし方がわからないんだ！"と気がついた。

戦略思考の頭の動かし方は独特だ。**右脳の創造力と左脳の論理力**を、上手にミックスしながら頭を動かしていく。この頭の動かし方をつかんでいないと、いかに知識を詰め込んでも戦略思考は使えない。

この"気づき"以来、コースを全面的に変えた。頭の動かし方を丁寧に解説し、受講者の皆さんにもその場で実際に頭を動かしてもらうようにした。今では皆さんから、「目から鱗が落ちた」「今までで最も役立つ研修だった」「研修の日以来、社内の議論は皆が戦略思考を使っている」との言葉をたくさんいただけるようになった。

戦略思考のエッセンスは、まさにこの**頭の動かし方**なのだ。

戦略思考は体を動かすスポーツに似ている。
ゴルフ、テニス、水泳、スキー、自転車、車の運転、ピアノの演奏。まずは基本的な"体の動かし方"を体が覚えて、はじめて学んだ知識を使いこなすことができる。

戦略思考も同じだ。戦略思考の頭の動かし方に体（頭）が慣れたら、知識がとたんに活き活きとした、使い勝手のいい道具になるのを感じるだろう。

この本ではあなたに、戦略思考のエッセンス＝頭の動かし方を、できる限りキチンと丁寧に伝えたい。そして、皆さんが戦略思考を実際に使えるようになるまで助けていきたい。

●右脳のクリエイティビティと左脳のロジック

　戦略思考は、創造力の源泉である右脳と、論理力を司る左脳を同時に動かし、課題を解決していく。

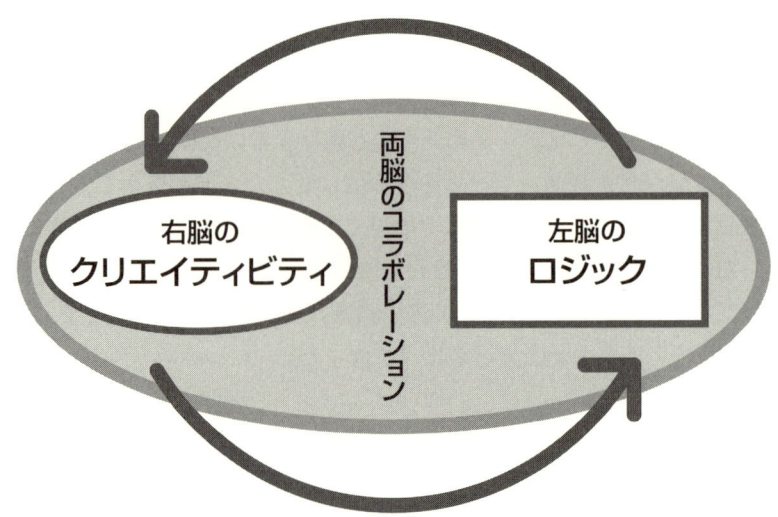

　優れたソリューションは**右脳の豊かな創造力**（クリエイティビティ、イマジネーション）から生まれる。楽しい、ワクワクする、花のある、賑やかな＝トンガリ（ある種の突飛さ）のある創造力が価値を生み出す。そして右脳の作るトンガリを、ファクトで検証したり客観的にツッコミを入れながら**ロジックにまとめあげるのが左脳**だ。

　左脳でどんなに精緻な分析をしても、貧困で凡庸な発想からは、何の付加価値も生まれない。逆に、右脳でどんなにいい発想が生まれても、ファクトで検証しないと現実的な解決策にはならないし、ロジックなしでは他人を説得できない。
　右脳のトンガリと左脳のロジック、戦略思考にはこの両方が必要だ。

●右脳の創造力を、意識して鍛えよう

　この本では、左脳と右脳の動かし方を両方教える。

　左脳でロジックを組み立てるには"イシューツリー"というツールを使う。右脳の創造力は"仮説"としてまとめあげる。この左脳のロジックと右脳のクリエイティビティとをいかにコラボレーションしていくかが、戦略思考の最もキモとなる頭の動かし方だ。

　戦略思考という言葉には、どうしても"左脳のロジック優先"という響きがある。現実問題としても言葉を司る左脳の働きのほうが勉強もしやすい。これまでの戦略思考の本は、どうしても左脳中心に書かれている傾向があった。

　しかし戦略思考では、左脳は脇役だ。左脳のロジックは、議論をみんなにわかるようにキレイに構造化する役であり、右脳の創造力を引き出すためのツッコミ役だ。漫才だって主役はボケ役だろう。

> 　右脳の創り出すトンガリのある豊かなアイデア、リアルなイマジネーション、ハズレも多いがときどきキラリと光るたくさんの仮説。それこそが、優れた解決策を作りだすのだ。戦略思考の付加価値を生み出すのは、あくまで右脳の創造力だ。

　事実、優れた経営者やコンサルタントは、左脳が明晰なだけではない。右脳の力、つまりビジョンを紡ぎ出す創造力、豊かなイメージを作り上げる発想力が、飛び抜けて優れた人が多いのだ。

　左脳だけが優秀な人の例なら、"昔はエリート学生の人気就職先だったが今は話題にもならない大企業の幹部社員"、また、"些細な手続論は得意だが大胆な政策を打ち出す力をなくした官僚"を想像すればよい。彼らに新しい価値を生み出す力はない。

●戦略思考を実際のビジネスで使いこなそう

　戦略思考はスポーツと同じだ。実際にプレーしないとなかなか上手くはならない。使わないままだと体（頭）がついていかなくなってしまう。使って使って、使い続けないと、「使える」ようにはならないのだ。

　スポーツ同様、習い始めのうちは、使い勝手もよくわからず、ぎこちないかもしれない。同僚から何を始めたのかと聞かれて照れくさいかもしれない。しかし、戦略思考は使っていくうちに、どんどん頭に馴染んでくる。次第にあなたの思考スタイルの一部となっていくはずだ。
　戦略思考は使ってナンボだ。日々のビジネスでどんどん使っていこう。そして、あなたの普段の思考がいつでも戦略思考のベースに切り替えられるようになったとき、あなたは"ビジネスパーソン"へのスタートをしっかり踏み出したことになる。

　大前研一氏が『ビジネス・ウエポン——生き残りたいサラリーマンのための発想術』（小学館）の中で喝破（かっぱ）したとおり、日本企業には戦略思考（＝創造力＋論理力）をきちんと使いこなせる人は、ほんの一握りしかいない。たとえ部長や役員クラスの人でも、またＭＢＡを持っていても、戦略思考を使える人は少数派だ。
　あなたが戦略思考を身につければ、あなたは組織に大きな付加価値を与えられる人になる。どこででも通用する人材になる。あなたの未来は大きく開けてくるはずだ。

　では、頑張っていこう！

この本が役に立つ読者

　この本がターゲットにする、この本を読んで役に立つ読者は、20代後半から40代前半の方、つまり**あなた**！だ。

　下の図を見てみよう。会社の中での立場が変われば、必要な能力も変わってくる。課題解決の力が最も求められるのは、職階でいえば若手のマネジャー、また課長という肩書きが見えてきた頃、まさにあなたの年代だ。

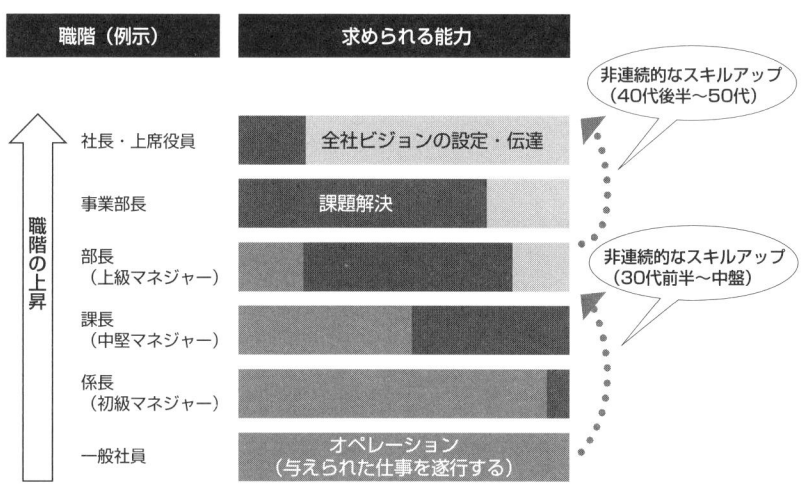

　今まで与えられた仕事を早く正確にこなして評価されてきたあなたも、管理職として部下を指導してきたあなたも、次のステップでは課題解決の力が大きく問われるようになる。

　課題解決の力は、今までの仕事の延長線上では身につかない。非連続的なスキルアップが必要だ。だから今までの仕事のやり方をちょっと離れて、この機会に戦略思考の力を新たに身につけよう。

この本で学ぶこと

課題解決は下図のステップで進めていく。

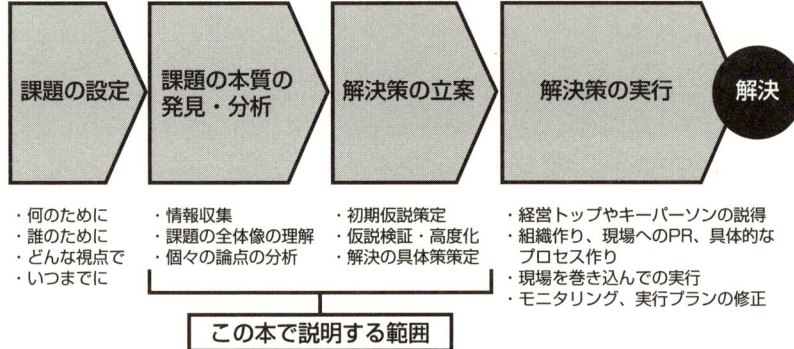

まず最初に解決すべき**課題を決める**。取り組むべき課題は何で、なぜ取り組む必要があり、また最終的に何を目標とするのかを、まずはしっかりと定義しよう。

課題が決まったら、次に**問題の根本を見つける**。必要なファクトを集め、個々の論点を分析し、結局、何が問題の根本なのかを探り出すわけだ。

その次が**解決策を作る**ステップだ。前のステップで探し出した問題の根本を解決するベストな方法を作り、具体的な実行プランを練り上げる。

実行プランができたら、それに従って**解決策を実行する**。経営トップやキーパーソンを説得し、必要なら新しい組織や事務プロセスを作り、現場を巻き込んで進めていく作業だ。そして解決策をキチンと実行すれば、課題はキチンと解決するはずだ。

序　章●戦略思考であなたの付加価値を高めよう

　この本では、このうち「問題の根本を見つける」と「解決策を作る」ステップに必要なスキルを説明する。なぜなら、この２つこそが、課題解決の力を身につけるのに最も重要なステップであり、また戦略思考を最も有効に活用できるステップだからだ。

　この本では踏み込まないが、「解決策の実行」もあなたが身につけるべきスキルだ。巻末のブックガイドにお勧めする本を紹介した。キーパーソンを説得するのに必要なプレゼンテーションのスキルなど、それらの本を読んで腕を磨いてほしい。
　一方で、「課題を決める」スキルは、あなたがリーダーとして頭角をあらわしてきた頃に必要となってくるスキルだ。今のあなたにはおそらく必要ないだろうし、そのときに学んでも遅くはない。

　また戦略思考を学ぶと、与えられた特定の課題を解決できる力が身につくだけではなく、たとえば、次のような問題にも解決方法が見えてくる。期待してほしい。
- 社内に課題は山積みだが、いろいろな問題が絡み合っており、何からどう手をつけていくべきかわからない。
- 会議がやたら多いけれど、出席者の間で議論がすれ違ったままか、モヤモヤしたまま会議が進み、ビシッとした結論が出ない。
- いつも「考えて仕事をしろ」と言われるが、何をどう考えればいいかよくわからない。

　なお、冒頭でも紹介したとおり、戦略思考は課題解決のOSだ。OS上の個別のアプリケーションにあたる、財務・人事・生産管理など専門分野のスキル（だけ）が必要ならば、別の本をあたってほしい。この本は、あくまでそれらアプリケーションを動かす基礎となる「考え方」を学ぶための本だからだ。

この本の構成

この本は下の図のように全5章で構成されている。

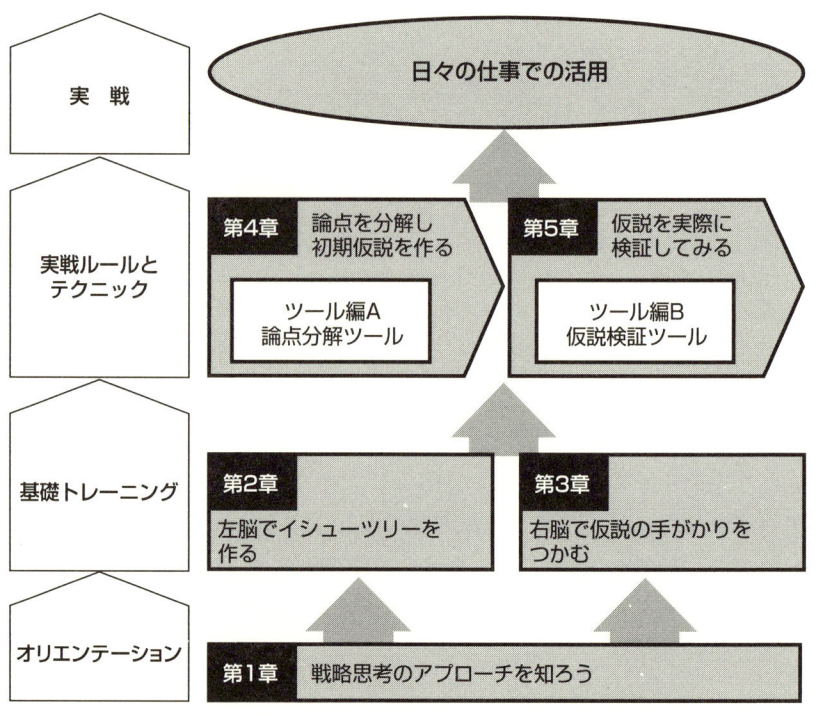

第1章・オリエンテーション：戦略思考のアプローチを知ろう
　まずは戦略思考で頭を動かす方法を大づかみに見てもらおう。とくに**仮説検証サイクル**は戦略思考のエンジンだ。しっかり頭に入れよう。

第2章・基礎トレーニング1：左脳でイシューツリーを作る

　ここから実際に頭を動かしてみる。まずは左脳からだ。"イシューツリー"を使ってロジックを組み立てる訓練をする。

第3章・基礎トレーニング2：右脳で仮説の手がかりをつかむ

　次は右脳を動かす訓練だ。右脳でのイマジネーションを"仮説"に組み上げる訓練をする。第2章と第3章で左脳と右脳を（まずは別々に）動かす感覚を身につけてほしい。

第4章・実戦テクニック1：論点を分解し初期仮説（＝たたき台）を作る

　右脳と左脳が別々に動くようになったら、戦略思考の実戦に入る。両脳をコラボレーションさせて初期仮説（＝解決策のたたき台）を作る。右脳と左脳を一緒に動かす感覚をつかんでほしい。

第5章・実戦テクニック2：仮説を実際に検証してみる（＝確かめる）

　初期仮説を作った次の段階は、作った**仮説を検証**（＝確かめ）し、結論を出す。この章では仮説を練り直すための検証方法や、そのために使うグラフについて説明する。

　また、第4章のあとにはイシューツリー作りに使える「**論点分解ツール**」、第5章のあとには仮説を検証するのに使える「**仮説検証ツール**」をつけた。標準的なツールの中で私が"使える"と思ったものを紹介した。きっと、便利に使ってもらえるだろう。

　そして、仕上げのステップは"**自分で使ってみる**"ことだ。この本を読み終わったら、身につけた戦略思考をビジネスの現場でどんどん試して使っていこう。

第1章

オリエンテーション
戦略思考のアプ

この章では、戦略思考の考え方を大づかみに説明する。ポイントは次の3つだ。

❶戦略思考は結果がナンボ→ファクトをアクトに落とし込め
戦略思考は行動するための思考法だ。得たファクト（＝データや情報）をアクト（＝行動）にまで落とし込むステップを「空・雨・傘・紙」という比喩を使って説明する。

❷仮説検証サイクル→最強の課題解決アプローチ
仮説（＝仮の結論）をいつも持ちながら、検証を繰り返してどんどん高度化していく「仮説検証サイクル」が戦略思考のエンジンだ。このエンジンをぶんぶん回せるようになってほしい。

❸論点分解→小さく分けて解決せよ
課題を丸ごと検討するのは難しい。戦略思考では、課題を小さな論点に分解していき、その論点ごとに仮説（＝仮の結論）を作る。その作業全体を見渡そう。

ローチを知ろう

- 実戦
  - 日々の仕事での活用

- 実戦ルールとテクニック
  - 第4章 論点を分解し初期仮説を作る
    - ツール編A 論点分解ツール
  - 第5章 仮説を実際に検証してみる
    - ツール編B 仮説検証ツール

- 基礎トレーニング
  - 第2章 左脳でイシューツリーを作る
  - 第3章 右脳で仮説の手がかりをつかむ

- オリエンテーション
  - 第1章 戦略思考のアプローチを知ろう

ファクトをアクトに落とし込め

●課題解決のアクトを起こせ

まずは身近な例で、課題解決のステップを追ってみよう。

このところ会社の帰りに突然雨が降ってきて、濡れたことが何回かあったとする。明日も出社するが、もう濡れたくはない。そんなとき、どんな順番でこの"課題"を解決するだろうか。

まずは、「空」を見上げてみよう。濃い雲がかかっているな……、などがわかるはずだ。すると、"あしたは「雨」かな"と予想がつく。明日が雨なら"じゃあ明日は折り畳みの「傘」を持って出よう"となる。しかし、思っただけでは忘れてしまう。忘れないためには"「紙」を玄関にでも貼っておく"など対応が必要だ。そうすれば、明日は帰りに雨が降っても濡れなくてすむ（＝つまり課題が解決する）わけだ。

この思考の流れをもう少し詳しく追ってみよう。

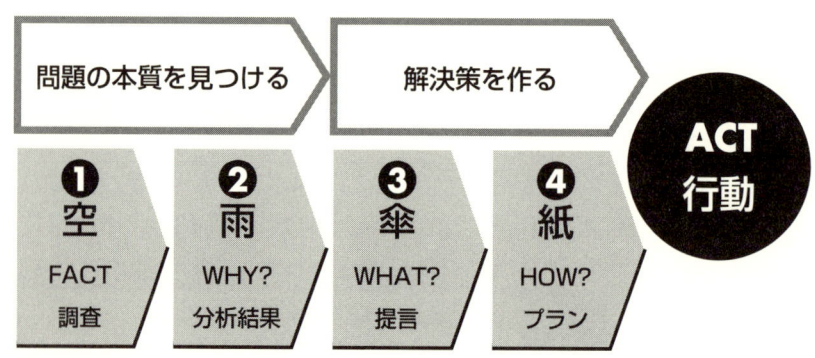

第1章●オリエンテーション：戦略思考のアプローチを知ろう

❶「空」→ファクト（＝情報・事実・データ）を集める

　空を眺めて現状を自分の目で確かめる以外にも、気圧の変化などトレンドを調べる、過去の天候統計に当たってみる、天気予報など外部の調査を入手するなど、いろいろな方法でファクトを集めよう。

❷「雨」→ファクトの分析結果を出す

　何が問題の本質なのかを分析し、**WHY?＝なぜ行動が必要か**、の問いに答えを出そう。明日は何か対策を取らないと雨に濡れてしまう。なぜなら、明日雨が降るのは昼からだ。朝、晴れていたら傘は持って出ない。会社に置き傘はない。だから対策が必要なのだ。

❸「傘」→具体的な提言をする

　いろいろなオプションを比較して、**WHAT？＝何をすべきか**、の問いに答えを出そう。雨に濡れないためには、折畳み傘以外にも、長傘を持って出たり駅でビニール傘を買うのも手だ。しかし長傘はかさばるし、買うのはちょっともったいない。だから折畳み傘を持っていくのがベストな解決策なのだ。

❹「紙」→行動（アクト）の具体的なプランを作る

　具体策を煮詰めて**HOW?＝どうやる？**、の問いに答えを出そう。"よし明日は折畳み傘を持っていくぞ"といくら決意したって、どうせ明日の朝には忘れてしまう。それなら「紙」を玄関に貼っておこう。朝、出かけるときに必ず気づくように、大きなピンクの付箋に「傘」とマジックで書き込もう。

　この一連の「空・雨・傘・紙」のステップ、つまりファクトに始まりアクトに落とし込むステップが、戦略思考の流れの基本だ。課題解決の流れに当てはめると、空と雨が"問題の本質を見つける"に、傘と紙が"解決策を作る"に相当する。

● 「空」と「雨」では現実を直視せよ

　「空」のファクト収集と「雨」のファクトの分析では、愚直にファクト（＝現実）を直視しよう。分析はファクトにのみ基づいてやればいい。主観的な"意見"はいらない。

　たとえば、利益が下がっているならばそれがファクトだ。"来期は盛り返すべく頑張ります"とか"来期は改善するはずです"などの主観的な意見は入れてはいけない。ファクトと意見をゴッチャにして議論してしまう会社も多いが、この二つは峻別しよう。

　空と雨の具体的な作業の進め方は、第5章で説明する。

● 「空」と「雨」だけで仕事をした気になるな

　課題解決の流れを、ちょっと視点を変えて、次ページの図のようにテニスでイメージしてみよう。

　課題は打ち込まれるボールを返すことだ。戦略思考で最終的にほしいのは、相手から打ち込まれたボールをしっかりと打ち返すアクトだ。

　そのためには、
　空：まず目でボールの位置と速度を捉える
　雨：頭でボールの着地点と返すべき位置落下点を考える
　傘：体全体でボールを追う
　紙：腕と手先をうまくコントロールして返球する

　という一連の流れが必要だ。どれが欠けてもボールはうまく返せない。

　さて、打ち込まれたボールは何が何でも返したい。へなちょこ球でもアウトしてでも、何もしないで打ち込まれるだけよりはずっといい。

　空のステップでボールの位置を追ってばかりいても、雨のステップでボールの落ち所を"ああでもない、こうでもない"と考えてばかりでも仕方ない。戦略思考は結果としての**行動**をしてナンボだ。向かってくるボールを相手に打ち返してこそ価値がある。

第1章●オリエンテーション：戦略思考のアプローチを知ろう

　しかし現実の世界では、ボールを返さないまま話をすませてしまっていることも少なくない。これでは「空」で止まってしまっている。一生懸命分析しても"事態は深刻さを増している。緊急の検討を要する"で終わってしまい、何の提言も出てこない。これでは「雨」で止まっている。どんなに一生懸命作業をしても、これでは課題は解決しない。
　さらにひどいと、「空」を放棄して"ボールは来ないはずだ"とか、「雨」を放棄して"あのボールはファウルになると思う"とか言ったりする。

　「空」でのデータ集めも、「雨」での分析も、それなりに大変な仕事だ。しかし、それはあくまで課題解決の入口だ。結果として何のアクトにも結びつかないのなら、そんな仕事はやるだけ無駄だ。
　日々の仕事や会社での議論の中で、"待てよ、今は「空・雨・傘・紙」の、どの段階かな"と自問しよう。そして、「空」や「雨」のステップで議論が空回りしているなら、あなたがイニシャチブをとって、どんどん「傘」、そして「紙」のステップまで引っ張ろう。

●「傘」ではキッパリものを言え

「傘」は提言を言うステップだ。この提言はキッパリ言おう。直接の行動に結びつく提言にしか、価値はない。言うべきことは"あなたは明日の朝は傘を持って出ろ"だ。

"さらなる調査を要する"なんて無意味な結論を出すくらいなら、始めから検討しなければよい。

"傘持ち運動の推進、傘忘れ予防の強化、降雨対策室の設置"なんて寝言を言うなら"何もしなくてよい"のほうがずっとクリアだ。

同じく"傘を忘れることを断じて許してはいけない""傘を持たないズボラな性格を改善しなければならない"なんて、正論や大局論を言っても仕方ない。

"傘を忘れないようにしよう"とか"毎日傘を持って出よう"とか、交通標語みたいなものもやめよう。

しかし現実には、こんな提言は世の中にあふれている。あなたの会社では、下図のような無意味な提言や戦略を謳っていないだろうか？

提言・戦略でないもの
■ ……の推進
■ ……の達成
■ ……の活性化
■ ……の強化
■ ……の充実
■ ……室の設置、などなど

現実的なアクションに落とすには
■ どうやって？
■ どのくらい？
■ いつから？
■ いつまでに？
■ 誰が？
■ できなかったらどうする？

出所:『ロジカル・シンキング』
照屋華子・岡田恵子（東洋経済新報社）より

第1章●オリエンテーション：戦略思考のアプローチを知ろう

提言では、**優先順位を明確にすることが大事**だ。

ありがちな誤りは、"ヤルべきコト・リスト"を作ることだ。"あれをヤレ、これもヤレ、もちろん今の仕事は全部こなせ。人は増やさないけど頑張れ"なんて、何も考えていない証拠だ。言う当人はいろいろ指示する自己満足に浸れるが、これでは真面目に取り組む人が馬鹿をみる。

"やるべきこと"を並べるのは簡単だ。生産性の改善、ブランドイメージの確立、人材の確保、海外展開、新技術の開発などなど、それだけ単独で議論すればやったほうがいいものばかりだ。しかし、実際にできることには限りがある。

"お金"という経営資源が不足するからだけではない。多くの場合、最も不足する経営資源は、意思決定する人の時間と集中力だ。どんな素晴らしい提言でも、意思決定者が十分にコミットできなくなったら、そのうちウヤムヤになって消えてしまう。

提言で重要なのは、最優先で取り組むことを絞り込むことだ。"やるべきこと"ではなく、**実際にやることを決めよう**。やることを決めることは、やらないことを決めることでもある。たとえば、今の戦力で新規顧客開拓を優先するなら、既存顧客の満足度は落ちるかもしれない。しかし、これは仕方ない。一方を優先するなら、もう一方を失うことも覚悟することだ。"どっちも大切"なんて甘い逃げはない。

たとえば、下の提言の例を見てみよう。あなたなら、この提言を聞いてどう感じるだろうか？　どう直すだろうか？　次のページに行く前にちょっと考えてほしい。

①当社は、品質の向上と原価の削減を、ともに推進する
②弊社はソリューション営業にシフトする
③弊社は大規模なリストラにより、本業を核に事業再編し、全社の利益率の確保を目指す

前ページの提言はちょっと見るとキッパリものを言っているようだが、まだまだ詰めが甘い。次のような疑問が出てこないだろうか？

> ①品質を向上させると、普通は原価が上がるのだが……
> ②ソリューションなんか提案していては、売上高が稼げない。どうせ最後は"足で稼げ！"という態度に戻る。やめやめ……
> ③その本業での赤字が全社の足を引っ張ってるのを、ご存じないんだろうか？　しわ寄せはいつも子会社か？

　同じ提言をするなら、何を取り、何を棄てるのか、どこまでを目指すのか、最低でも次に掲げる程度は明快にしておこう。ここまでクリアにして、はじめて意味のある提言となる。

> ①今年は、品質を現状レベルに維持し、原価を削減する
> 　→品質現状維持に伴うリスクは、甘んじて受ける覚悟を明言する。
> ②弊社の今年度の売上の20％をソリューション営業とする。この比率の達成を、全売上目標達成より重視し、また営業所・営業員の評価対象とする
> 　→営業員の評価につなげることで、はじめて営業員も反応する
> ③2003年に本業収益の抜本的な改善に着手し、2004年に本業の収益率を全社平均以上にアップ。2005年に売上高利益率5％未満の低収益事業をすべて売却する。
> 　→ここまでクリアに言わないと、疑心暗鬼が広まるばかり

　繰り返すが、戦略思考は動くため、結果を出すために使う思考方法だ。格好いいことや頭のいいことを言うだけの提言には何の価値もない。このことはしっかり頭に植えつけてほしい。

●「紙」で現場を動かせ

　「紙」は実行プランを練るステップだ。実行プランは**行動を起こすた**め、つまり現場の組織、生身の人間を動かすためのプランだ。せっかく「空・雨・傘」をクリアしたのだ。最後の細かいところまでキチンと詰め切ろう。

　どんなに素晴らしい提言も"ヤレ"と命令しただけでは何も動かない。現場を担当する生身の人たちが"これをやればよくなる"と実感できるプランを作って、そして、そのプランを納得できるように伝えて、はじめてものごとは動き始める。

　どうしたら現場が動くか、不安に思わせるところはないか、今ある仕組みとの整合性はとれているのか、新しい組織と業務プロセスは動きそうか、人選は大丈夫か、成功したときの"アメ"と動かないときの"ムチ"はそろっているか。泥臭い仕事だが、現場が信用し納得してくれなければ、どんなに改革を唱えても結局、途中で消える。現場を動かすうえでの障害を一つひとつ潰して実行プランを作っていこう。

　「紙」の段階では、実行の難しさばかりが浮かび上がることが多い。そんなときこそ、「空」と「雨」に立ち戻ろう。あなたが解決すべき課題は"難しいです。無理です。できません"といっていればすませられる話なのだろうか。

　すませられるなら無理に押し通すことはない。何も、いらない苦労をして新しく敵を作ることはない。しかし、「できません」ではすまされないなら、とことん**やり抜こう**。あなたの苦労は、あとで十分報われるはずだ。

現場が動かない、動きたくない理由には次の3つがある。それぞれの理由に従って、動かすための方法を考えていかなければならない。

❶新しいことへの不安
　新しいことをするのにはそれ相応のエネルギーや苦労がいる。今のやり方がどんなに不合理でも、それができるまでの歴史的経緯がある。現実問題として、現場の多くの人たちは今のやり方に順応している。悪意はなくても慣れたやり方を変えたがらない。それに、新しいことに対しては、どうしてもマイナス面を過剰に心配しがちだ。
　彼らに対しては、新しいことのリスクをキチンと開示したうえで、メリットをキチンと説明し、頭だけではなく腹から納得してもらうことだ。一度納得したら彼らはキチンと動いてくれるはずだ。

❷抵抗勢力
　2番目の理由が、不合理があるからこそ甘い汁を吸う抵抗勢力の存在だ。今のやり方が非効率で不合理であればあるほど、どこかで甘い汁が吸われているものだ。わかりやすい例は、無駄な道路と立派な公民館を作ることで延命している過疎地の建設業者と、その利権を分け合う行政・政治家だろう。彼らはあらゆる合理的な施策に命がけで抵抗する。
　このような明々白々な例でなくても、納入業者と有形無形のシガラミのある資材・総務部門、生産効率が低い工場の現場社員、能力主義では低く評価されてしまう営業所長なども、抵抗勢力といえるだろう。
　これらの部門や人たちには変わってもらうしかない。いくら抵抗勢力といっても所詮相手はサラリーマンだ。やり方次第では十分に変わっていく。もし、どうしても変われないのなら、最終的には退いてもらうしかない。

❸宦官
　「宦官」とは、沼上幹氏の『組織戦略の考え方』（ちくま書房）から

拝借した言葉だ。余計な仕事はしたくない、責任やリスクなど間違っても持ちたくない、でも組織からはずっと保護されたい、という人たちだ。年功序列の人事制度の申し子ともいえる。

宦官は、失敗に対しては第三者の立場から糾弾し、成功には自分の関与を主張する。新しいことには共同責任になるのを恐れて陰に陽に邪魔をして、成功しても失敗しても"だから俺が言っただろう"と勝ち組に乗る。日本企業の改革を考えると、この宦官が一番大きな障害だろう。

宦官は、失敗を小狡く避けて出世するので組織の中枢に結構いる。50代の幹部社員が全員"会社しがみつき命"の宦官で、30台後半もそろそろ宦官化なんて、笑い事ではない会社も少なくない。社内主流派が宦官の巣窟になっている会社も多いだろう。宦官は政治力もあるので、彼らと全面対決したら潰される。

何も、抵抗勢力や宦官と全面戦争を始めることはない。

たとえば、最初は感度の高い人だけで組織した実験部隊、またはやる気のある店長の実験支店だけで新しい取り組みを始める。それも社長直結のプロジェクト部隊にするなど、宦官の邪魔が入らない仕組みを作る。

そこで成功のノウハウを蓄え、成果を他の社員にアピールし、次の段階で順次全社に展開するなど、やり方はいくらでもあるはずだ。

新しいことに全身全霊で反対する生粋の抵抗勢力はごく少数だ。多くは、頭が若干固くて心配が若干過剰な人たち、または様子見の宦官だ。新しいやり方のほうが自分たちにもメリットがあると気づいたら、そんな彼らも遅れまいとして参加してくる。

ちなみに、現場が納得するまで実行プランを掘り下げていく例を、次ページの図に示した。実行プランを詰めていくと、組織が動かない原因は意外と深いところにあったりする。実行するうえで障害になると想定されることは、問題の核心に突き当たるまで掘り下げよう。そして必要なら、「空・雨・傘」の段階まで戻って検討しよう。

具体化と問題の掘り下げ

- 都市部では健闘していても、シェアが地方では上がっていない
- しかし、わが社のセールスマンは売上で賞与の大半が決まる。地方の販売は効率的でないため、地方に行くと賞与が大幅に落ちる
- わが社のセールスマンは大半が東京の私立大卒業で、同じ給与でも地方勤務は抵抗感がある
- 人を投入して地方全域をカバーしても、効率が低いままではコスト割れの可能性

- 地方に優秀なセールスマンを回せ
- 地方のセールスマンに対するインセンティブ付けを優遇すべきだ
- 併せて地域限定型の職制を作って人材を募集してはどうか
- 直接セールスを地方では見直し、代理店販売体制を取ることも

> 地方の販売が不振なのは、人事制度や販売制度そのものの不備にありそうだ。はっぱをかけるだけではダメだ。地域限定型の職制や代理店販売の導入まで踏み込んで考える必要がある……

　プランができあがったら、それを実行するのみだ。せっかく調査し、診断し、提言し、実行プランを仕上げた仕事だ。ぜひとも実行して、成果を上げよう。
　結果論からいうと、案ずるより産むが易いことが多い。実際に始めてみると、当初の心配事の多くは机上の空論だったとわかる。実際の難しさは、始める前に考えていたこととはまったく違うことが多いのだ。
　リスクは事前に十分検討すべきだが、最終的にはやってみないとわからない。動くべきかどうか迷ったら、まずは動ける範囲で動いてみよう。大筋で正しいことは、そうそう間違った結果にはならないし、細かいことは、やりながらあとで修正していけばよい。

Column
戦略思考の欠乏症

戦略思考には、「空・雨・傘・紙」の４つのステップがいずれも必要だ。体の一部だけが動いていても、ボールは打ち返せない。下図は戦略思考の欠乏症状だ。思い当たるフシはないだろうか？

「空」のみ
目と耳だけ働く"資料屋"

- 基本的には勉強家
- データに欠けがあると気になり、完璧に調べ尽くそうとして、それだけで時間が過ぎてしまう
- 何を聞いても結論が出てこないので、結局は便利なデータベース扱い
- 当人は自分の完全主義を誇りに思っている

「雨」のみ
頭だけ働く"予測屋"

- 基本的には頭のいい人
- 先が見えるのでさっさと診断を出してしまう
- ただし推論の根拠は結構いい加減だったり、知ったかぶり。新しいアイデアは出てこない
- 行動に結びつかないのに議論ばかり達者で迷惑千万
- 当人は自分のみが頭がいいと思っている

「傘」のみ
筋肉だけ働く"行動屋"

- 基本的には行動力のあるタイプ
- とにかく率先して「やる」ことが生き甲斐
- ただし、その行動は直感的で合理的な根拠に乏しい
- 声が大きく結論を引きずりがち。当たればスター、外れると大損害
- 当人は自分のみが実行力があると思っている

「紙」のみ
手先・足先だけ働く"心配屋"

- 基本的にはまじめ
- すぐに些末な手続きに目がいってしまい、心配に明け暮れる
- 課題の全体像が目に入らず、各論反対に終始
- 最終の具体化段階では重宝するが、それまでは単なるお荷物
- 当人は自分が現実の困難を直視していると思っている

上司や同僚の顔がいろいろ思い浮かんだと思う。でも、あなた自身が上記症状に該当することはないだろうか。意外に自己評価は甘いものだ。日々の自分の仕事や発言をちょっと振り返ってみよう。

仮説（＝仮の答え）を先に出せ

●仮説とは「仮の答え」。間違っていたら直せばいい

仮説とは、課題に対する仮の答え、仮の結論、仮の提言だ。たとえば下記のようなものだ。

課題： わが社（飲料メーカー）の新製品の目玉に、どんなものを投入すべきだろうか？
仮説（例）： "健康食品がブームになっている。ゴマジュースなんかヒット商品にならないか？"
課題： わが社の製品（車）は、どんな差別化で勝負すべきだろうか？
仮説（例）： "車はすでに居住空間だ。だから最新のカラオケ機能を標準装備にしてはどうか？"（トヨタが2002年10月にこんな製品を実際に発表した）
課題： わが社（ソフト会社）が競争力を強化するにはどうしたらよいだろうか？
仮説（例）： "コスト競争力強化に向け、中国での委託開発を本格化すべきだ"

これら仮説は間違っていてもかまわない。本当かどうか確かめて、間違っていたら直せばいいのだ。まずは最初の仮説（＝初期仮説）を置こう。そこから戦略思考のすべてのプロセスが始まる。

第1章●オリエンテーション：戦略思考のアプローチを知ろう

　仮説が正しいかどうかを確かめて、間違ったところを改善していくことを、**仮説検証**するという。戦略思考は、その仮説検証を繰り返しながら仮説のクォリティを高め（＝**高度化**するという）ていく。そして検証のすんだ仮説を最終的な**結論・提言**とする。この、"仮説→検証→仮説→検証"と続く**仮説検証サイクル**が、戦略思考の基本の基本だ。

　"仮説は間違っていてもいい"なんて、いい加減な話に聞こえるかもしれない。しかし、最初から正解を求めることができない以上、途中が間違っているのは仕方ない。
　現実のビジネスは学校教育とは違う。実は経営コンサルタントだけが知っている秘密の方法、ハーバードのＭＢＡ卒業生なら解けるすごい難しい解法があって、それに当てはめれば正解が得られる……、なんてことはない。誰も最初は正解は知らない。仮説検証の演習をすると、ときどき"知ってるなら、始めから正解の出し方を教えてください"という受講者もいるが、私だって答えは知らない。正解とは取り組んでいくうちに見えてくるものなのだ。

　誰も正解を知らないなか、最善の答えを求めるときに、仮説検証サイクルは**最強の方法**だ。たとえば、学校教育では正解を教える物理・化学も、その最先端は正解のない世界だ。元素周期表、ブラックホール、ＤＮＡの二重螺旋など、すべて仮説が出発点だ。仮説と仮説のぶつかり合い、仮説検証の繰り返しで、学問の最先端は進歩していく。
　ビジネスの課題も同じだ。まずは最初のたたき台＝初期仮説を作ろう。そして仮説と仮説をぶつけ合い、検証を繰り返しながら、よりよい結論にたどり着こう。

仮説検証サイクルと、あなたが普通に使う方法との差を、下図にイメージしてみる。

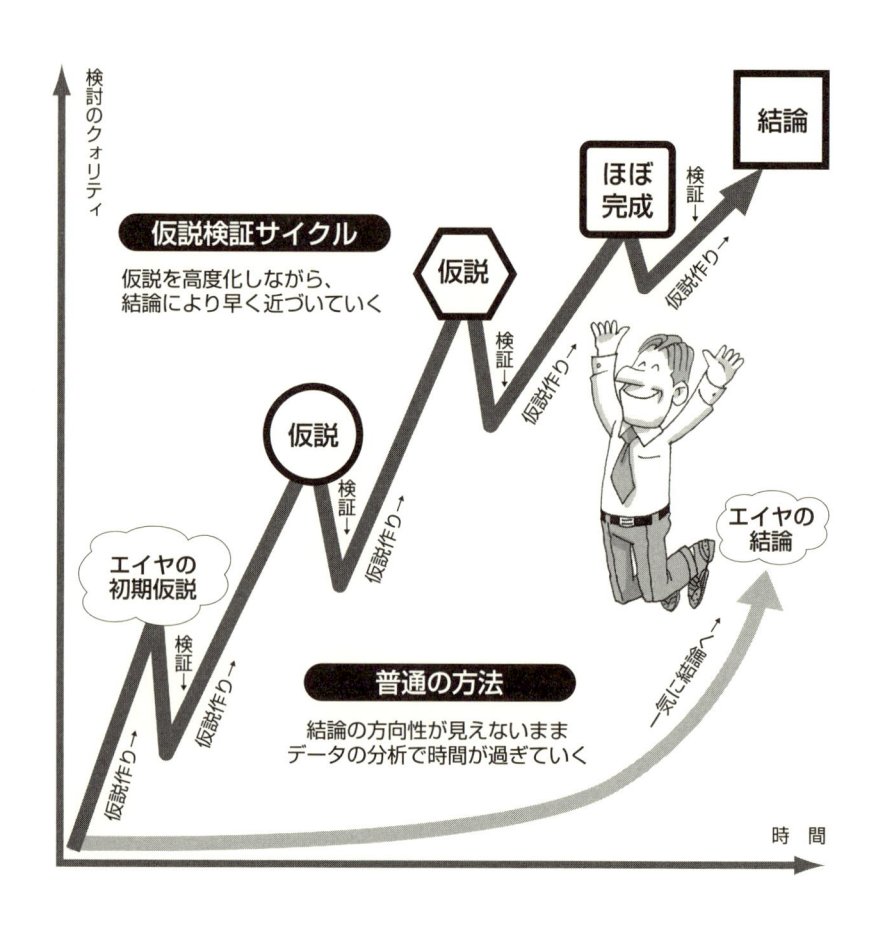

仮説検証サイクル
仮説を高度化しながら、結論により早く近づいていく

エイヤの初期仮説 → 検証 → 仮説作り → 仮説 → 検証 → 仮説作り → 仮説 → 検証 → 仮説作り → ほぼ完成 → 検証 → 仮説作り → 結論

縦軸：検討のクォリティ
横軸：時間

普通の方法
結論の方向性が見えないままデータの分析で時間が過ぎていく

一気に結論へ → エイヤの結論

　普通の方法では、ファクト収集と分析をずっと続けて、最後になって結論を出す。それに対し、仮説検証サイクルでは、**つねに仮説という答えの雛形を持ってファクトで方向修正していく**。したがって仮説検証サイクルを使うと、圧倒的に高いクォリティの結論を、短い時間に出すことができる。もう少しこの違いを説明しよう。

第1章●オリエンテーション：戦略思考のアプローチを知ろう

❶エイヤ！で始めて、データで詰める

仮説検証サイクルの初期仮説はちょっと乱暴だがエイヤ！と作ってしまうものだ。しかしそんな仮説も、作業が進むうちにファクトで検証、改善されて、どんどんクォリティが高くなっていく。

それに対して一般的な方法では、ファクトの収集と分析には時間をかける一方で、往々にして結論は最後の2〜3日の徹夜で辻褄を合わせてエイヤと作ってしまう。結論が必ずしも検証されていないわけで、これはコワイ。

❷短時間で効率よく検討する

仮説検証サイクルでは、早い段階から仮説という形で傘と紙を具体的に議論する。また、ファクトの分析作業（空と雨）も、傘と紙につながる最小限のものですむ。

それに対して一般的な方法では、関連するファクトを延々幅広く集めて分析しているうちに持ち時間の大半が過ぎてしまう。つまり作業時間の大半を、付加価値の低い「空」と「雨」のステップで使ってしまうわけだ。

❸つねにアクトを意識して検討する

仮説検証サイクルではつねに仮説という結論の雛形を持って検討するので、"とにかくやろう"という方向で気持ちが動く。上司にしたって、早い段階から"まだ見えない部分はありますが、今あるファクトからは〇〇〇すべきと考えます"と報告されれば、それに対して的確にコメントできる。現場にも作業レベルの相談ができる。

対して一般的な方法は、「空」と「雨」の段階の評論家的な作業が延々と続く。いつしか、それが仕事のメインと思いこんでしまう。"「傘」にちょっと触れたら仕事は終わり、「紙」は現場の責任だ"とか平然と開き直ってしまう。また、"こんなファクトを集めました"とだけ報告されても、上司も的確なコメントは出しようがない。

●ファクトとのキャッチボールで仮説を高度化しろ

　仮説を検証するとは、仮説に対してWhy So?（何でそう言える？）、True？（本当に？）を問い詰めていくことだ。仮説が正しいかどうかを確かめるために、ファクトを調べていく。

　また、新しいファクトが見つかるたびに、So What?（事実から何が言えるか？）を突き詰め、新しい仮説を作っていく。

　仮説検証サイクルでは、こんな仮説とファクトのキャッチボールにより、仮説をどんどん高度化していく。

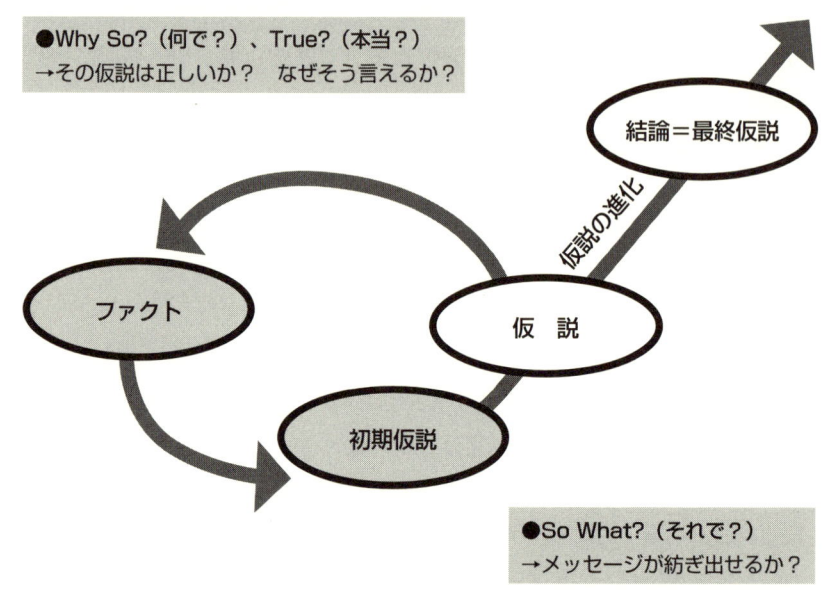

●Why So?（何で？）、True?（本当？）
→その仮説は正しいか？　なぜそう言えるか？

結論＝最終仮説

仮説の進化

ファクト

仮説

初期仮説

●So What?（それで？）
→メッセージが紡ぎ出せるか？

　……と、言葉で言うのは簡単だが、これを実際にやるのは結構しんどい。仮説を全然立てないまま"ファクトはこうなってます"とだけ言ったり（→だからどうした？）、ファクトの裏付けのないまま"俺はこう思う""こうやるのが正しい"と言ったり（→なぜ？、本当？）など、いかにもやりがちだ。しかし、それはやめよう。

仮説の進化の例を「新しい飲料の開発」を課題にして、ごく簡単に見ていこう。まずは初期仮説を作って、下図のように検証すべき論点と確認すべきファクトをリストしてみよう。

仮説の進化の例→新しい飲料の開発

仮説

課題： わが社（飲料メーカー）の新製品の目玉に、どんなものを投入すべきだろうか？

仮説： "健康食品がブームになっている。ゴマジュースなんかヒット商品にできそうだ"

検証すべきポイント

- 健康食品は、どの顧客セグメントでブームになっているか？
  - 顧客セグメントと自社のブランドイメージ、また強いセグメントは合っているか？
- 健康食品には、どんなものがあり、それぞれどんな効用があるのだろうか？
  - ゴマ以外にも、アピールできる食品はないだろうか？
- 競合商品は？
  - "ゴマプリン"など競合にはならないだろうか？
- それぞれの健康食品をジュースにしたときに、消費者に受け入れられるだろうか？
  - ゴマジュースはおいしいか？　またおいしさと効き具合のトレードオフは？（青汁は"マズサ"を売り物にしている）
- 実際の商品設計はどうすべきか？
  - 健康をアピールするとより高い価格で売れるだろうか？　マーケティングなど、どうすべきだろうか？

検討すべきポイントに沿ってファクトを集めていくと、いろいろ新し

いことが見えてくるはずだ。当初の想定どおりならその方向で検討を進め、違っていたら仮説を書き換えていく。それが仮説の高度化だ。

アピールすべきターゲット
　ファクト：　　高齢者と若い女性が健康に対し関心が高い。若い男性は健康には無関心
　→仮説の進化：やはりターゲットは、健康への関心が高く、新しもの好きな若い女性にしよう

健康効果の調査
　ファクト：　　若い女性は、ダイエット・低血圧・貧血・冷え症・便秘などで悩んでいる
　ファクト：　　それぞれ効く成分と食品は、カプサイシン（唐辛子）、鉄（プルーン）、セサミン（ゴマ）、など
　→仮説の進化：いろいろな選択肢がありそうだ、それぞれ調べてみよう

競合調査
　ファクト：　　ゴマドリンクはゴマプリン、ゴマアイスの競合。プルーンも類似競合食品多数、
　ファクト：　　カプサイシンは、サプリメントでは競合があるものの、食品では競合なし
　→仮説の進化：では、カプサイシンではどうだろうか

味覚調査
　ファクト：　　カプサイシン・ドリンクは、意外といけるぞ
　→仮説の進化：カプサイシン・ドリンクはインパクトありそう。この線でちょっと走ってみようか？

　クォリティの高い仮説を作るには、100点を一発で狙っても無理だ。今の50点、明日の60点、明後日の65点を積み重ね、1週間後の90点を目指そう。

●検証に見切りをつけて結論にしろ

　仮説検証の作業は、結論を左右する大事な論点から手をつけよう。"検証が簡単だから"と些細な論点ばかりに取り組むと、最後まで大事な論点が手つかずになってしまう。提言の骨となる、大物論点から手をつけよう（ただし小さな論点も、論点としては残しておく。些末だと思っていた論点が"実は大事"ということも結構あるものだ）。

　そして、検証の済んだ仮説を結論としよう。
　ただし、現実にはすべての論点を検証するのは不可能だ。時間が十分あっても必要なファクトが全部手に入ることはないし、検討の最中にも市場や競合の状況はどんどん変わっていく。
　どこかで検証作業に**見切り**をつけよう。ある程度以上の完成度になったら、それ以上の完璧さを追い求めても時間を浪費するばかりだ。

　見切る段階とは、結論の骨格がクリアになって、残った論点が些細なものばかりになったときだ。細かい論点まで全部潰そうとしたらキリがない。結論がクリアに見えたら、**走り始めてしまおう**。走らないとわからないことだって多い。走りながらでも仮説を変えていけばいいのだ。

　なお老婆心ながら、仮説に合わないファクトが出てきたら、潔く仮説を変えること。見ないふりをしたり、操作したりしてはいけない。変えるべきは仮説だ。現実の作業では自分の作った仮説に執着したいときも多々あるが、"これでいいじゃん"と言ってしまいたい誘惑に負けてはいけない。

小さく分けて解決せよ

●課題は論点に分解せよ

課題全体に答える仮説を最初から作るのは無理だ。そこで、戦略思考では、以下の３つのステップで考える。

❶まず、課題全体を個別の**論点に分解**する
❷そして、**論点ごとに仮説を立て検証**する
❸最後に、**論点ごとの結論を合成して全体の結論**とする

要は、個々の論点が解決できたら全体も解決できていますね、ということだ。下図でイメージしていただきたい。

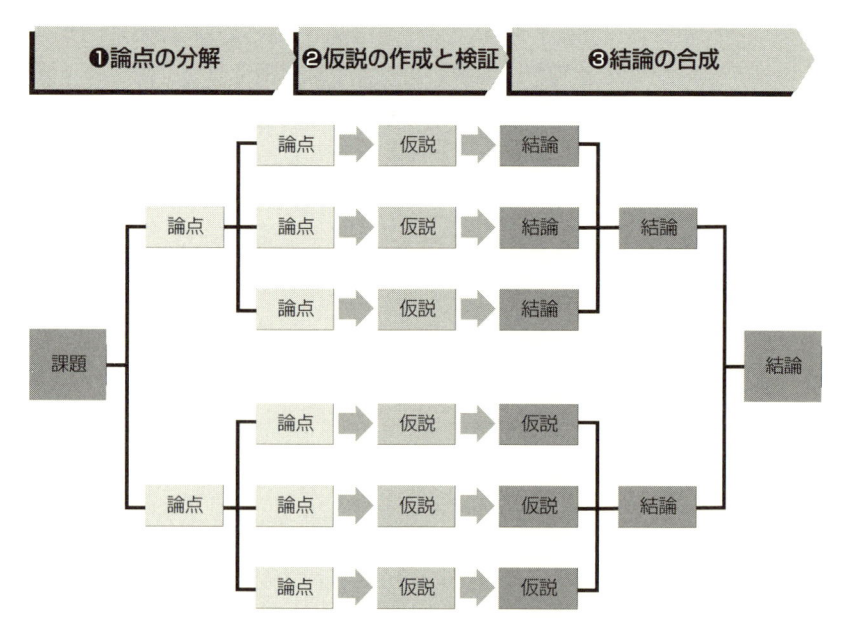

第1章●オリエンテーション：戦略思考のアプローチを知ろう

　先の全体図の左部分、❶論点を分解するの部分をイシューツリーという。

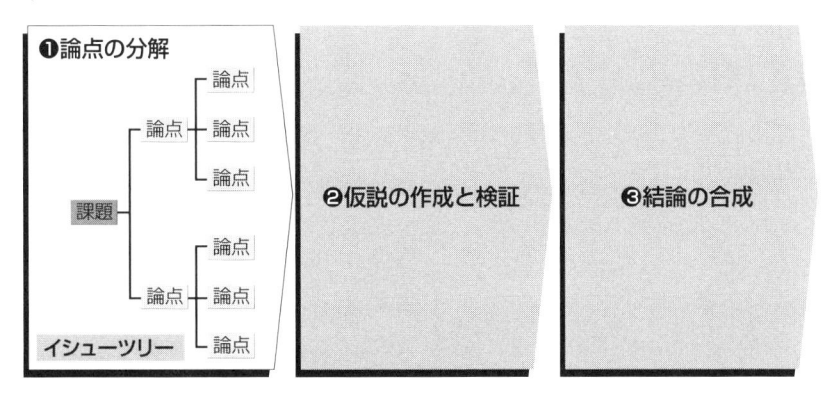

```
❶論点の分解
            ┌─論点
      ┌─論点┼─論点
      │     └─論点
 課題─┤
      │     ┌─論点
      └─論点┼─論点
            └─論点
 イシューツリー
```

❷仮説の作成と検証

❸結論の合成

　イシューツリーとは、課題をどう論点に分解していくか、そのロジックを示すものだ。一つの課題を複数の**論点**（イシュー）に次々に枝分かれさせる様子を樹形図（ツリー）で表わしたものだ。**ロジックツリー**ともいう。

　また全体図の右部分、❸論点を合成する部分をピラミッド・スタイル（またはピラミッド・プリンシプル、ピラミッド原則）という。

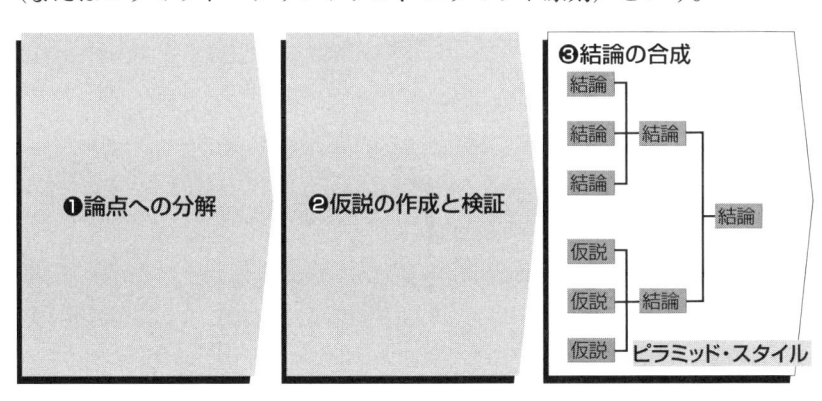

❶論点への分解

❷仮説の作成と検証

```
❸結論の合成
 結論┐
     ├─結論┐
 結論┤      │
     │      │
 結論┘      ├─結論
            │
 仮説┐      │
     │      │
 仮説┼─結論┘
     │
 仮説┘  ピラミッド・スタイル
```

　ピラミッド・スタイルは、個々の論点での結論を合成して課題全体の結論としていくロジックを示すものだ。全体の結論を頂点にして、それを支える結論が下に広がるイメージからこんな名前がついている。

47

先ほど例に出した"新しい飲料の開発"について、戦略思考の全体像にマッピングしたものを下図に示そう。どのように議論が形作られているか、イメージできるだろう（もちろんこれはあくまで例だ。この課題を本格的に検証すれば、もっと大きな展開図になる）。

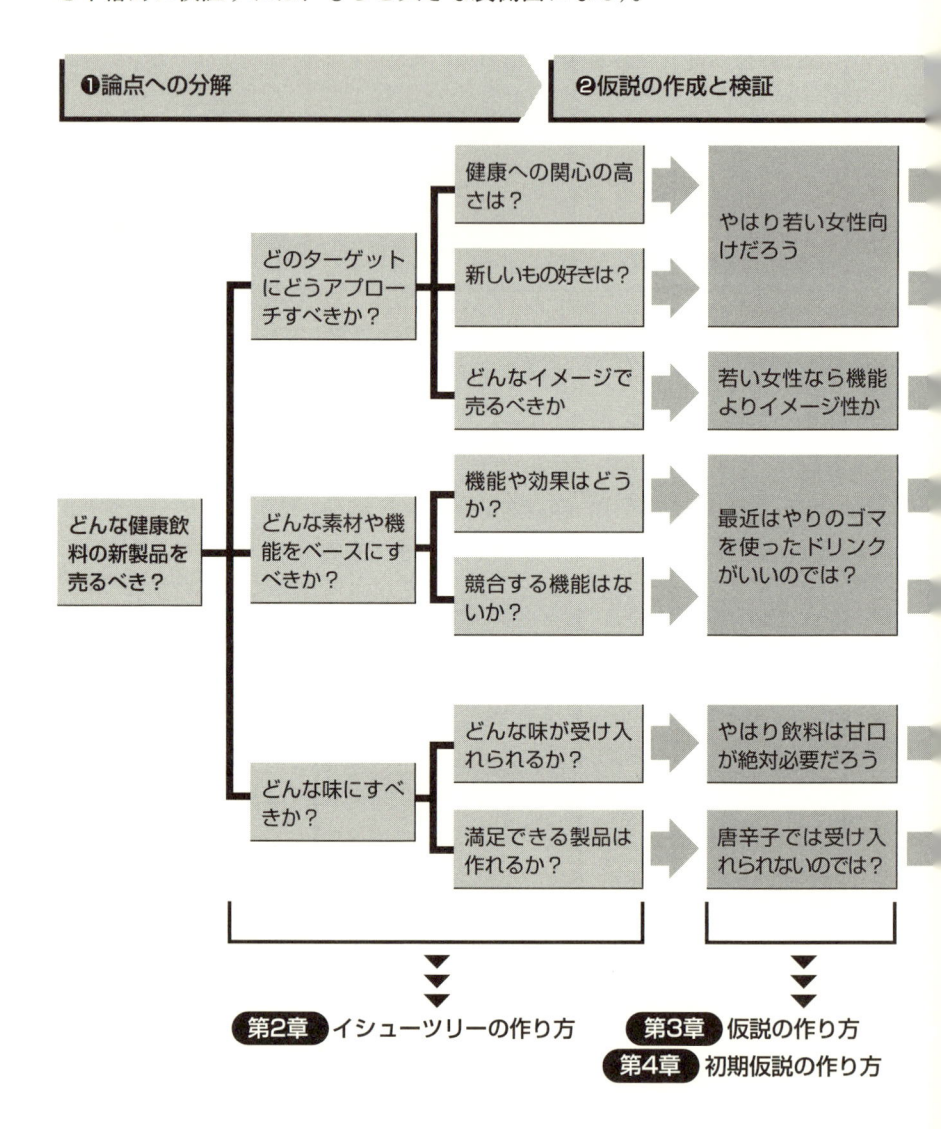

❶論点への分解　　　　　　　　　**❷仮説の作成と検証**

どんな健康飲料の新製品を売るべき？

- どのターゲットにどうアプローチすべきか？
  - 健康への関心の高さは？ → やはり若い女性向けだろう
  - 新しいもの好きは？
  - どんなイメージで売るべきか → 若い女性なら機能よりイメージ性か

- どんな素材や機能をベースにすべきか？
  - 機能や効果はどうか？ → 最近はやりのゴマを使ったドリンクがいいのでは？
  - 競合する機能はないか？

- どんな味にすべきか？
  - どんな味が受け入れられるか？ → やはり飲料は甘口が絶対必要だろう
  - 満足できる製品は作れるか？ → 唐辛子では受け入れられないのでは？

↓ **第2章** イシューツリーの作り方

↓ **第3章** 仮説の作り方
　第4章 初期仮説の作り方

第1章●オリエンテーション：戦略思考のアプローチを知ろう

　この本では、次の第2章でイシューツリー作りを、第3章で仮説作りの練習をし、続く第4章でイシューツリーと合わせた初期仮説作りの方法、第5章で仮説を検証する方法とピラミッド・スタイルについて説明していく。

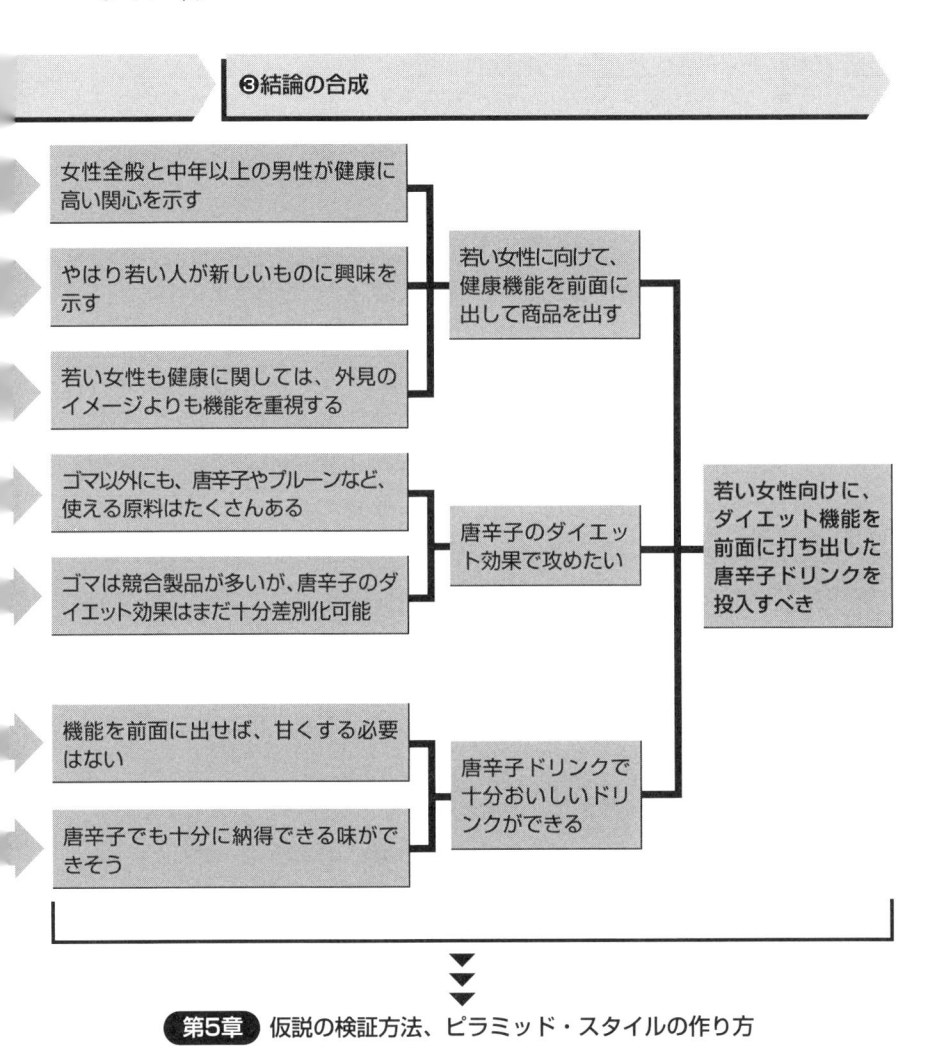

❸結論の合成

- 女性全般と中年以上の男性が健康に高い関心を示す
- やはり若い人が新しいものに興味を示す
- 若い女性も健康に関しては、外見のイメージよりも機能を重視する

→ 若い女性に向けて、健康機能を前面に出して商品を出す

- ゴマ以外にも、唐辛子やプルーンなど、使える原料はたくさんある
- ゴマは競合製品が多いが、唐辛子のダイエット効果はまだ十分差別化可能

→ 唐辛子のダイエット効果で攻めたい

⇒ 若い女性向けに、ダイエット機能を前面に打ち出した唐辛子ドリンクを投入すべき

- 機能を前面に出せば、甘くする必要はない
- 唐辛子でも十分に納得できる味ができそう

→ 唐辛子ドリンクで十分おいしいドリンクができる

▼▼▼
第5章 仮説の検証方法、ピラミッド・スタイルの作り方

Coaching1
戦略思考を、より身近に感じよう！

　第1章のオリエンテーションは、これで終わり。ここで、一休みしよう。そして章の頭にまた戻って、もう一度ざっと目を通してほしい。新しくわいてきた疑問はないだろうか。ここでは実際の研修場面で受講者からあがった質問をまとめてみたので、参考にしてほしい。第2章からは実際に頭を動かす練習に入る。

●戦略思考なんて、実際の仕事に本当に役に立つのだろうか？

　"また戦略思考なんて新しいことを吹き込んで、本当に役に立つのかよ"と思う人もいるだろう。しかし、戦略思考は実際のビジネスに見事に役立つ実用スキルだ。

　その証拠に課題解決請負会社といえるコンサルティング会社で、新入社員がまず真っ先に叩き込まれるのが、この戦略思考だ。戦略思考を身につけなければ、コンサルタントは仕事にならない。

　では、コンサルタントではないあなたにとってはどうだろう。

　正直な話をしよう。今までどおりのやり方でずっと仕事をやり続けるつもりなら、戦略思考はいらない。課題を解決する気がなければ、どんないい道具があっても役には立たない。

　だが、事業環境が変わるとき、それにあなたが気がついたとき、また、経営者が"変えなければ"と意識したとき、戦略思考は実に頼りがいのある道具となる。もし、経営者や上司がまだ目覚めていないならば、あなたは密かに戦略思考の腕を磨いておくこともできる。あなたの力を使える場面は遠からず来るはずだ。

第1章●オリエンテーション：戦略思考のアプローチを知ろう

●戦略思考はロジカル・シンキングや論理思考と、どう違うのか？

　ロジカル・シンキング（＝論理思考）は、論理的に考えをまとめるため、左脳＝ロジックの正確さを求める方法論だ。与えられた仕事を正確にこなすために必要なスキルといえる。
　それに対して戦略思考は、左脳に加えて右脳の創造力も使いこなし、課題を解決していくためのスキルだ。
　左脳の使い方をひもとくロジカル・シンキングは、戦略思考のベースとなるスキルといえる。不安があるなら学んでおこう。ベストセラーになった照屋華子・岡田恵子氏の『ロジカル・シンキング』（東洋経済新報社）をお勧めする。

●「仮説＝落としどころ」という意味なのか？

　これは**最もありがちな間違い**だ。
　最初から落としどころを決めて、それが"正しいこと"を検証（というか、理屈づけ）していくのは**最悪の方法**だ。「空」も「雨」も飛ばして、いきなり「傘」をもってくる方法だ。多少の仮説を考えたとしても、落としどころを超えた発想は出てこない。これでは今までの延長線上にある（効果のない）解決策しか期待できない。
　それでも当人は"最初に仮説（というか、落としどころ）を作っているから戦略思考じゃん"などと思っていたりするので、余計、たちが悪い。

　戦略思考で作る仮説は一つではない。幅広い複数の**戦略オプション**から最適なものを比較検討しながら、そして、はじめの仮説をどんどん変えて高度化しながらベストな解決策を作り上げる方法だ。最初の仮説をそのまま結論にする方法ではまったくない。
　こんな最悪の思考方法と戦略思考を、ゴッチャにしてはいけない。

●僕の会社の文化には、仮説を立てることは馴染まない。どうしたらいいだろう。

あなたの疑問はもっともだ。大企業になればなるほど、検証のすんでいない仮説を戦略として堂々と謳うにもかかわらず、社員が仮説を立てて仕事をしようとすると"仮の話をするな、データの裏付けのない話をするな"と封じる傾向がある。

とくに、あなたの上司が真面目一途な人（＝頭の固い人）だったら、今さらいくら仮説検証の考え方を吹き込もうとしても無駄だろう。

しかし、あなたが自分の頭で考える分には、戦略思考を使えるはずだ。自分の頭の中では仮説をどんどん出していこう。頭の固い上司に途中の仮説を見せて、わざわざ非難されることはない。上司には検証の終わった結論だけを見せればいい。

●製造業エンジニアの僕には、仮説をベースにする戦略思考はなじまないと思う。

確かにエンジニアの思考は、現に目の前にある製造ラインに縛られてしまいがちだ。そんなあなたは、柴田昌治、金田秀治両氏の『トヨタ式最強の経営』（日本経済新聞社）を読んでみよう。トヨタの強さの秘密は、経営トップから製造の現場担当者のレベルまで見事に仮説と検証に基づく戦略思考の考えを貫いているからだ、とわかるだろう。このように製造業でも、仮説をベースとした戦略思考を使いこなすことが競争力の強化につながる。

第1章●オリエンテーション：戦略思考のアプローチを知ろう

● 初期仮説がまるで外れていても、やっぱり戦略思考は効率的だというのか？

　仮説の修正にかかる時間はわずかだ。まるで外れた仮説で始めても、検討に何倍も時間がかかるわけではない。この意味では、仮説がたとえ間違っていても戦略思考は効率的だといえる。

　現実的に障害になるのは、むしろ心理的な抵抗感のほうだろう。今までの頭にあった考え方を否定するのは、慣れないと相当つらい。また部下に出してしまった指示を修正するのも、管理職としての信頼に関わると思う人もいるだろう。

　それに議論が下手な組織だと、仮説の議論をしていても"お前はこの前こう言った。いま逆のことを言うのはおかしい"と非難される。こんな会社では、間違っているかもしれない仮説を提案するのは相当に勇気がいるし、うまく仕事を回せなくなるかもしれない。

　しかし、これは戦略思考に原因があるわけではない。

● 戦略思考はそもそも誰が考えたのか？

　仮説検証の考え方自体は古くからあったと思うが、ビジネスに最初に体系的に応用したのは、米国のマッキンゼーという経営コンサルティング会社だ。日本で最初の戦略思考の本は、マッキンゼー元日本支社長の大前研一氏が著した『企業参謀』（プレジデント社）だろう。

　また戦略思考のトレーニングは、大前氏が日本向けに独自で始めた社内用プログラムがその始まりだ。この本も（間接的だが）その流れを汲んでいる。

● 仮説は修正していく、なんておかしい。事業とは、最初にビシッと決めた大方針に従って進めるべきじゃないのか？

あなたは組織のミッションと事業戦略を混同している。

ミッションは組織の大目的だ。最初にビシッと決めたら、変えるべきではない。それに対して事業戦略とは、ミッションを実現するための方法だ。経営環境や市場ニーズが変われば、それに応じて柔軟に**変えなくてはいけない**。そして、一度作った事業戦略も、その後の状況変化に柔軟に対応するべく**どんどん変えていくべきだ**。

"完璧な事業戦略を策定し忠実に実行するのが正しい戦略策定だ"なんていうのは間違った神話だ。むしろ多くの場合、最悪の方法でしかない。下図のイメージのとおり、事業環境がいかに変わろうと"迷わず正しい戦略"を延々と続けてしまうからだ。

正しい戦略とはむしろ、積極的に新しいチャンスを発見し、失敗から学び柔軟に方針を修正することから生まれる。

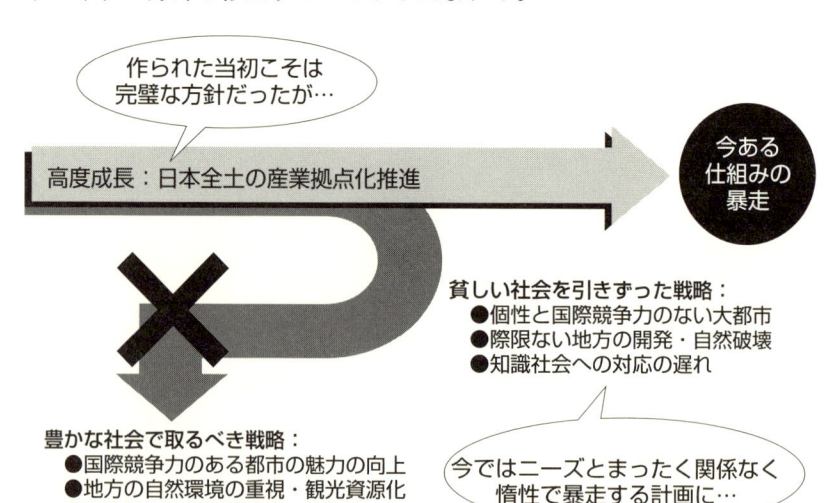

> 作られた当初こそは完璧な方針だったが…

高度成長：日本全土の産業拠点化推進 → 今ある仕組みの暴走

貧しい社会を引きずった戦略：
● 個性と国際競争力のない大都市
● 際限ない地方の開発・自然破壊
● 知識社会への対応の遅れ

豊かな社会で取るべき戦略：
● 国際競争力のある都市の魅力の向上
● 地方の自然環境の重視・観光資源化
● 工業社会から知識社会への転換

> 今ではニーズとまったく関係なく惰性で暴走する計画に…

第1章●オリエンテーション：戦略思考のアプローチを知ろう

　たとえば、戦略のお手本として戦略本によく紹介される、ホンダの米国でのオートバイの展開を見てみよう。ホンダは米国では50ccの生活用バイクという市場がないことに目をつけ、"素晴らしき人、ホンダに乗る"の有名なコピーに代表される巧みなマーケティングを駆使し、新しい市場を開拓した。そして小型バイクで確立したブランドをテコに大型バイクの市場に進出した。つまり、ホンダは完璧なマーケットエントリー戦略をもって米国市場に参入した、というわけだ。

　しかし、現実は相当違っていたらしい。ホンダも最初は他社と同じく、市場ニーズの高い大型バイクを輸出しようとした。しかし当時の日本製品が米国市場で評価されるハズもなく、ロサンゼルス駐在員達は暇を持て余し、自家用で持っていった小型バイクで砂浜で遊んでいたらしい。それが面白そうだと、次第に話題になったのだ。広告コピーも偶然その仲間となったUCLAの広告専攻の学生が授業の演習で作ったものだ。

　つまり、戦略立案という面ではホンダは失敗例だ。しかし、仮説を随時修正しチャンスを生かした点では、戦略思考のお手本といえる。

　ちなみに私のイメージする戦略策定・実行は下図のとおりだ。経営環境や新しい発見や失敗に従い、どんどん変化・成長するのが、あるべき戦略策定の姿だと思う。

第2章
基礎トレーニング1
左脳でイシューツリー

　この章では、戦略思考の頭の動かし方を実際に体験してもらう。最初のトレーニング・メニューは、左脳を動かすことだ。左脳でイシューツリーを組み立て、論点をロジックで構造化していく。その感覚をしっかりつかんでもらいたい。

　本文中に設けたエクササイズには必ず挑戦してほしい。実際にトライしないと、頭の動きや使う感覚は身につかない。

　この章で左脳の動かし方を身につけたら、次の第3章では、右脳の動かし方を身につけていただく。

リーを作る

```
実戦 ─────────── 日々の仕事での活用

実戦ルールと        第4章 論点を分解し        第5章 仮説を実際に
テクニック              初期仮説を作る              検証してみる
                    ツール編A                  ツール編B
                    論点分解ツール              仮説検証ツール

基礎トレーニング    第2章                      第3章
                    左脳でイシューツリーを      右脳で仮説の手がかりを
                    作る                        つかむ

オリエンテーション  第1章 戦略思考のアプローチを知ろう
```

左脳のロジックで課題を構造化せよ

●課題の「構造化」が課題解決への第一歩

　あなたが解決すべき課題は複雑だ。一筋縄では解けない。いろいろな論点がお互いに絡み合い、あちらを立てればこちらが立たずだ。

　しかし、下図の左側のように、それら論点がごっちゃになったままだと身動きはとれない。これではいくら議論してもラチがあかない。どんなによいアイデアが浮かんでも、全体の中での位置づけがわからなくては扱いようがない。

　課題を解決するには、論点同士の関係を整理し、課題の全体像が見えるようにする必要がある。これを、**「構造化」**という。下図の右側のようなイメージになる。課題を構造化できて、はじめて課題解決に向けた一歩が踏み出せる。

ぐちゃぐちゃな頭　　　整理された頭

●構造化の最強ツール＝イシューツリーを使いこなせ

課題を構造化するツールがイシューツリーだ。

イシューツリーとは下図のようなものである。まず、課題をいくつかの**論点**（＝イシュー）に分解し、さらにその下の**サブ論点**にと、どんどん分解していっているのがわかるだろう。

```
                 論点分解         論点分解              論点分解
                            ┌── 論点1.1 ──┬── 論点1.1.1
                 ┌── 論点1 ──┼── 論点1.2   ├── 論点1.1.2
                 │          └── 論点1.3   └── 論点1.1.3
                 │
                 │                                 論点分解
  課題 ──────────┼── 論点2                        ┌── 論点1.2.1
                 │                                 ├── 論点1.2.2
                 │                                 └── 論点1.2.3
                 │                   論点分解
                 └── 論点3       ┌── 論点2.1
                                 ├── 論点2.2
                                 └── 論点2.3
```

このイシューツリーは、**構造化の最強ツール**だ。簡単なツールだが、これを超えるものは現われていない。

いいイシューツリーを作るには、知識としてのノウハウに加え、最低限のトレーニングとそれなりの経験が必要だ。この本は、そのノウハウをキチンと、できるだけ丁寧に説明し、そのうえで読者（＝あなた）に簡単なトレーニングに挑戦していただく。

それでは最初に、さっそく次ページから、論点を分解するのに必要となるMECEという考え方を学んでいこう。

MECEに論点を捉えよう

●ダブリなく漏れなく説明しよう

　下の囲みを見てみよう。女性向け商品のコンセプトを考える会議での議論と思ってほしい。説明者は自信満々だが、聞く人は納得していない。A君の説明にはダブリがあり、B君の説明には漏れがあるからだ。

> A君：20代女性には"元気"をコンセプトに、既婚女性にはまったく逆の"癒し"をコンセプトに攻めたいと思います。
> 聞く人：20代既婚女性はどっちで攻めるの？
>
> B君：20代の独身女性と、30代以上の既婚女性にはこの"仕事バリバリプラン"はまったく受けませんでした。この商品はダメだと思います？
> 聞く人：30代独身女性はどこに消えたの？

　ダブリがあると議論全体が混乱するし、漏れがあると大きな論点がまだ隠れている不安が残る。これは簡単な例だから笑い話ですませられる。しかし、論点が複雑になってくると、ダブリも漏れもよく起きる。
　"ダブリなく漏れなく"を、戦略思考では「MECE」（ミーシー）という。Mutually Exclusive（相互排他的）& Collectively Exhaustive（全体補完的）の略だ。まずは課題をMECEに捉えよう。

第2章●基礎トレーニング1：左脳でイシューツリーを作る

●MECE分解には「軸」がいる

もう少し前ページの例を詳しく見てみよう。

A君は、女性市場を年齢と結婚で説明しようとしたのだが、途中でゴチャゴチャに重複させてしまった。また、B君の説明には漏れがあった。下図のマトリクスで見ると、構造がよくわかるだろう。

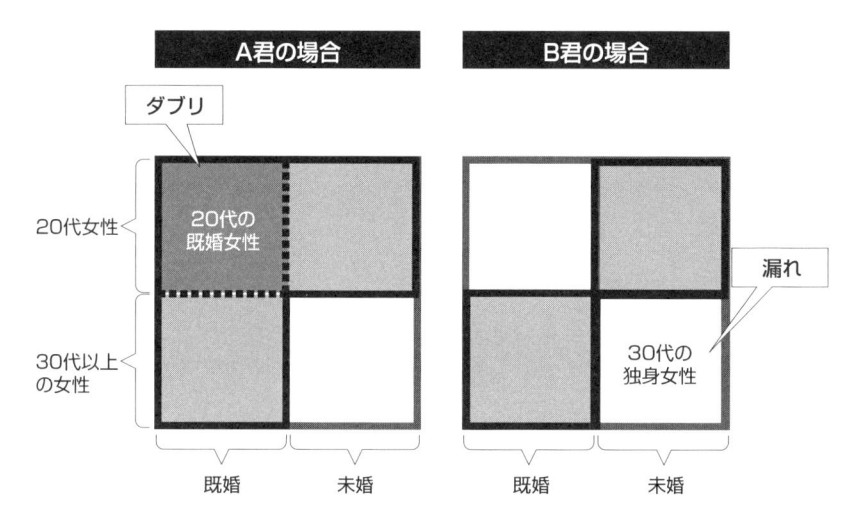

論点をMECEに捉えるコツは、論点全体（＝マトリクス全体）をいかにうまく切り分けるかだ。そのためには、どういう視点で論点を切り分けるかという**軸**（＝切り口）が必要になる。

この例では、年齢と結婚が軸に相当する。そして軸上の要素として、年齢の軸では20代・30代以上、結婚の軸では既婚・未婚という区分がある。

A君もB君も、年齢の軸か結婚の軸かで話してくれれば、聞く人は素直に納得できただろう。課題をMECE分解するには、分解の軸を決めよう。

以下、話題をワインに変えて、もう少し軸の説明を続ける。

●軸を作って全体像を明確にしろ

たとえば、あなたが「ワインを見繕ってプレゼントしたいのだが、そもそも、どんなワインがあるかな？」という疑問を持ったとしよう。それに対して、こんな答えが返ってきたらどうだろう。

> 「そうですね……、シャトーマルゴーはあまりに高いから、コストパフォーマンスならやっぱりチリですね。でも、ちょっと高いのを混ぜるなら、カリフォルニアのモンダビなどいかがでしょうか？ ボルドーを混ぜるなら、シャトーディッサンあたりが妥当ですね。イタリアワインは私は好きではありません……」

こんな細かい情報を羅列されても、聞く人は混乱してしまう。説明している本人の頭の中もおそらくゴチャゴチャだ。

しかし、ここに軸を入れたらずっとわかりやすくなる。

> 種類で切ると：赤、白、ロゼ
> 地域で切ると：旧世界：フランス、イタリア、ドイツ、スペイン
> 　　　　　　　新世界：カリフォルニア、チリ、オーストラリア…
> 葡萄の種類
> 　　　　　赤：カベルネ、メルロー、ピノノワール、ジンファンデル
> 　　　　　白：シャルドネ、リースリング、マスカット…
> ワインの価格帯
> 　　　　　テーブル（1,000円未満程度）
> 　　　　　プレミアム（1,000円〜5,000円程度）
> 　　　　　スーパー・プレミアム（5,000円以上）

課題が複雑になってくると、軸なしでは全体像はつかめない。議論を整理するためには軸を使おう。

第２章●基礎トレーニング１：左脳でイシューツリーを作る

MECEの軸の例をもう少し見てみよう。たとえば、ワイン、自動車、銀行の顧客で、いろいろ軸を出してみよう。

ワイン
　→種類、産地、ブドウの種類、価格帯、……
自動車
　→メーカー、車の種類、排気量、……
銀行の個人顧客
　→顧客の年齢、預金高、持家有無、……

軸上の要素には、たとえば下の要素が並ぶ。

産地	フランス、イタリア、カリフォルニア、……
葡萄の種類	カベルネ、マルロー、シャルドネ、……
車のメーカー	トヨタ、日産、ホンダ、……
車の種類	セダン、ワゴン、ワンボックス、……
顧客の年齢	10代、20代、30～40代、50代以上、など
預金高	0～300万円、300万～1,000万円、……

数学の概念でたとえてみると、軸は直行する変数軸に相当する。そのうえに「要素」という変数値がいろいろ並んでいる。理系の人ならイメージがわくのではなかろうか。

このように、MECEの軸を使って課題全体を切り分けていくことを「MECE分解」という。

●MECE分解をツリーで表現してみよう

　MECE分解は、ツリーの形でも表現できる。

　たとえばワインについて、ワインの種類と葡萄の種類の軸でツリーを作ってみよう。まずは、ワインの種類を軸にしてみよう。

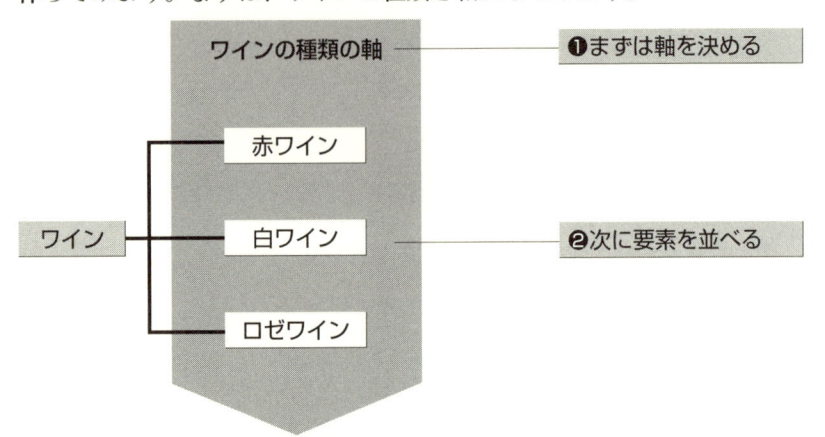

```
ワインの種類の軸 ──── ❶まずは軸を決める

ワイン ─┬─ 赤ワイン
        ├─ 白ワイン  ──── ❷次に要素を並べる
        └─ ロゼワイン
```

　次に、葡萄の種類の軸を重ね合わせてみよう。すると、下図のように葡萄の種類の軸はワインの種類の各要素につながってくる。

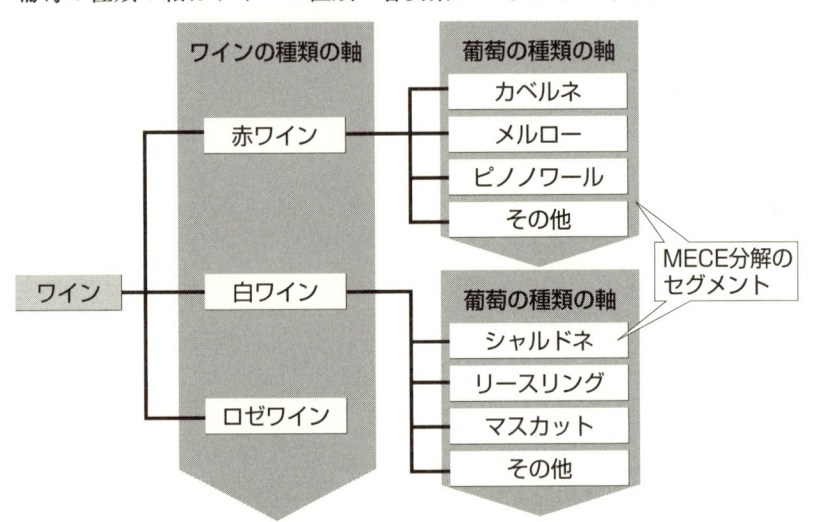

```
ワインの種類の軸        葡萄の種類の軸
              ┌─ 赤ワイン ─┬─ カベルネ
              │            ├─ メルロー
              │            ├─ ピノノワール
              │            └─ その他    }─ MECE分解のセグメント
ワイン ───────┼─ 白ワイン ─┬─ シャルドネ
              │            ├─ リースリング
              │            ├─ マスカット
              │            └─ その他
              └─ ロゼワイン
```

第2章●基礎トレーニング1：左脳でイシューツリーを作る

赤ワインと白ワインとで、分解の軸が違ってもかまわない。たとえば赤は産地、白は価格帯でというように分けてもいい。いかに全体像をうまく説明できるかで軸を選んでいけばよい。

軸をどう選ぶかは、問題意識に沿ったものにすればよい。たとえば、

- ワインの色をバランスよく混ぜたい場合は、色を最初の軸にして、各色の中から1本ずつベストなワインを選ぶ。
- それなりの贈答品で値段レンジをそろえたい場合は、まず3,000〜5,000円くらいのセグメントを作って、その中から見繕う。
- 珍しいワインが好きな人には、産地の軸で切って、東欧などのセグメントから選ぶ。

などがあるだろう。

このように複数の軸を使いながらMECE分解すると、論点全体をうまく表現できる。なお、分解して切り出された括りを**セグメント**という。この例では"カベルネの赤ワイン"、"リースリングの白ワイン"などが相当する。

また、軸の順番は大事だ。最初の軸を葡萄の種類に、次の軸をワインの色にしたら、うまくツリーは作れない。先にくる軸（ここではワインの色）のほうが、より**基本的・重要な軸**だ。

ところで、このワインのMECE分解について、次のような疑問を持った人はいないだろうか。

①葡萄の種類といっても、細かく分ければ100種類くらいはありそうだ。リンゴワインなんて入れるべきだろうか？
②葡萄原液を混合したのはどこに分ければいいんだろう？
③ロゼワインで赤と白を混合するのなんか、葡萄の種類の組み合わせは限りなくありそうだ。どうしろというのだ？

●MECE分解は納得感が大事。完璧でなくていい

　前のページの疑問を持った人は鋭いと思う。これらの疑問については、それぞれこう考えたらよいのだ。

> ①些末な葡萄について個別に議論する価値はない。リンゴワインやマイナーな葡萄などせいぜい全体の消費量の1割にもならないだろう。まとめて"その他"に入れてしまう。
> ②葡萄の混合割合の大きなものの中にくくろう。
> ③ロゼワインはマイナーだ。別にわざわざ葡萄の議論をすることはない。ロゼワインはこれ以上分解せず、打ち止め！

　MECE分解の目的は論点全体を納得感をもって見ることだ。課題全体をキチンと捉えていることがわかれば十分だ。それ以上の細かい議論は必要ない。

　細かな要素を"ないこと"にしてはいけないが、わざわざ議論することはない。「その他」で括ったり、要素だけ出して打ち止めにしたり、要は放ったままにしておけばいい。分類学ではないのだから、すべてを完璧に分解することはない。

　さて、MECEの説明はこれで終わりだ。本題のイシューツリーに進む前に、必ず右ページのエクササイズに挑戦してもらいたい。

> 　あなたがこの本を読む目的は、課題解決の力を身につけることだ。きちんと自分の力で考えよう。自分で考えを出すまでは、解答ページに進んではいけない。

Exercise1
MECE分解の軸を出せ

問1　MECE分解の軸を出せ

　以下の課題について、MECE分解の軸を思いつく限りあげなさい。また、その軸はどんな場面に使えるのか例をあげなさい。軸を階層的に考える必要はない。あげる軸の数は15～20個を目安とする。

- お昼休みになりました。あなたはランチを食べに行こうとしています。お昼のランチをMECEに分解しなさい。
- 今週末のお休みを、あなたはどう過ごすかまだ決めていません。休日の過ごし方をMECEに分解しなさい。
- あなたは車を買い換えようと思っています。車をMECEに分解しなさい。
- あなたは今のアパートには不満で、家を探そうとしています。どこに住むべきかをMECEに分解しなさい。
- あなたには、付き合っている彼・彼女がいるとします。結婚すべきか否かの判断基準を、MECEに分解しなさい。

問2　一般消費財の販売MECE分解

　一般的な消費財を販売することを考えなさい。そして、その販売チャネルをMECE分解しなさい。

解答例1：MECE分解の切り口

　下の例のように、たくさんの軸が思いついただろう。それぞれの軸の使える状況をカッコで挙げてみた。普段は意識していなくても、ランチに行くときはこれらの軸で総合的に判断をしているはずだ。

- 値段（月末、安くあげたかったら……）
- スピード（午後の会議の資料ができていなかったら……）
- ボリューム（おなかがとてもすいていたら……）
- 料理の種類（和食、洋食、中華など、食べたいものがあるとき）
- 場所（時間がないときは近いところで……）
- 雰囲気（お客さんがいるときには……）
- 混み具合（時間があるなら、行列のできているおいしい店という選択も……）
- メニューの豊富さ（人数がいる場合……）

　その他の軸には、店の規模、食べる場所（持ち帰りか店内か）、カロリーや塩分など健康への配慮、チェーン店か否か、自社製品など特定商品が置いてあるか、会社の食券補助が使えるか、自然素材にこだわっているか、店の清潔さ、店員の愛想のよさ、同僚・上司・取引先と会う確率、昼からビールの飲める所か、などが思いつくだろう。

> その他の例についての解答例は示さない。自分で考えること。

●解答例2：一般消費財の販売チャネルのMECE分解

この例題をMECE分解すると、一般的には下図のようなものになるだろう。

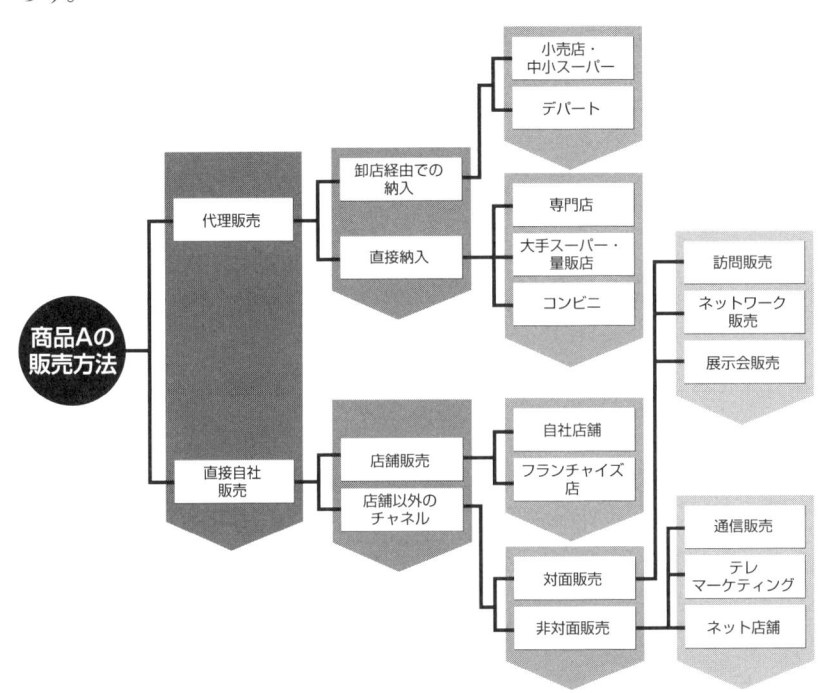

```
商品Aの販売方法
├ 代理販売
│   ├ 卸店経由での納入
│   │   ├ 小売店・中小スーパー
│   │   └ デパート
│   └ 直接納入
│       ├ 専門店
│       ├ 大手スーパー・量販店
│       └ コンビニ
└ 直接自社販売
    ├ 店舗販売
    │   ├ 自社店舗
    │   └ フランチャイズ店
    └ 店舗以外のチャネル
        ├ 対面販売
        │   ├ 訪問販売
        │   ├ ネットワーク販売
        │   └ 展示会販売
        └ 非対面販売
            ├ 通信販売
            ├ テレマーケティング
            └ ネット店舗
```

たとえば、あなたが"商品Aの売上を増やす"という課題を考えるとき、このように全体を俯瞰する図が役に立つ。それぞれのセグメントについて、売上高とその伸び率、または競争の状態を調べれば、打つべき手も見えてくる。

このような全体図なしに、たとえば"専門店対策を強化すべきです"と訴えても説得力に乏しい。

全体像を図に示してはじめて、噛み合った議論ができる。

エクササイズが終わったら、本論のイシューツリーに戻ろう。

イシューツリーで論点分解せよ

●イシューをMECEに構成しよう

　イシューツリーはMECE分解のツリーの進化形だ。軸や要素やMECEという考え方は、イシューツリーでも同じく使う。進化した点とは、MECE分解で分解される要素が"赤・白・ロゼ"といった単語であるのに対し、イシューツリーで分解される要素は"**疑問形の文章**"ということだ。これを「論点」と呼んでいる。

　論点とは、たとえば次のようなもので、文章であるから、当然、主語と述語がある。

- 私は、彼・彼女と結婚すべきだろうか？（Whether）
- わが社は、競合B社とどう戦えばいいのだろう？（How）
- 日本は、アフガニスタンにどの程度援助すべきだろうか？（How much）

　また、論点は疑問形なので、当然、それに対する答え＝結論もある。上記の論点に対する結論は、たとえば次のようになる。

- 私は、彼・彼女と結婚すべきだ。
- わが社は、B社と戦うため、製品品質を改善すべきだ。
- 日本は、アフガニスタンに年間1億ドル援助すべきだ。

第2章●基礎トレーニング1：左脳でイシューツリーを作る

では、課題をどのように論点に分解していくかを見てみよう。

ここでもMECE分解のように**軸**を使う。これより"わが社はワインをどう顧客に売るべきか"という課題について説明していこう。

ワインの"種類別にいかに売るか"を軸にとると、次のような論点が出てくる。

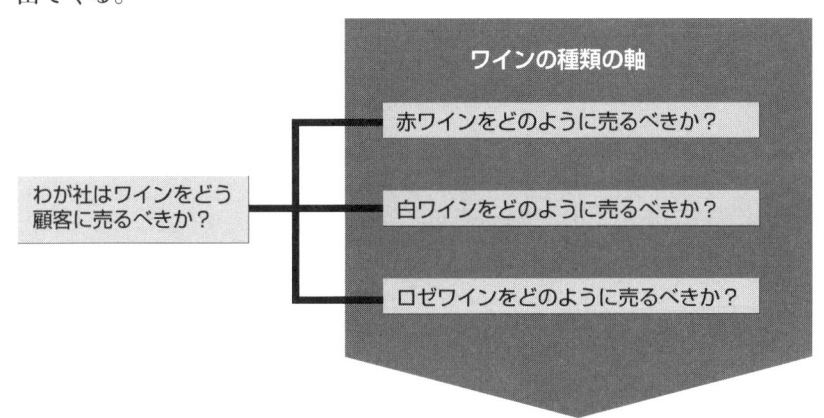

ワインの種類の軸

わが社はワインをどう顧客に売るべきか？
- 赤ワインをどのように売るべきか？
- 白ワインをどのように売るべきか？
- ロゼワインをどのように売るべきか？

また、戦略を検討するうえでの基本軸に3Cというものがある（第4章で紹介する）。課題を、市場（Customer）・競合（Competitor）・自社（Company）の3つの視点で検討するものだ。これで論点を分解すると、次のような論点が導き出される。

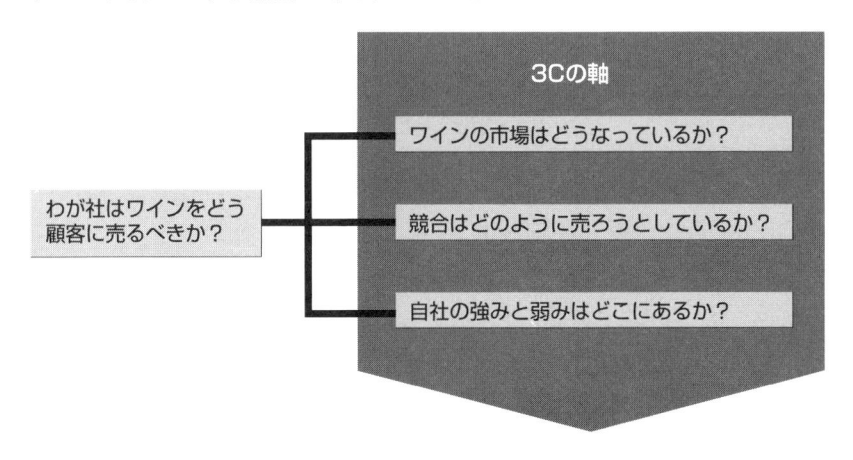

3Cの軸

わが社はワインをどう顧客に売るべきか？
- ワインの市場はどうなっているか？
- 競合はどのように売ろうとしているか？
- 自社の強みと弱みはどこにあるか？

3Cで分解した場合の一番上の論点を、下位のサブ論点にもう少し分解してみよう。

たとえば下図のように、ここで価格の軸で分解してもよい。

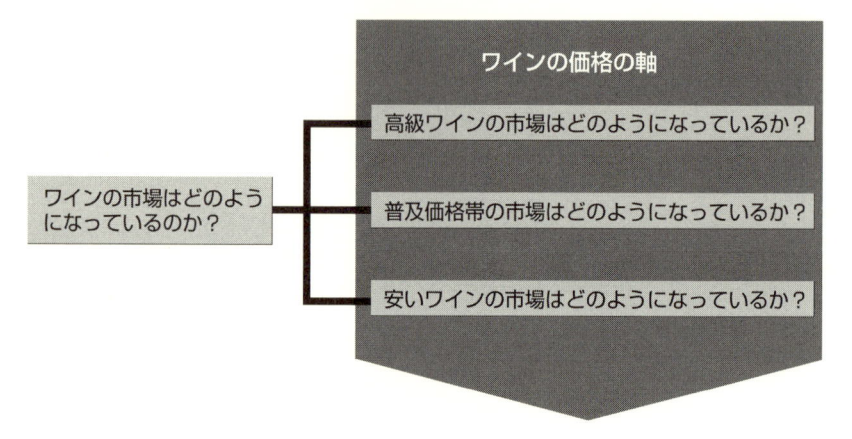

ワインの価格の軸

ワインの市場はどのようになっているのか？
- 高級ワインの市場はどのようになっているか？
- 普及価格帯の市場はどのようになっているか？
- 安いワインの市場はどのようになっているか？

または、下図のように、市場の視点から論点を深堀りしてもよい。

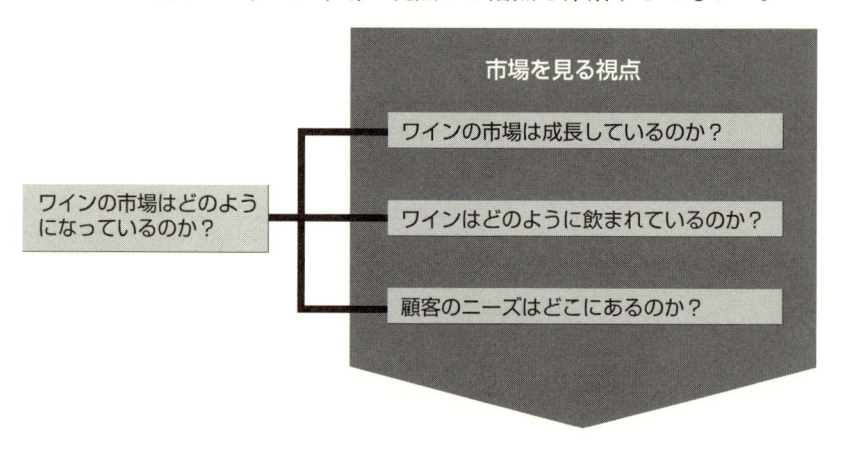

市場を見る視点

ワインの市場はどのようになっているのか？
- ワインの市場は成長しているのか？
- ワインはどのように飲まれているのか？
- 顧客のニーズはどこにあるのか？

このように、課題を論点・サブ論点に分解するのは、いろいろな筋道がある。イシューツリーは一つひとつがカスタムメイドだ。課題に最も合ったオリジナルのイシューツリーを作ろう。

さらに、たとえば市場を見る視点の"ワインはどのように飲まれているのか？"という論点を、もう少し具体的にイメージしてみよう。

> 主な場面は、食卓と外食店だろう。食卓といっても、普段の休日に飲むのは手頃なワインだろうし、来客のときに開ける、もしくはプレゼントに持っていくワインはちょっと高いものだろう。また、外食店でも、中高級レストラン、チェーン店・ファミレス、居酒屋では、置いてあるワインは相当違う。

このように具体的なイメージがあると、さらに下図のように論点が見えてくる。このようにイシューツリーを使いながら、課題を論点に分解していこう。

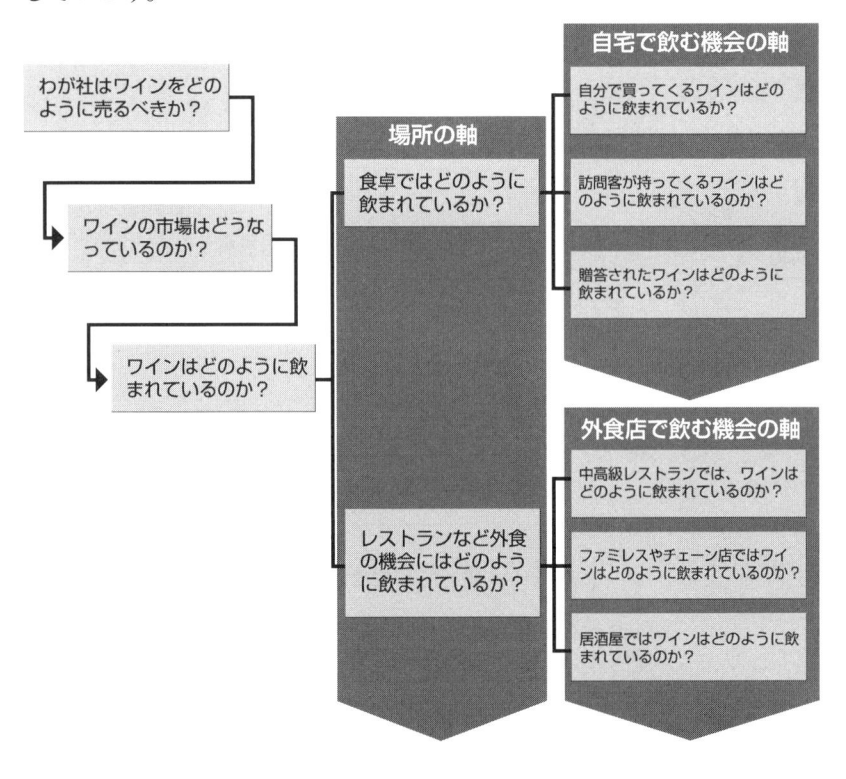

```
わが社はワインをどの         場所の軸              自宅で飲む機会の軸
ように売るべきか？
                         食卓ではどのように        自分で買ってくるワインはどの
                         飲まれているか？          ように飲まれているか？
  ワインの市場はどうな
  っているのか？                                 訪問客が持ってくるワインはど
                                              のように飲まれているのか？

  ワインはどのように飲                            贈答されたワインはどのように
  まれているのか？                                飲まれているのか？

                                              外食店で飲む機会の軸

                                              中高級レストランでは、ワインは
                                              どのように飲まれているのか？

                         レストランなど外食       ファミレスやチェーン店ではワイン
                         の機会にはどのよう       はどのように飲まれているのか？
                         に飲まれているか？
                                              居酒屋ではワインはどのように飲
                                              まれているのか？
```

●イシューツリーの軸はあなたの意思表明だ

　同じ課題でも、状況や目的に応じて、イシューツリーは異なったものになる。たとえば"どんなワインを買うか"という課題で、下図の例を見てみよう。

- 夫婦のために週末のワインを選ぶなら、やはり好みが最優先。その中で買える値段のものを絞っていくだろう。
- パーティーに持っていくには、センスよくオシャレに見えることが重要だ。値段は行き先に合わせればいいだろう。

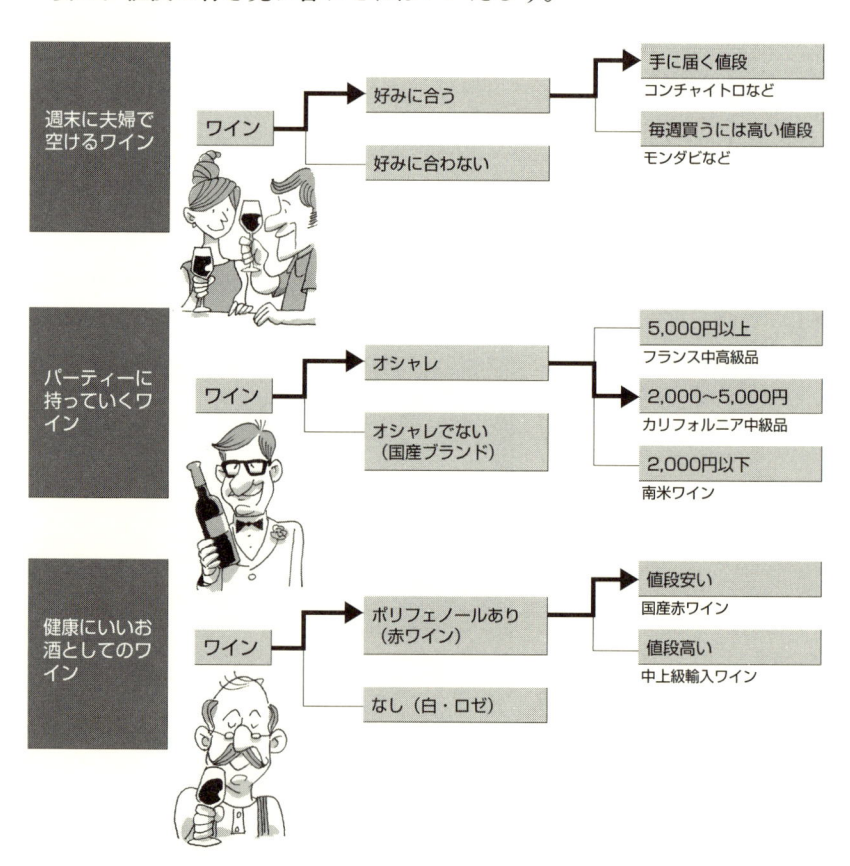

週末に夫婦で空けるワイン
ワイン → 好みに合う → 手に届く値段（コンチャイトロなど）／毎週買うには高い値段（モンダビなど）
　　　　→ 好みに合わない

パーティーに持っていくワイン
ワイン → オシャレ → 5,000円以上（フランス中高級品）／2,000〜5,000円（カリフォルニア中級品）／2,000円以下（南米ワイン）
　　　　→ オシャレでない（国産ブランド）

健康にいいお酒としてのワイン
ワイン → ポリフェノールあり（赤ワイン） → 値段安い（国産赤ワイン）／値段高い（中上級輸入ワイン）
　　　　→ なし（白・ロゼ）

- ワインが健康にいいと聞いた親から頼まれたものなら、ポリフェノールをたくさん含む赤ワインが前提だ。味がわかる人ではないので、安くて甘い飲みやすいものにしよう。

このように、イシューツリーの軸をどのように決めていくかは、課題の捉え方によって決まる。

先ほど出した"ワインの売上を増やす"という課題では、

- シチュエーションに合わせた提案が最も大事と考えるなら、自宅消費・パーティー・贈答品などのシチュエーションが軸となる。
- やはり流通を押さえるのが最も大事と考えるなら、飲食店・量販店・酒屋というチャネルが軸となる。
- 消費者ごとのニーズが最も大切と考えるなら、未婚女性・30代夫婦・中高年家庭という顧客セグメントが軸となる。

などの考え方があり、それぞれに一理ある。このように、同じ課題でも、課題の捉え方により論点分解は異なってくる。

論点分解の方法はいくらでもある。どの軸で分解していくかは、あなたが課題をどう捉えるかという意思表明だ。あなた自身が納得できる軸を選ぼう。

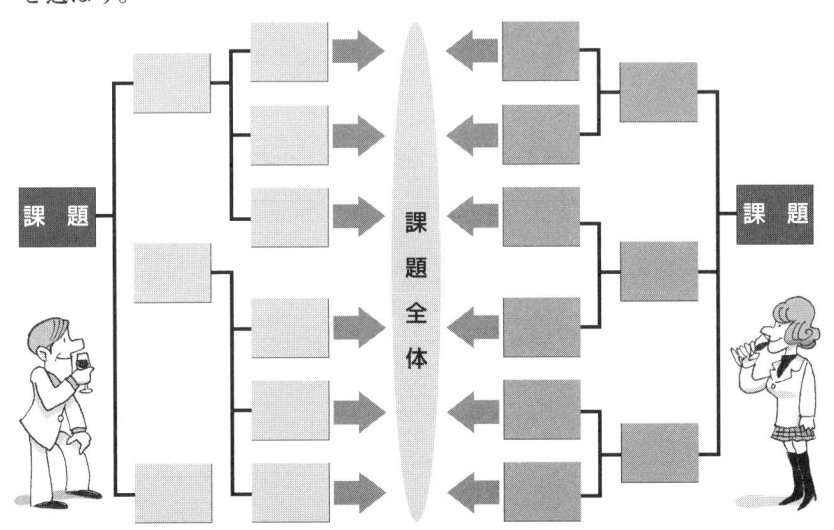

●イシューツリーをコミュニケーション・ツールとして使おう

イシューツリーを使うと、ロジックの流れと課題の全体像が一目瞭然になる。これがイシューツリーの最もパワフルな特徴だ。

よく"途中のロジックにかかわらず、ヤルコトを明確化するのが大事"と考える人がいるが、それは間違いだ。下の図を見てほしい。ヤルコトに至るまでのロジックがわからないと、状況がちょっと違っただけで、正しい判断は期待できない。

えーっと、妻の指定はチリの"×××××"（2,000円）だな。あれっ、ないぞ！

妻のロジックと夫に期待される行動

- ●とくに好きな銘柄を指定しているなら、何も買わない
- ●コスト・パフォーマンスに優れたワインとして例を挙げたなら、他に試飲していいものを選ぶ
- ●産地で指定しているのなら、チリの他の銘柄のワインを買う
- ●値段レンジで指定しているなら、同じ値段のものを見繕おう
- ●とにかくお酒がほしいなら、ビールや日本酒を買っておく

ビジネスの場合、状況はもっと複雑だ。すべての状況に対応した指示など出せない。"指示は明確に出したのに、部下は子供の使いしかできない"などと、部下を悪者にしてはいけない。

戦略思考のできない人は、部下にヤルコトは指示するが、そのロジックを説明しない。自分のロジックがしっかりしていないので、説明できないのだ。しかし、ロジックなしでヤルコトだけ指示された部下に正しい判断のしようがない。

第2章●基礎トレーニング1：左脳でイシューツリーを作る

　また、仮にヤルコトで一致していても、実はロジックが違う同床異夢も起こりがちだ。たとえば"転職祝いに洒落たレストランでいいワインを飲もう"と夫婦の意見が一致したとしよう。でも、そこに至るまでのロジックは、下図のように妻と夫でまったく違うものかもしれない。たまたま今はヤルコトで一致しても、あとで必ず"そんなハズじゃなかった"ということになる。

夫：
- 新しい会社では収入も上がるが、業績が悪ければ、首になるリスクもある
- 来年は収入が下がるかもしれない。出費はできるだけ抑えて、貯金に回そう
- そのためには、贅沢な外食も今回のような特別な機会に限らないと……
- 今回の外食を最後の贅沢にしばらく出費を切りつめよう

妻：
- 新しい会社は、相当収入も上がるし、夫のキャリアにもプラスだわ
- 夫は有能だから、この機会をステップにまだまだ上を望めるわ
- 生活レベルも上がるし、いいレストランも楽しめそうね
- 次は一緒に海外旅行に行きたいわ

　そして、同じロジックでも状況が変われば最善の行動も変わる。状況が変われば、判断の結果が変わるのは仕方ない。ロジックが一貫している限り、最後の結論が変わっても、その人は首尾一貫しているわけだ。
　個別詳細の発言内容ではなく、発言のロジックをまず追おう。相手の言葉尻を捉えて"あのとき、こう言ったじゃないか"とか、低レベルの議論をするのはやめたい。

そして、コミュニケーションには**課題の全体像や優先順位を共有する**ことも大事だ。

　たとえばホームパーティーで、夫の優先課題は仕事の話をすること、妻の優先課題がワインや料理の話をすること、だったとしよう。

　夫が、妻の指定するワインでなく発泡酒を買ってきたら、妻はガッカリするだろうし、夫が仕事の話をしているときに、妻が子供の話で割り込んだら、夫は不機嫌になってしまう。

　似たような話は、会社の中にもたくさんある。複数の部門が集まると、どうしても自分の担当部門に都合よく解釈する。部門が違うと、同じ発言でもまったく違う文脈や重要度で理解することも多い。

　こんなことを避けるには、まずはイシューツリーを作って、課題全体を整理しながら議論してみよう。お互いの問題認識のカイ離に愕然(がくぜん)となることが多い。課題を見る視点、捉え方は人によって全然違う。それがイシューツリーを描くことで明らかになる。

　またイシューツリーを描くと、大議論をしていたことが枝葉末節であったり、ちょっと気にかかっていたことが、実は大問題だったりする。

　課題のどこが重要か、何に取り組むべきかを全員で理解・共有することで、はじめてチームが一体となって課題解決に向けて動き始める。

　逆にロジック抜きで、ヤルコトだけを指示する文化の会社では、"社長・部長はどんな理屈でこういうことを言ったのか"を忖度(そんたく)(＝おしはかる)するのに、部下は莫大なエネルギーを費やす。そして、忖度できるタイコ持ちみたいな社員が"有能だ"と評価されて出世していく。こんな人材の無駄遣いはやめたい。

第2章●基礎トレーニング1：左脳でイシューツリーを作る

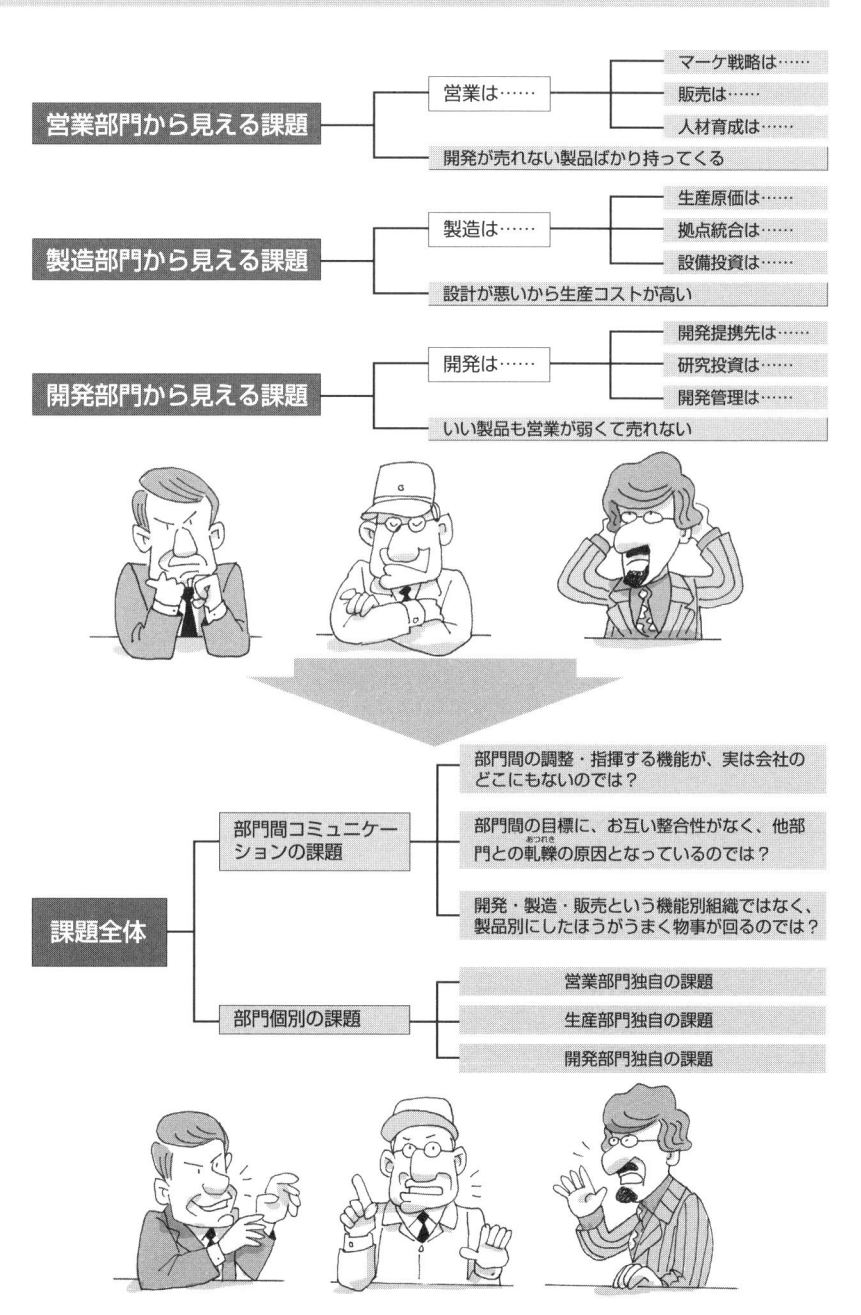

営業部門から見える課題
- 営業は……
  - マーケ戦略は……
  - 販売は……
  - 人材育成は……
- 開発が売れない製品ばかり持ってくる

製造部門から見える課題
- 製造は……
  - 生産原価は……
  - 拠点統合は……
  - 設備投資は……
- 設計が悪いから生産コストが高い

開発部門から見える課題
- 開発は……
  - 開発提携先は……
  - 研究投資は……
  - 開発管理は……
- いい製品も営業が弱くて売れない

↓

課題全体
- 部門間コミュニケーションの課題
  - 部門間の調整・指揮する機能が、実は会社のどこにもないのでは？
  - 部門間の目標に、お互い整合性がなく、他部門との軋轢の原因となっているのでは？
  - 開発・製造・販売という機能別組織ではなく、製品別にしたほうがうまく物事が回るのでは？
- 部門個別の課題
  - 営業部門独自の課題
  - 生産部門独自の課題
  - 開発部門独自の課題

●イシューツリーの4つパターン

　イシューツリーのパターンは以下の4つだ。課題の性質によりどのパターンのツリーを作るかを決めよう。

❶択一型
　複数ある打ち手からどれを選ぶか選択する**意思決定の筋道**を示す。デシジョンツリーともいう。ツリーの要素の一つを選択しながら、最終的な結論にたどり着く。このツリーの場合、論点が疑問形にならなくてもよい。

❷打ち手型
　分解した検討要素のそれぞれについて、打ち手を検討していくパターン。現実の問題解決の場面で最も多く使う。"どうする？（So How?）"という質問とともに、課題をどんどん分解していくイメージ。

❸原因究明型
　問題が発生した場合、その原因を検討要素ごとに分け、突きとめていくパターン。"なぜ？（So Why?）"という質問とともに、課題を分解していくイメージだ。

❹論証型
　一つの結論を導くため、個別の要素を論証し積み上げていくパターン。最終的に結論をまとめるに使う。"なぜなら（Because）"という理由とともに、結論を積み上げていくイメージだ。

　ただし、標準パターンの枠に収まらなくても、うまく課題を整理するイシューツリーも多い。また原因を特定した後、打ち手の検討に移るなど、複数のパターンが混在してもよい。あまり、この部分で教科書的になる必要はない。

　ツリーを見慣れてくると、一目で大体のクォリティがわかるようになる。いろいろなツリーを見て、目を肥やしていこう。

第2章●基礎トレーニング1：左脳でイシューツリーを作る

❶択一型：複数のオプションから結論を一つに絞る

- 課題：今日は同僚とどこに飲みに行こう
  - 近くですませる場合
    - 時間がないなら…駅前の立ち飲み屋××
    - 安くあげたいなら…チェーン店の××
    - おいしい料理なら…小料理××
  - 隣町まで出る場合
    - 都会の雰囲気を味わうには…バー××
    - 楽しむには…カラオケ××

選 択

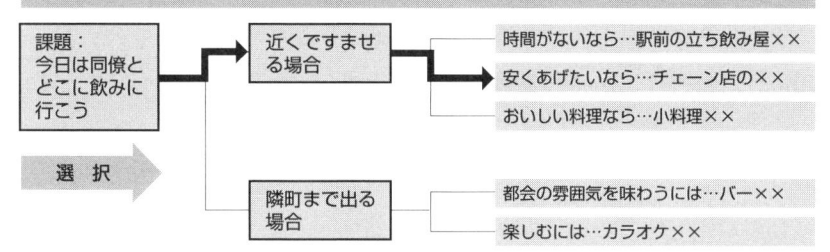

❷打ち手型：検討要素を列挙し、必要な対策にまで分解していく

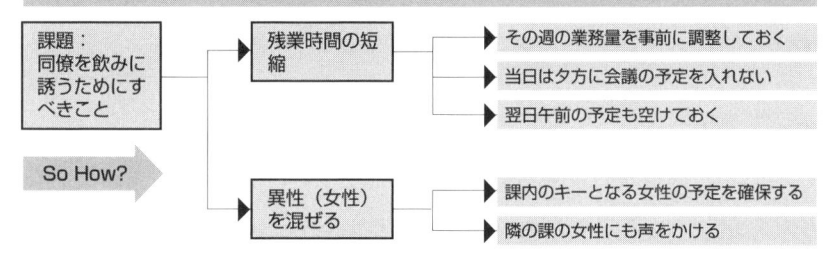

- 課題：同僚を飲みに誘うためにすべきこと
  - 残業時間の短縮
    - その週の業務量を事前に調整しておく
    - 当日は夕方に会議の予定を入れない
    - 翌日午前の予定も空けておく
  - 異性（女性）を混ぜる
    - 課内のキーとなる女性の予定を確保する
    - 隣の課の女性にも声をかける

So How?

❸原因究明型：複数のオプションから結論を一つに絞る

- 課題：いつも飲みに行けない理由は何だろう
  - 時間がないから行けない
    - 仕事が忙しいから
    - 家が遠いから
    - 自宅に早く戻る都合があるから
  - 楽しくないから行かない
    - 魅力的な異性がいないから
    - 話が長くて絡む人がいるから

Why So?

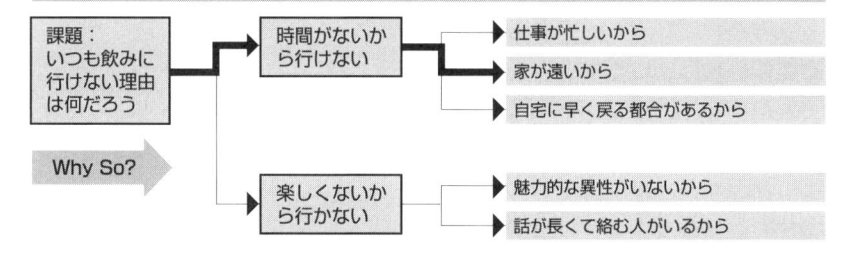

❹論証型：一つの結論を導くために個別の要素を論証し積み上げる

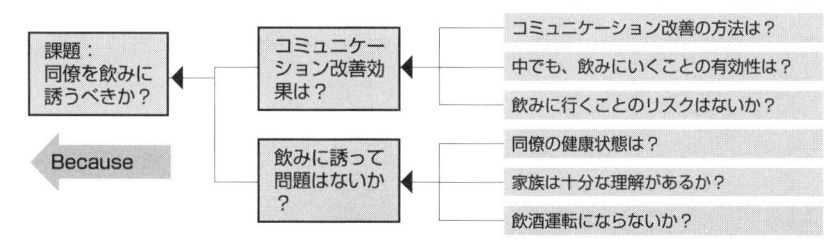

- 課題：同僚を飲みに誘うべきか？
  - コミュニケーション改善効果は？
    - コミュニケーション改善の方法は？
    - 中でも、飲みにいくことの有効性は？
    - 飲みに行くことのリスクはないか？
  - 飲みに誘って問題はないか？
    - 同僚の健康状態は？
    - 家族は十分な理解があるか？
    - 飲酒運転にならないか？

Because

イシューツリーの作り方

●イシューツリー作りの基本ルール

　イシューツリーを作るうえで押さえておくべき基本ルールは次の4つだ。

❶軸を決める
　きちんと軸を決めて議論をしよう。そうでないと、何の話をしているのか混乱してしまう。イシューツリー作りの基本の基本だ。

❷論点はMECEに分解する
　軸を決めたら論点をMECEに並べよう。ダブリや漏れがあっては、聞く人は納得できない。これも基本の基本だ。

❸重要な軸は前に出す
　重要な軸・基本的な視点を先頭に出そう。最初は重要だと思っていた軸が実はそうではなかったり、あとから重要な軸がポンと出てくることがよくある。そんなときは迷わず軸を入れ替えてみよう。

❹メリハリをつける
　論点には重要なものとそうでないものがある。重要な論点は深く掘り下げ（＝分解し）よう。一方、重要でない論点は深く掘る前に議論をやめてしまえばよい。イシューツリーの階層数（＝掘る深さ）は、「重要な論点は深く、重要でないところは浅く」だ。

●イシューツリー作りは「ゼロクリア」を繰り返せ

　イシューツリー作りは簡単に見えるが、実は意外と難しいし、時間もかかる。実際に演習をやってもらうと、はじめは"賢い俺には簡単すぎるぜ"と思っていた（であろう）人も、すぐに焦ったマジな顔になる。この感覚は実際にトライして、実感していただきたい。

　難しいのは軸の選び方だ。軸は何通りもあるし、順列組合せの数はほとんど無限だ。この中で意味のある分解になるのは、ほんの一握りだ。変な軸を選んでしまうと、あとでグチャグチャになる。

　しっくりこないイシューツリーは、しっくりしていないなと思った時点でさっさと捨てよう。最初から書き直しだ。ツリーの最後の一部を消すなんてセコイことはせずに、全部消して書き直そう。これが「ゼロクリア」だ。このゼロクリアを何回しつこく繰り返すかで、イシューツリーのクォリティが決まる。

　どんな人でも最初からビタッとくるイシューツリーは書けない。戦略思考のプロとアマの差は、いかに今の考えをゼロクリアして捨てられるかの差といえる。

　プロのコンサルタントは、１つのイシューツリーを作るのに何十枚も紙を使ってゼロクリアすることも珍しくない。２〜３回程度のゼロクリアでイシューツリーが描けると思ってはいけない。

　せっかく作ったイシューツリーをゼロクリアするのは、精神的につらい。せっかく植えた木の根っこを引き抜く気分がする。しかし、ゼロクリアのタイミングが遅くなれば、さらにつらくなる。

　また、ゼロクリアをしてみると、ゼロクリアが次の新しい発見の糸口を導くことがよくわかるはずだ。今までの考えを活かすためにも、早めにゼロクリアして、別の新しい角度から見てみよう。

●メリハリのあるイシューツリーを作れ

　イシューツリーには、課題の俯瞰図としての役割と、拡大ルーペの役割がある。下図のようなイメージだ。

　課題全体を俯瞰できたら、次はフォーカスを絞り込み、そこだけを拡大ルーペで見ていこう。つまり、より細かい論点を洗い、仮説を徹底的に具体化し、どんどん深く掘っていくのだ。

　よくある間違いは、論点を網羅的に掘ろうとすることだ。優等生がハマりがちな間違いだ。論点なんか、掘ればいくらでも出てくる。きりがない。ハズレた論点を100個議論するよりも、重要な論点1つをキチンと議論するのが、課題解決の早道になる。あまり重要でない論点は"議論しない論点"として明示的に残しておけばいい。
　重要な論点は深く掘り、そうでないところは**議論しない**。そんなメリハリのあるイシューツリーを作ろう。

●シンプルで切れ味の鋭いイシューツリーを作れ

　課題の本質をつかむ切れ味の鋭い軸が見つかると、多くの場合とてもシンプルに課題を構造化できる。

　慣れないうちは、複雑なツリーを"頭いい！"と思いがちだが、これはデキの悪い学者が難解な説明しかできないのと同じだ。本人の頭が整理されていないだけのことが多い。デキのいいイシューツリーはシンプル、かつ要点を押さえている。

　この感覚は、実際に何回かイシューツリーを作ってみるとわかる。複雑なイシューツリーを延々とこねくり回したあとに、"要はこういうことだ"という切り口が見つかると、シンプルでありながら、今までの議論をキチンと押さえたイシューツリーができるはずだ。

　時には、"こんなにシンプルなものでいいんだろうか"と不安になったり、"今までのにぎやかなツリーは何だったんだろう"とむなしくなる。しかし、そんなシンプルなイシューツリーが結果としてよいイシューツリーなのだ。

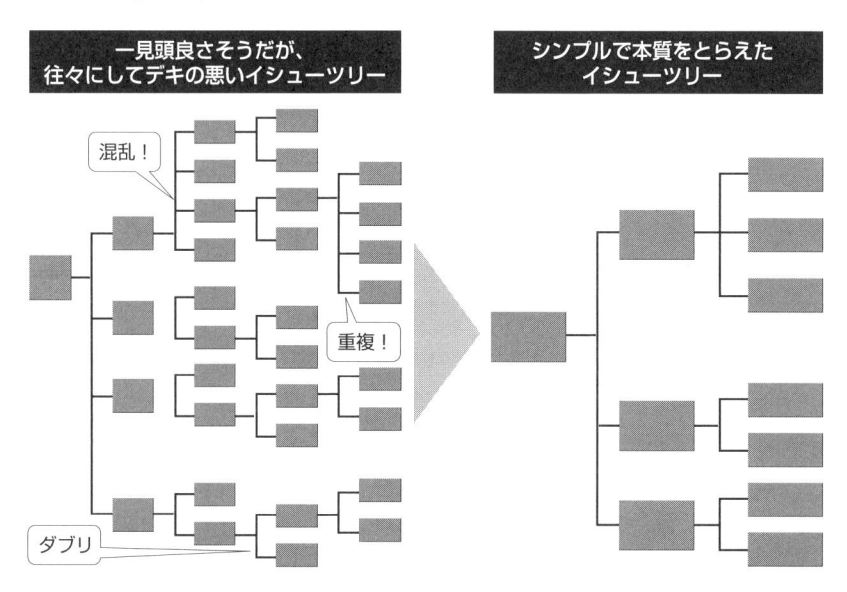

一見頭良さそうだが、往々にしてデキの悪いイシューツリー
（混乱！　重複！　ダブリ）

→

シンプルで本質をとらえたイシューツリー

●MECEに論点を出し、かつ論点のレベルを合わせろ

　MECEは、"ダブリなく、漏れなく"の意味だった。"ダブリなく"の部分は、適当な軸を選ぶことができればだいたい解決できる。"漏れなく"の部分は、論点をきちんと出していけば解決できる。

　もしも、論点が時間の順・位置の順・大小の順に並べられるものであれば順番に並べよう。漏れを防ぐことができる。

　また論点を出すとき気をつけるべきは、同じ階層では論点を同じレベルで出していくことだ。たとえば、下図の最後の論点は、他の論点に比べて細かいレベルの議論だ。これではバランスが悪い。

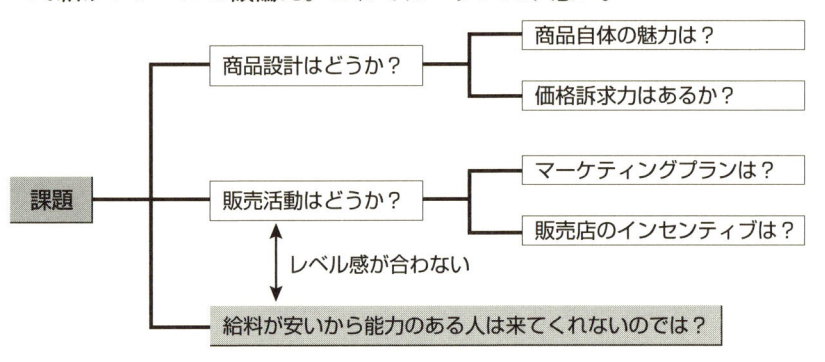

```
課題 ─┬─ 商品設計はどうか？ ─┬─ 商品自体の魅力は？
      │                      └─ 価格訴求力はあるか？
      ├─ 販売活動はどうか？ ─┬─ マーケティングプランは？
      │        ↕             └─ 販売店のインセンティブは？
      │   レベル感が合わない
      └─ 給料が安いから能力のある人は来てくれないのでは？
```

　下図のようにもう一段設けて、論点のレベルを合わせよう。こうすると、議論がスッキリしたことがわかるだろうか？

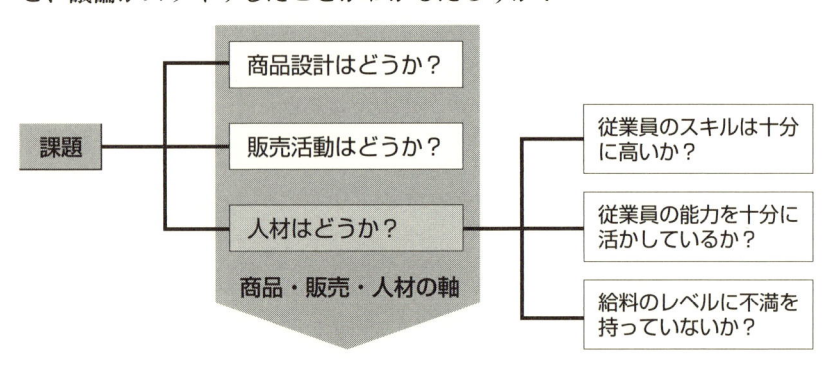

```
課題 ─┬─ 商品設計はどうか？
      ├─ 販売活動はどうか？      ┬─ 従業員のスキルは十分に高いか？
      └─ 人材はどうか？ ─────────┼─ 従業員の能力を十分に活かしているか？
                                 └─ 給料のレベルに不満を持っていないか？
       商品・販売・人材の軸
```

●重要な軸は前に出せ

イシューツリーの先頭の軸とは、この課題をどう見るかという意思表明だ。議論のキモとなる重要な軸や基本的な視点はとにかく前に出そう。

たとえば、"ワインをいかに売るか"という課題の場合、仮に最初の軸にワインの種類の軸を出して議論しようとしても、やはり、顧客の軸や販売チャネルの軸が後ろに出てきて、それが議論をリードすることになるだろう。

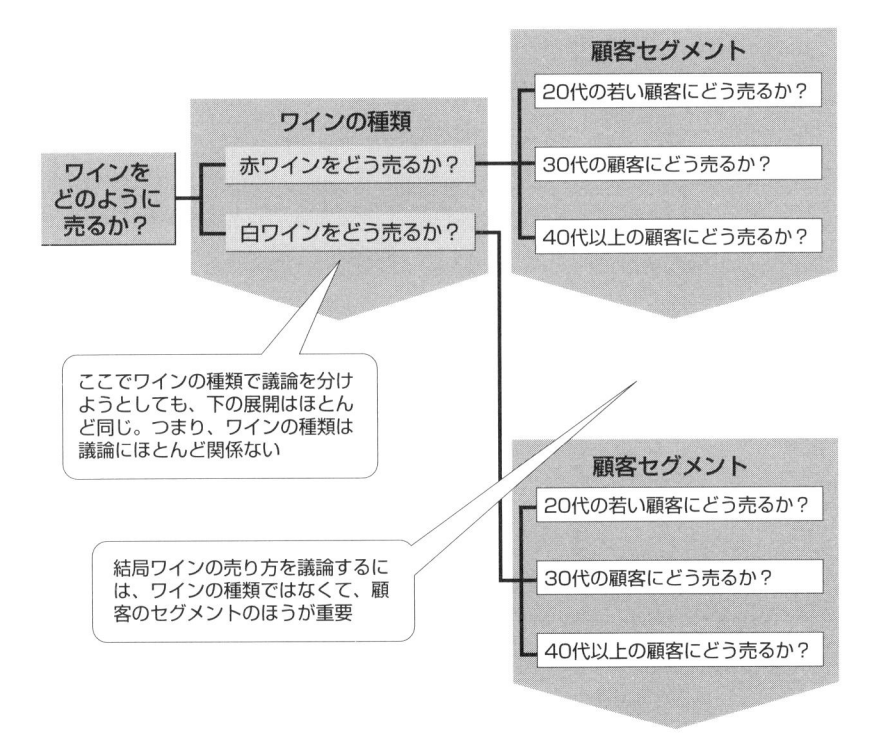

```
ワインを        ワインの種類         顧客セグメント
どのように   ┌─ 赤ワインをどう売るか？ ┌─ 20代の若い顧客にどう売るか？
売るか？    │                     ├─ 30代の顧客にどう売るか？
           └─ 白ワインをどう売るか？ └─ 40代以上の顧客にどう売るか？

                                  顧客セグメント
                                  ┌─ 20代の若い顧客にどう売るか？
                                  ├─ 30代の顧客にどう売るか？
                                  └─ 40代以上の顧客にどう売るか？
```

- ここでワインの種類で議論を分けようとしても、下の展開はほとんど同じ。つまり、ワインの種類は議論にほとんど関係ない
- 結局ワインの売り方を議論するには、ワインの種類ではなくて、顧客のセグメントのほうが重要

最初にMECEに分けたワインの種類の軸は、実は課題にはあまり関係ない。ワインの売り方にとってより重要なのは、顧客やチャネルの議論だからだ。そんなときにはためらいなくゼロクリアしよう。そしてワインの種類の軸を消して、顧客やチャネルの軸を先頭に持っていこう。

●軸を混乱させるな

　イシューツリーを展開するのは、論点を整理するためだ。だから、後ろの軸は今まで出てきた前の軸の下位の論点にする必要がある。

　つまり上流で軸を決めたら、下流の話はその範囲内に限定しよう。たとえば、上流で"赤ワイン"と論点を決めたのに、その下流で"白ワインはどうした"なんていう論点をむし返してはいけない。同じく別の軸の中で"赤ワインはどうする"なんて話を出してはいけない。

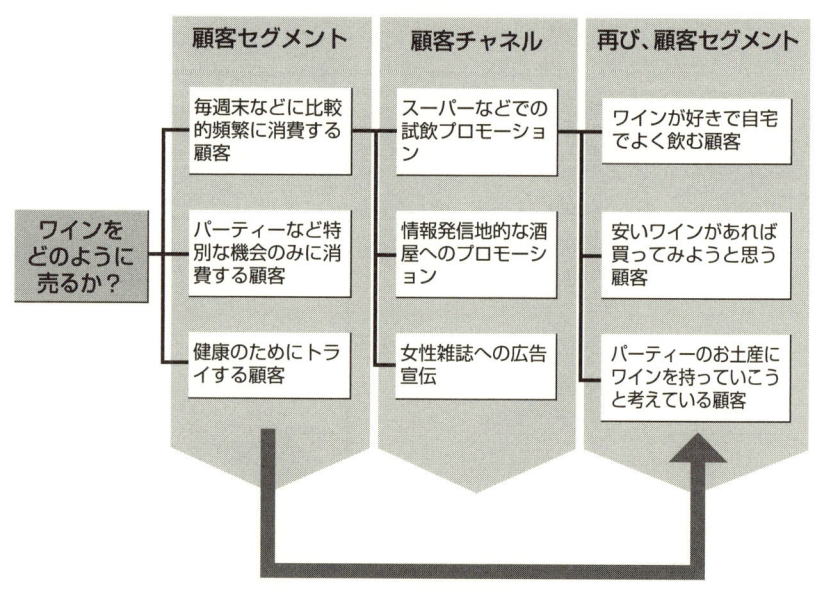

```
ワインを          顧客セグメント        顧客チャネル         再び、顧客セグメント
どのように
売るか？     ┌─────────────┐   ┌─────────────┐   ┌─────────────┐
            │毎週末などに比較 │   │スーパーなどでの │   │ワインが好きで自宅│
            │的頻繁に消費する │   │試飲プロモーショ │   │でよく飲む顧客   │
            │顧客            │   │ン              │   │                │
            └─────────────┘   └─────────────┘   └─────────────┘
            ┌─────────────┐   ┌─────────────┐   ┌─────────────┐
            │パーティーなど特 │   │情報発信地的な酒 │   │安いワインがあれば│
            │別な機会のみに消 │   │屋へのプロモーシ │   │買ってみようと思う│
            │費する顧客      │   │ョン            │   │顧客            │
            └─────────────┘   └─────────────┘   └─────────────┘
            ┌─────────────┐   ┌─────────────┐   ┌─────────────┐
            │健康のためにトラ │   │女性雑誌への広告 │   │パーティーのお土産に│
            │イする顧客      │   │宣伝            │   │ワインを持っていこう│
            │                │   │                │   │と考えている顧客 │
            └─────────────┘   └─────────────┘   └─────────────┘
                  └──────────────────────────────────────┘
                              分解が重複している
```

　たとえば上の例は、最初にニーズ別に顧客セグメントの話をして論点を切り分けた、と思ったらまたあとで再び顧客のセグメンテーションの話に戻ってしまっている。作った人の頭の混乱をそのままコピーしたようなものだ。イシューツリーが必要以上に複雑になってしまうのは、こんな混乱がいろいろなところで起こっているときが多い。

●軸の順番を整理しろ

イシューツリーを作っていくとき、同じ構造が下のほうで出てくることがよくある。そんなときはイシューツリーを整理しよう。もし下の2つの方法でも整理できなければ、迷わずゼロクリアだ。

❶下図左のように同じ構造ができてしまう場合、そもそも軸①を出す必要はない。下図右のように変えよう。

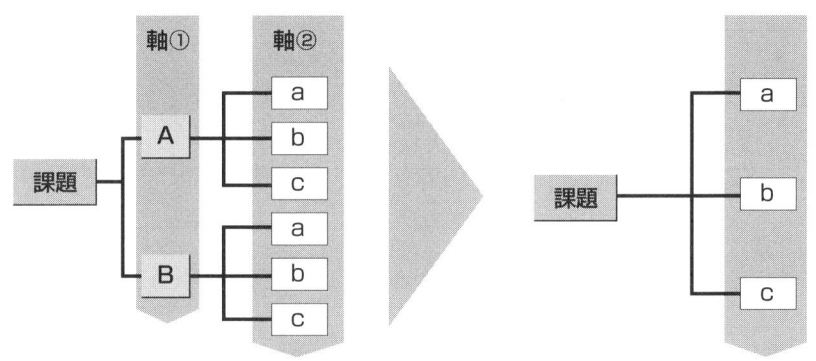

※ただし、a、b、cという論点は同じでも、仮説が違う場合は、この限りではない。

❷下図左のように似た構造が出てくる場合、共通する部分を新しい論点でまとめるとスッキリすることがある。よりよい論点の分解方法を探してみよう。

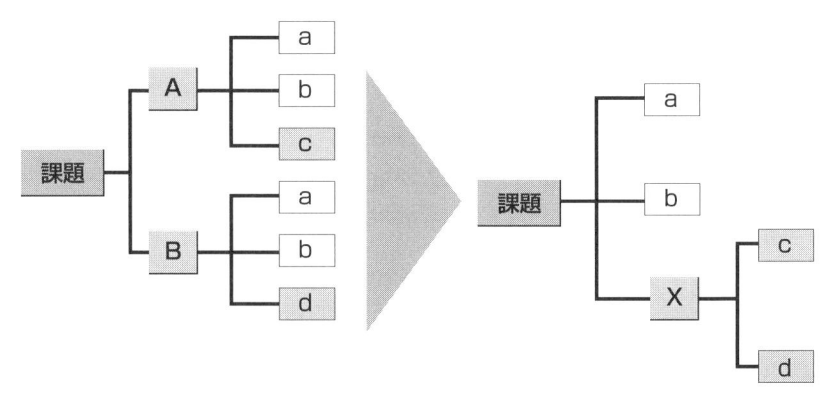

Exercise2
イシューツリーを作れ

　ここではエクササイズ1の続きとして、実際にイシューツリーを作ってもらう。真剣に考えたら1題に1時間くらいかかるだろう。"10分でできました"なんていう人は、頭をサボらせた証拠だ。真面目に取り組めば、その分得るものは大きい。じっくり取り組み、左脳を動かす"感覚"をつかんでほしい。

設問1
デシジョンツリー（＝択一型イシューツリー、80ページ参照）の作成

- あなたはランチに行こうとしています。行き先をどのように選ぶか、意思決定の道筋をデシジョンツリーにしなさい。
- あなたは休日の予定を決めようとしています。どのように休日を過ごすと決めるか、デシジョンツリーで表現しなさい。
- あなたは車を選ぼうとしています。どのように車種を選ぶか、意思決定の道筋をデシジョンツリーにしなさい。
- あなたは家を買おうとしています。次の住まいをどのように選ぶか、デシジョンツリーにしなさい。

　デシジョンツリーの末端には、あなたが現実的に選び得る選択肢がきちんと網羅されている必要がある。たとえばAなら、ランチの選択肢が全部含まれることが条件だ。数多くの選択肢の中から、今日はなぜその店を選ぶかを明快なロジックで説明してほしい。

第2章●基礎トレーニング1：左脳でイシューツリーを作る

設問2
論証型のイシューツリーの作成

- あなたは家を買うべきかどうか迷っています。買うべきか買わざるべきか、どう判断すべきかを、論証型のイシューツリーにしなさい。
- あなたは今の彼・彼女と結婚すべきかどうか迷っています。結婚する、しないをどう判断すべきか、論証型のイシューツリーにしなさい。
- あなたは子供を作ろうか作るまいか迷っています。どのように結論を出すべきか、論証型のイシューツリーにしなさい。

設問3
特許論争・少子化論争・学力低下

- 会社に帰属する特許に対し、研究者が報酬を求める裁判が頻繁に起こっている。あなたの会社はどのように特許発明者に対し報いるべきか、論点をイシューツリーにしなさい。
- 少子化の原因にはどんなことが考えられるか、また対策としてどんなことを議論すればいいか、論点をイシューツリーにしなさい。
- 同じく、学力低下が本当か、またその影響は、そしてそれが本当ならその原因と、取るべき対策について、論点をイシューツリーにしなさい。

　繰り返すが、エクササイズは自分で取り組み、また悩まないと力にならない。まずは自力で取り組もう。十分に悩んでからでないと、次ページの解答例を見てはいけない。なお、解答例は設問すべてには示していない。自分で考えること。
　例題で最も重要なのは、ゼロクリアを繰り返すことだ。ゼロクリアをする感覚は、実際にしてみないとわからない。ここでゼロクリアする感覚を、しっかり身につけておこう。

設問 1 の解答例（ランチの選び方）

まずは、ありがちな"悪い例"を挙げてみよう。

最初は下図、**分類学**になってしまっている例だ。ランチを料理の種類からキレイに分解している。しかし、デシジョンツリーは意思決定の筋道だ。実際の状況ではランチの種類から意思決定はしないはずだ。ゼロクリアしてやり直しだ。

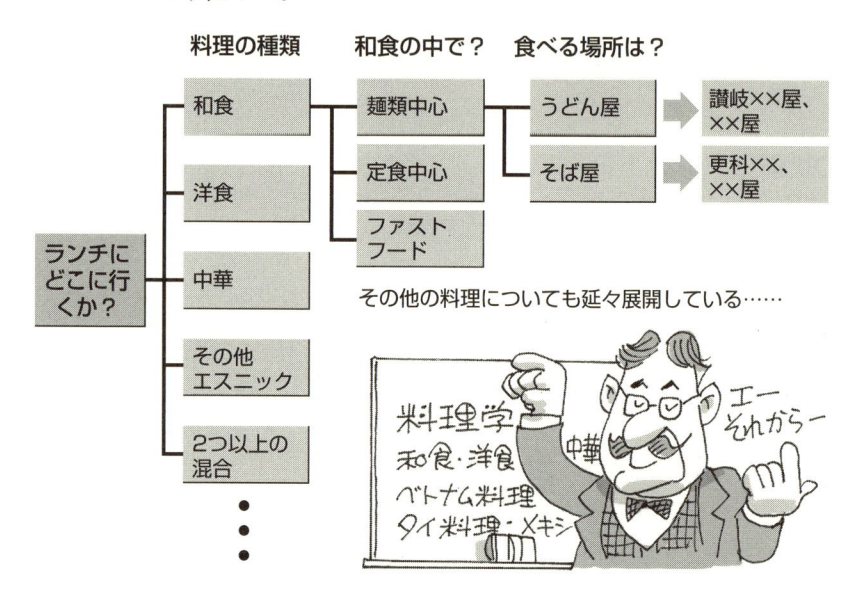

```
料理の種類       和食の中で？    食べる場所は？

           ┌─ 和食 ──┬─ 麺類中心 ──┬─ うどん屋 → 讃岐××屋、××屋
           │        │            └─ そば屋  → 更科××、××屋
           │        ├─ 定食中心
ランチに   │        └─ ファストフード
どこに行 ──┼─ 洋食                その他の料理についても延々展開している……
くか？     │
           ├─ 中華
           │
           ├─ その他
           │  エスニック
           │
           └─ 2つ以上の
              混合
              ⋮
```

（料理学／和食・洋食／中華／ベトナム料理／タイ料理・メキシ……「エーそれからー」）

次は右ページ上の図。**軸が混乱している**例だ。

ランチをどこにしようか決めるときは、同時にいろいろなことを考えるので、描いた人にはそれほど違和感ないと思っているかもしれない。しかし、これを見た人はロジックがまったく追えずに混乱する。

最初の軸はたとえば"時間のあるなし"などにしてみる。そのうえで"早い時間帯かどうか"で、社員食堂とそれ以外でわければよい。イシューツリーを作るには、軸の意味を決めて、それ以外のことは入れてはいけない。これもゼロクリアしてやり直しだ。

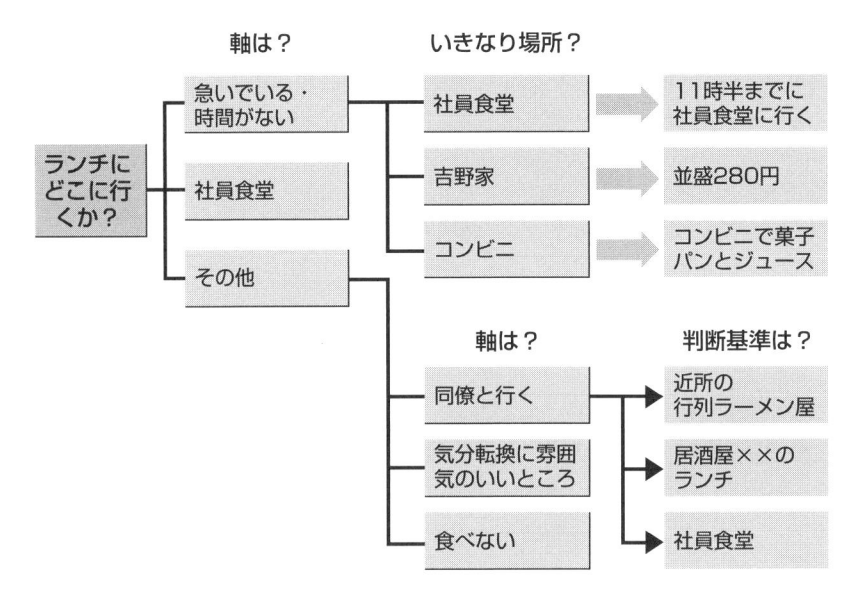

第2章 ●基礎トレーニング1：左脳でイシューツリーを作る

```
                軸は？           いきなり場所？
              ┌─急いでいる・──┬─社員食堂──→ 11時半までに
              │ 時間がない    │              社員食堂に行く
              │              ├─吉野家────→ 並盛280円
ランチに──────┼─社員食堂      │
どこに行      │              └─コンビニ──→ コンビニで菓子
くか？        │                              パンとジュース
              └─その他
                              軸は？        判断基準は？
                          ┌─同僚と行く────→ 近所の
                          │                  行列ラーメン屋
                          ├─気分転換に雰囲→ 居酒屋××の
                          │ 気のいいところ  ランチ
                          └─食べない──────→ 社員食堂
```

そして3つめは、下図のようにバランスが悪い例だ。

この人は"気になる異性を誘う"という論点ばかり分解している。実際に演習をすると、普通の人でもこんな非日常的な分解をしがちだ。考えているうちに左脳が勝手にロジックだけで走ってしまうようだ。きちんと、リアリティのチェックをかけよう。

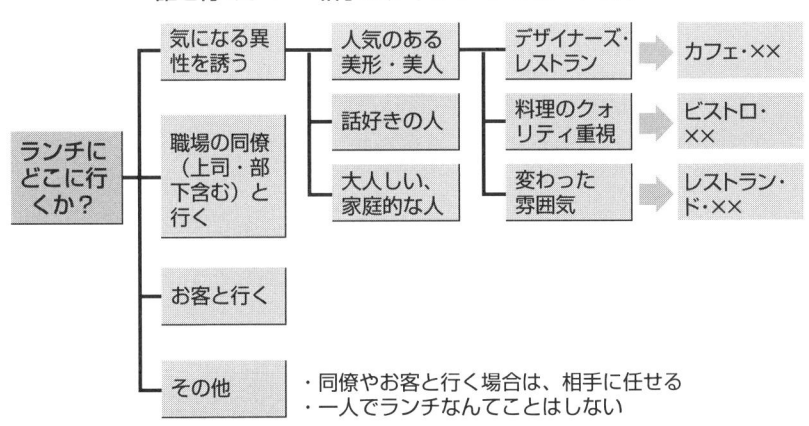

```
              誰と行くか？   相手のタイプ？  アプローチは？
              ┌─気になる異─┬─人気のある──┬─デザイナーズ・──→ カフェ・××
              │ 性を誘う    │ 美形・美人   │ レストラン
              │            ├─話好きの人  ├─料理のクォ────→ ビストロ・
ランチに──────┤            │              │ リティ重視        ××
どこに行      │            └─大人しい、  └─変わった─────→ レストラン・
くか？        ├─職場の同僚  家庭的な人      雰囲気              ド・××
              │ （上司・部
              │ 下含む）と
              │ 行く
              ├─お客と行く
              │
              └─その他──── ・同僚やお客と行く場合は、相手に任せる
                            ・一人でランチなんてことはしない
```

次に標準的な解答例を示す。おそらく下図のようなイシューツリーが最大公約数になるだろう。ランチをどこにするかに最も影響するのは、"誰と行くか"だろう。そこから論点を展開すればいい。

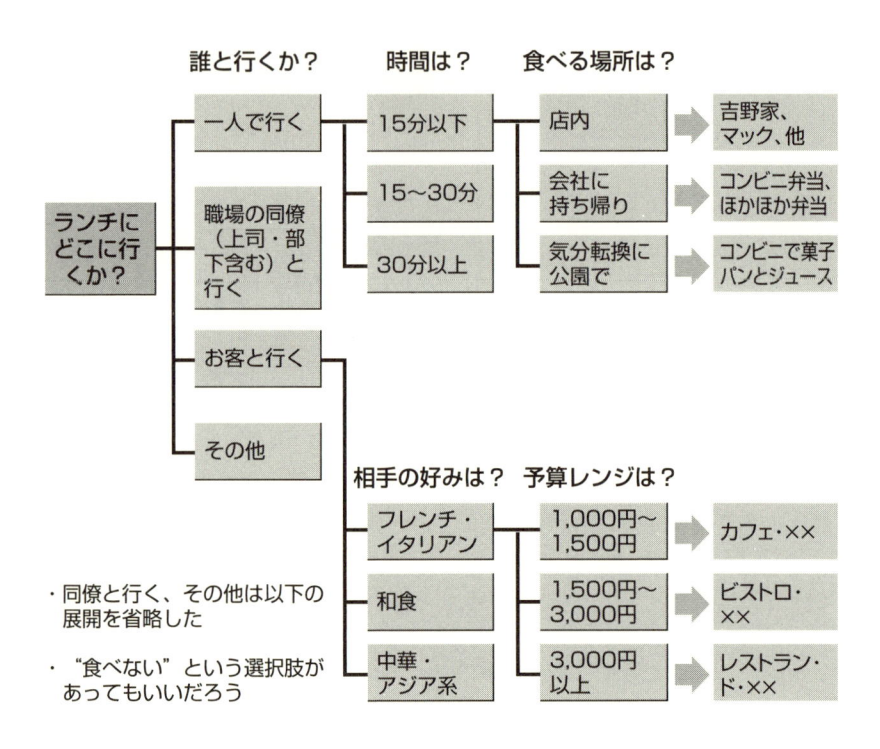

```
ランチに          誰と行くか？    時間は？      食べる場所は？
どこに行
くか？
                 一人で行く      15分以下      店内         → 吉野家、
                                                            マック、他
                 職場の同僚      15〜30分     会社に        → コンビニ弁当、
                 （上司・部                    持ち帰り       ほかほか弁当
                 下含む）と      30分以上     気分転換に    → コンビニで菓子
                 行く                          公園で         パンとジュース

                 お客と行く

                 その他
                                相手の好みは？  予算レンジは？

                                フレンチ・      1,000円〜     → カフェ・××
                                イタリアン      1,500円

・同僚と行く、その他は以下の     和食           1,500円〜     → ビストロ・
  展開を省略した                                3,000円         ××

・"食べない"という選択肢が       中華・         3,000円       → レストラン・
  あってもいいだろう             アジア系       以上            ド・××
```

なお、実際に演習した例では、自社製品を置いてある（ビール会社）、会社補助の共通食券が使える（通信会社）、を最上位においた会社もあった。

なお、ここで示したイシューツリーは、基本的なところだけを抜き出したものだ。あなたが作るイシューツリーは、あなたが取り得るランチの行き先を、キチンとカバーしてほしい。

第2章●基礎トレーニング1：左脳でイシューツリーを作る

●設問2の解答例（家を買うべきか）

家を買うべきかどうか議論するとき、どんな議論が出るだろう。具体的な議論を頭に浮かべながら、論点を整理していこう。たとえば家を"自分の財産としてどう捉えるか"という視点から見ていくと、下図のようなイシューツリーができるだろう。

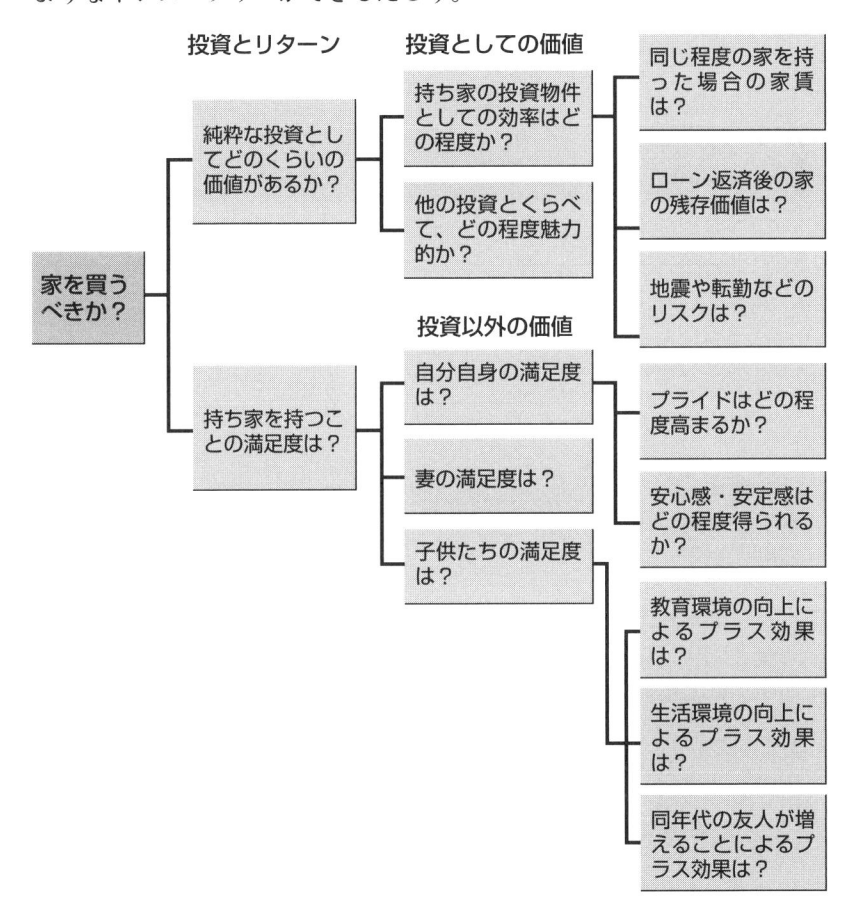

```
家を買うべきか？
├─ 投資とリターン
│   └─ 純粋な投資としてどのくらいの価値があるか？
│       ├─ 投資としての価値
│       │   ├─ 持ち家の投資物件としての効率はどの程度か？
│       │   │   ├─ 同じ程度の家を持った場合の家賃は？
│       │   │   └─ ローン返済後の家の残存価値は？
│       │   └─ 他の投資とくらべて、どの程度魅力的か？
│       │       └─ 地震や転勤などのリスクは？
└─ 持ち家を持つことの満足度は？
    ├─ 投資以外の価値
    ├─ 自分自身の満足度は？
    │   ├─ プライドはどの程度高まるか？
    │   └─ 安心感・安定感はどの程度得られるか？
    ├─ 妻の満足度は？
    └─ 子供たちの満足度は？
        ├─ 教育環境の向上によるプラス効果は？
        ├─ 生活環境の向上によるプラス効果は？
        └─ 同年代の友人が増えることによるプラス効果は？
```

これ以外にも、マンションと一戸建ての違い、または立地の違いで買う、買わないの判断が違うと思うなら、そのような論点を出せばいい。

●設問3の解答例（特許論争）

まずは検討の論点をいろいろ出そう。すると、次のような論点が軽く30個は出てくる。

> 報酬金額はどのように決めるのか？　業界に与える影響はないか？　国としての判断基準はないか？　お金と名誉、どちらがほしいか？　人事制度と整合性をどうつけるらるか？　ボーナスに算入するか？　税金はどう扱えばいいのか？　発明者以外には分けないのか？　……。

いろいろ論点は出るが、そのままでは混沌としたまま何も決められない。実際に演習をしてもらうと、ここで思考停止してしまうチームが多い。論点を箇条書きに整理・分類するだけのチームがいたり（"いろいろ検討することがあります、終わり"ということか？）、どう報酬を支払うかという些末な手続き論を延々議論し始めるチームもある。

これではダメだ。まずは軸を出して構造化しよう。ここでは最初に"社外・会社・発明者個人"という"視点の軸"で、右ページ上図のように論点を構造化してみた。まだまとめただけだが、少しは見通しが晴れてきた。

そして、この3つの軸で改めて議論を重ねていくと、重要なのは制度を作る主体である"会社の視点"だということがわかる。

つまり、特許をどう扱うかという課題は、本質的にはよい特許をたくさん出してもらうために"やる気を出してもらう仕組み"と"サポートする仕組み"をいかに作るか、という課題なのだとわかってくる。発明者の視点も社外の視点も、その検討の一部に組み込めばいいのだ。

このように考えていくと、最終的なイシューツリーは右ページ下図のようになるだろう。このイシューツリーなら、検討を進めれば新しい制度も決められそう、という感じはしないだろうか？

第2章●基礎トレーニング1：左脳でイシューツリーを作る

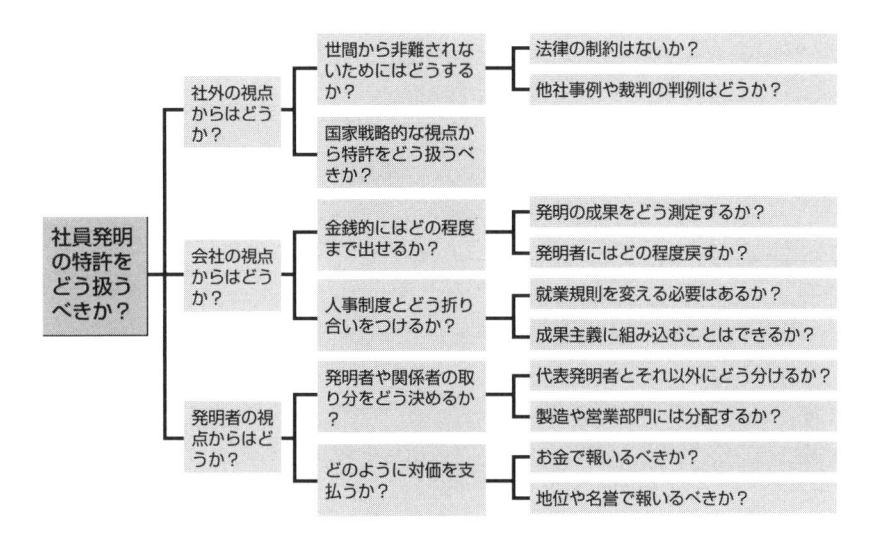

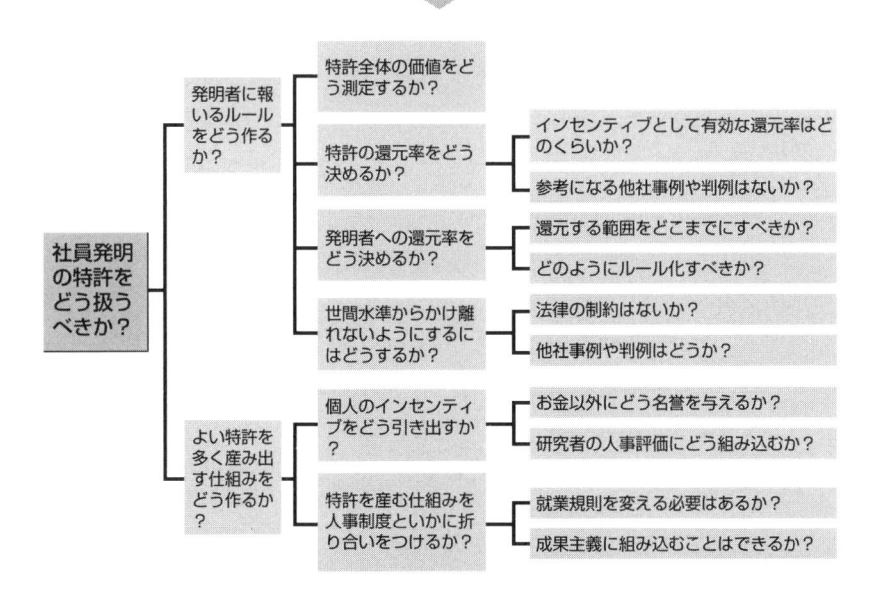

社員発明の特許をどう扱うべきか？

- 社外の視点からはどうか？
  - 世間から非難されないためにはどうするか？
    - 法律の制約はないか？
    - 他社事例や裁判の判例はどうか？
  - 国家戦略的な視点から特許をどう扱うべきか？
- 会社の視点からはどうか？
  - 金銭的にはどの程度まで出せるか？
    - 発明の成果をどう測定するか？
    - 発明者にはどの程度戻すか？
  - 人事制度とどう折り合いをつけるか？
    - 就業規則を変える必要はあるか？
    - 成果主義に組み込むことはできるか？
- 発明者の視点からはどうか？
  - 発明者や関係者の取り分をどう決めるか？
    - 代表発明者とそれ以外にどう分けるか？
    - 製造や営業部門には分配するか？
  - どのように対価を支払うか？
    - お金で報いるべきか？
    - 地位や名誉で報いるべきか？

↓

社員発明の特許をどう扱うべきか？

- 発明者に報いるルールをどう作るか？
  - 特許全体の価値をどう測定するか？
  - 特許の還元率をどう決めるか？
    - インセンティブとして有効な還元率はどのくらいか？
    - 参考になる他社事例や判例はないか？
  - 発明者への還元率をどう決めるか？
    - 還元する範囲をどこまでにすべきか？
    - どのようにルール化すべきか？
  - 世間水準からかけ離れないようにするにはどうするか？
    - 法律の制約はないか？
    - 他社事例や判例はどうか？
- よい特許を多く産み出す仕組みをどう作るか？
  - 個人のインセンティブをどう引き出すか？
    - お金以外にどう名誉を与えるか？
    - 研究者の人事評価にどう組み込むか？
  - 特許を産む仕組みを人事制度といかに折り合いをつけるか？
    - 就業規則を変える必要はあるか？
    - 成果主義に組み込むことはできるか？

Coaching2
イシューツリーを、より身近に感じよう！

　左脳の基礎トレーニングはこれで終わりだ。一休みしよう。そして本章の頭にまた戻って、もう一度ざっと目を通してみよう。新しくわいてきた疑問はないだろうか。
　以下、実際の研修場面で受講生からあがった質問をまとめたので、参考にしてほしい。

●コンサルタントは、（あんな面倒くさい）イシューツリーを本当に書いたり、（あんなにつらい）ゼロクリアをしているのか？

　そのとおりだ。まともなコンサルタントなら、キチンとイシューツリーを書く。仮に書かなくても、ソロバンの暗算のように、頭の中ではイシューツリーを動かしているはずだ。なぜなら、それが頭の中をロジカルに構成する、最も効率的な方法だからだ。
　そして優秀なコンサルタントほど、ゼロクリアを繰り返す。
　"偉い先生は、自分の考え方を持っていて、それですべてを解決する"と思うのは間違っている。私の実感からいうと、"できる"人ほど素直に人の話を聞き、自分の考えが現実に合わないとわかると柔軟に変えていく。ファクトとロジック、そして自分の哲学にはこだわるが、自分の意見にしがみついたりはしない。

　それに、"面倒くささ"や"つらさ"は、慣れの問題だ。イシューツリーもゼロクリアも、ゴルフやテニスの技術と同じだ。使っているうちに手になじんで、次第にラクに使えるようになっていく。

第2章●基礎トレーニング1：左脳でイシューツリーを作る

●個人個人で違って当然な意見を本当に合わせるべきだろうか？

　議論をすると必ずどこかで意見は対立する。日本は"和を以て尊しと為す"文化なのか、対立を避けたりごまかしてしまいがちだ。しかし、摺り合わせられる範囲でとりあえず摺り合わせて、あとは"先送り"にしてしまったら、たいてい問題は隠蔽（いんぺい）されたまま"ないこと"になってしまう。これは**最悪の方法**だ。

　意見の対立を恐れてはいけない。意見の対立こそが、正しく問題の本質にたどり着き、新しい視点で解決策を探す鍵になるからだ。イシューツリーを合わせる努力の中から、異なる考えのぶつかりを通じて、また新しい発想や発見が出てくる。

　イシューツリーを書きながら議論をしてみると、このことは想像以上に実感できると思う。実際に多くの受講者が「イシューツリーをうまく使うと議論を通じて本質が見えてくる。新鮮な発見だった」と感想を述べている。

　対立する意見をうまくまとめ、議論を方向づけていくためには、ファシリテーション（＝会議運営）のスキルが欠かせない。このスキルがないと、議論が見えないまま迷走したり、対立が硬直したまま人間関係までまずくなったりする。

　ファシリテーションのスキルを高めるには、齋藤孝氏の『会議革命』（PHP研究所）や堀公俊氏の『問題解決ファシリテーター』（東洋経済新報社）がお勧めだ。前者はいかに有意義な会議をするか、後者はイシューツリーを使いながら、いかに議論を深めていくか、実用的に丁寧に解説してある。

● 仮説が進化してもイシューツリーは変わらないのか？

いい質問だ。検討が進むにつれ仮説も進化するし、それに応じて論点も変わる。当然イシューツリーも変わっていく。

その様子は下図でイメージしてほしい。新しい論点が出てくるとイシューツリーの分岐は増える。仮説が進化すると、イシューツリー全体の構造が変わってしまうことも珍しくない。

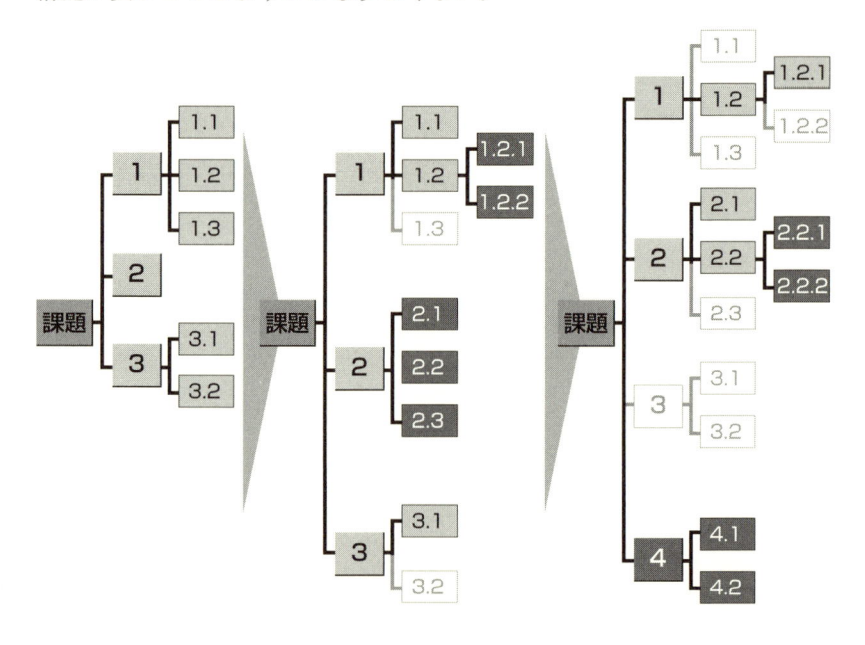

以前からの論点　新しい論点　消えた論点

ただし、いくらイシューツリーは変わっていくものとはいえ、最初にいかにうまいイシューツリーを作るかで、課題解決プロセス全体の効率が決まる。最初のイシューツリーが貧弱だと、進化させようと思ってもなかなか難しい。最初に十分に時間をかけて、納得のいくイシューツリーを作ってから、仮説検証の作業に移ろう。

● 要は箇条書きと同じではないか？

　論点をベタに並べる箇条書きは、論点の整理方法としては最悪だ。
　下図左側のように、10個近くの論点を同じレベルに並べられても、結局、何を言いたいのかわからないし、何を優先して考えるべき・取り組むべきなのかというメリハリがまったく伝わらない。
　箇条書きは、どちらかというと"ちゃんといろいろ調べました。ここにちゃんと書いてあります"と言い訳するためのツールだ。動くためには使えない。
　箇条書きを見る人にわかるようにするには、軸を出して一つの軸にぶら下がる論点の数を3〜4個までにして構造化しよう。10個の論点があるならば、下図右側のように、軸を決めて2段階に分割しよう。

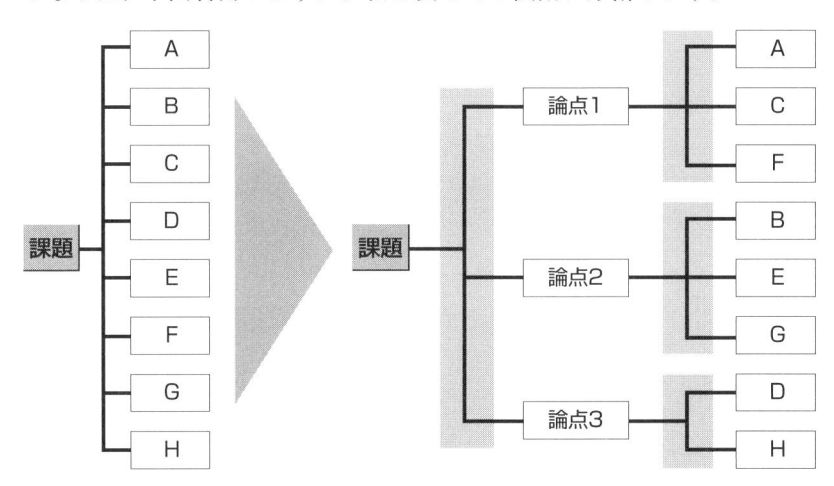

　ちなみに経験則だが、2つめの論点までは比較的簡単に出るのだが、3つめの論点を作るのが意外とつらいときが多い。しかし、ここで3つめを頭を絞ってひねり出すと、不思議と次につながることが多い。二者択一など論理的に選択肢の数が決まるなら話は別だが、そうでないなら3個目の選択肢を頭をひねって考え出してみるといい。

第3章

基礎トレーニング2
右脳で仮説の手

　左脳を動かしたあとの2番目のトレーニング・メニューは、右脳を動かすことだ。
　右脳を使って作るのは仮説だ。戦略思考の付加価値は仮説で決まる。右脳の豊かな創造力を最大限に働かせよう。
　この章では、右脳を動かす感覚をしっかりつかんでもらいたい。そのためにも、本文中のエクササイズには必ず挑戦してほしい。実際にトライしないと頭を動かす感覚は身につかない。
　右脳の動かし方を身につけたら、続く第4章と第5章で、実際の課題解決の際にどのように両脳を合わせて動かしていくかを説明する。

がかりをつかむ

実戦	日々の仕事での活用
実戦ルールとテクニック	第4章 論点を分解し初期仮説を作る / ツール編A 論点分解ツール 　　　第5章 仮説を実際に検証してみる / ツール編B 仮説検証ツール
基礎トレーニング	第2章 左脳でイシューツリーを作る 　　　第3章 右脳で仮説の手がかりをつかむ
オリエンテーション	第1章 戦略思考のアプローチを知ろう

顧客の視点から発想せよ

●右脳の「トンガリ」で解決策を導け

　戦略思考の結論は検証された仮説だ。だから、どう転んでも**仮説以上にいい結論は出てこない**。いかに付加価値のある仮説を作っていくかが、最終的な結論のクォリティを直接左右する。

　仮説の付加価値はトンガリ、つまりちょっと新しい、ちょっと奇抜な発想から生まれる。

　トンガった仮説をたくさん作ろう。後の検証作業の中で、多くのトンガリ仮説が"現実的には実施困難"と討ち死にするかもしれない。しかし、最後まで生き残ったトンガリ仮説は、形は若干変わるだろうが、説得力のある新しい解決策となる。

　最初から凡庸でダルい平均点的な仮説しかないと、どう検証したところで、新たな解決策にはつながらない。

　トンガリ仮説を作るのは、**右脳のクリエイティビティ**の仕事だ。頭にかかったリミッターを外して、トンガリのある、新しい、楽しい、ワクワクする、にぎやかな仮説を作ろう。

　なお、仮説には"ここが悪いんじゃないか？"という原因の仮説と、"こうすればいいんじゃないか？"という打ち手の仮説の2種類がある。この本では主に打ち手の仮説を例に説明する。

●顧客の視点から発想しろ

　同じ文化で育った気心の知れた社員が、どんなに雁首を寄せ合っても、新しい発想はなかなか出てこない。トンガリのある仮説を作るには、外からの視点が必要だ。その原点は「**顧客の視点**」だ。

　顧客の視点からの発想がトンガリ仮説の出発点だ。簡単なようだが、これができる人、できている会社は実に少ない。会社の中で会社の論理、自社の組織図、自社の製品ラインでものを考えていると、どうしても顧客の視点からは外れていってしまう。

　パコ・アンダーヒルの『なぜこの店で買ってしまうのか』（早川書房）を読んでみよう。販売のプロであるはずの従業員の思惑が、顧客の視点から"こんなにもズレているのか"と驚かされる。

　"顧客のことをいつも考えてます"という人もいる。しかしその多くは"顧客に新機能を提供する、顧客に新サービスを使ってもらう"とかいうものだ。これでは顧客の視点とはいえない。なぜなら、この文の主語は会社だからだ。これでは会社の視点のままだ。

　頭を切り替えよう。顧客の視点に立つためには、顧客を主語にして考えよう。"顧客はいつもどんな生活をしているのか、何に興味があり、どんなときに物を買い、サービスを使うのか、何があったらより嬉しいか……"と、**顧客を主語にしたストーリーを考えよう**。

　一番身近な顧客にあたるのは、（顧客としての）あなた自身、あなたの配偶者、子供、両親、社外の友人、つまりあなたの会社の製品・サービスのユーザーになり得る人だ。あなた自身が実際にものを買うときのことを考え、そして彼らの意見を聞いてみよう。目を開かされることも多いはずだ。

たとえば、あなた自身も顧客として、下に掲げたような素朴な不満や希望を持っていないだろうか？

- 旅館はどうしてこうも朝が早いんだ。まだ眠いのに、もう食事だ。いい温泉に入った翌日は、昼過ぎまでゆっくり寝ていたい。
- なぜ銀行の窓口は平日しか開いてないし、それも3時で閉まってしまうんだ？
- まったく病院はなんでこんなに病人を待たせて平気なんだろう。気分が悪いのに長イスで何時間も待たされている。もっと効率的な予約方法や診療方法もあるだろうに。
- 何で保育施設は午後6時で閉まってしまうのかしら？　おまけに入園待ちですって？　こんなに不便なら仕事に復帰しても続けられない。やっぱり子供は産めないわ。

あなたの不満や希望に"そうなっているんです、規則です、できません"などと答える会社や店は、皆それしかないから仕方なしに使っているだけの会社だ。頻繁に利用する顧客だって満足はしていない。競合ができたら皆喜んで新しいほうに流れる。

セブン-イレブン、ヤマト運輸、QBハウス、ドトールを見てみよう。皆、顧客の素朴な不満や希望に耳を傾けることで、新しい市場・業態を発見した会社だ。

また、ガースナー前IBM会長の『巨象も踊る』（日本経済新聞社）を読んでみよう。超優良企業の代表格のIBMも、90年代中頃には倒産寸前までいった。70年代に完璧に機能したビジネスモデルも、90年代には顧客を十分満足させられなかったからだ。IBMが顧客の声を本気で聞きはじめたのは、外部者であるガースナーが着任してからだ。それまでのIBM社員は、顧客でも競合他社でもなく、内部の官僚機構に目が向いていた。これではジリ貧になるのは当然だ。

第3章●基礎トレーニング2：右脳で仮説の手がかりをつかむ

また、日産自動車を例にとってみよう。カルロス・ゴーン時代に設計されたマーチもＺも、顧客の心を確実につかんだ車といっていいだろう。90年頃の日産車とは雲泥の差がある。

なにしろ当時の日産は"あの車は役員の○○さんが主査の時代に設計した車だから潰せない"との理由で、ダメ車・赤字車を延々作っていたそうだ。こんな顧客を見ない経営を続ければ、会社はどんどんおかしくなる。

ただし、顧客の声を聞くといっても、現状に満足している顧客の声ばかり聞いても仕方がない。今の顧客は大切だが、彼らの満足が業績向上につながらないなら、聞くべき声を間違っている。まだ顧客になってない人・なれない人の声に、より大きな何かが隠れていることも多い。

さて、振り返ってあなた自身が、顧客の素朴な不満や希望に対して「そうなっているんです、規則です、できません」なんて対応をしていないだろうか。

業績の悪い会社の多くは、顧客の素朴な疑問を無視したまま、また満足に答えないまま、内側にのみ目を向けてジリ貧の業界内競争を続けている場合が多いのだ。

たとえば、ここに挙げた素朴な疑問など、その業界に勤める人は何の疑問にも思っていなかったりする。これまでずっと同じようにしてきたし、業界他社もその枠内で競争しているからだ。

まずは、顧客に目を向けよう。そして、彼らの素朴な不満や希望を叶える仮説を作っていこう。

「常識」の枠から自由になろう

● 「常識」を疑え

　顧客を見ない・見えない企業や組織に蔓延しているのは、その会社や業界にある「常識」だ。

　銀行のATMを例にとろう。90年代中頃まで、銀行のATMは土日は動かず、また夕方6時には閉まってしまうものだった。金曜の夕方は現金を引き出すお客で大渋滞していた。

　それに対し銀行は、「休日や夜間にATMを開けないのは日本の習慣になじまないし、治安上問題があるから」などと説明していた。「大蔵省（当時）の規制があるから横並びです」と正面きって言えないまでは理解できるが、ちょっと驚いたのは多くの銀行員がその頃の不便極まりないATMの営業時間を、"正しい施策"と捉えていたことだ。銀行員の友人が、ATMを深夜営業"すべきでない理由"を蕩々（とうとう）と説明してくれたのを思い出す。

　しかし、シティバンクがATMの深夜営業を始めたら、邦銀も今までの説明を翻（ひるがえ）し、"顧客満足度を向上するため"ATMの深夜営業をいっせいに始め出した。今ではコンビニで24時間ATMを使えるのが「常識」だ。昔の「常識」はどこにいってしまったのだろう。

　また、同じく驚いたのが80年代後半のIBMだ。
　PCの飛躍的な性能向上が見えているにもかかわらず、IBM社員の多くは「汎用機のみがビジネスの課題を解決する」との本社の公式見解を本

気で信じていたようだった。

　このときもIBM社員から"なぜPCではビジネスの課題を解決できないか"を延々と聞かされた覚えがある。彼も今ではPCをいかにビジネスに活用すべきか説いて回っていることだろう。

　銀行員もIBM社員も、もともとは優秀な頭脳を持った人たちだ。しかし「常識」に縛られてしまうと、珍妙な理屈でその「常識」を正当化するようになる。

　別に彼らを馬鹿にするわけではない。組織で仕事をしていると、どうしても自然に組織や業界の「常識」に染まってくるのだ。顧客や外部の世界と次第にカイ離し、組織のための論理で動くようになる。

　競争に負けてジリ貧になろうが、仕事の付加価値がまるでなくなろうが、今の組織の「常識」を守り従うことのほうが大事になってくる。顧客へのサービスや利益の追求でなく、今ある組織秩序と機構の維持が最大の目的に変わっていくのだ。

　普通に社会人として暮らしている限り、あなた自身にも、意識している・していないにかかわらず、この「常識」の縛りがシッカリとかかっているはずだ。これは避けれらない。

　しかし「常識」に染まったままでは、新しいブレークスルーを導くトンガリ仮説は出てこない。

● 「常識」の枠を破るには「素人の質問」をしろ

　常識の枠を破る方法は意外と簡単だ。それは"**なぜ？、本当に？**"という質問をしつこくすることだ。
　多くても3回目の"なぜ？"で、"うーん、みんなそうしているけど、なぜなんだろう"と、答えに詰まることがあるはずだ。それが会社や業界の**常識の枠**だ。日本最強の企業といえるトヨタには、"なぜ、を5回繰り返す"という文化がある。質問を繰り返し、課題の本質を探り当て、解決する文化こそがトヨタを日本最強の企業にしたのだ。
　"なぜ"と聞くのはとても素人っぽいかもしれない。しかし、この**「素人の質問」**が問題の本質を突くのに最も有効なのだ。
　"なぜ"と聞くと、"そんな馬鹿なことを言うから素人は困る"とか、"業界の「常識」を知らないにも程がある"とか、素直に答えず聞く人を悪者にする人もいる。
　"過去に例がない"とか"みんなそうやっている"とか、説明にならないことを平然と言い出す人もいる。
　"現場も懸命に努力している""そんな米国的な考え方はわが社にはなじまない"とか、精神論で怒ったりする人もいる。
　"青少年に悪影響を与える恐れがある""職員のモラルが低下する"など、社会正義を振りかざしたりする人もいる。
　これらはみんな**思考停止の証拠**だ。怒り出す部分に多くの場合、問題の核心がある。"みんなそう言うけれど、実は違うかもしれない"と天の邪鬼に考えることで、常識の枠を外れることができる。

　聞くべき質問とは、知識量を増やすWhatではない。手続きやノウハウを問うHowでもない。問うべきものは**ロジック＝Why**だ。Whyをとにかく聞こう。具体的にどんな質問をすべきかは、飯久保広嗣氏の『質問力』（日本経済新聞社）、大前研一氏の『質問する力』（文芸春秋）が参考になる。

第3章●基礎トレーニング2：右脳で仮説の手がかりをつかむ

その一方、玄人である"専門家"の莫大な知識とはWhatとHowの塊(かたまり)でしかない。「常識」の枠内でしか考えず、Whyを今さら問うことはしない。環境が変わり知識がどんどん陳腐化する世界で、"専門家"に問題の解決や正しい意思決定は期待できない。

実際"専門家"と話しているとビックリすることが多い。

ある企業の人事担当者はこんな話を切り出した。「当社は女性を大胆に登用すべく大改革をしました。昇進制度も大幅に変更します。今年は画期的なことに女性管理職が……1名誕生します」

20年前ならともかく2003年の話だ。その会社は大企業、大卒の女性社員もたくさんいる。聞いていて頭がクラクラした。

またこんな話も聞いたことがある。人事担当者いわく、「当社は昨年、年功序列から成果主義に大きく舵を切った。しかし、どうも社員がついてこないようだ。やはり大胆な成果主義は当社の伝統と文化になじまないかもしれない」

ある人が"どんな施策をしたのか？"と聞くと「ボーナスに1万円の差をつけた」。

両方とも話している当人は大マジメだ。困ったことに"ものすごい改革をした"と本気で思っている。専門家が「常識」の枠内にドップリと浸ってしまうと、いかに愚か者に成り下がるかといういい例だ。

●未来のあるべき（TO BE）に焦点を当てて考えろ

「常識」がなぜ怖いかというと、「常識」はそれが成功方程式として成立した過去にベストフィットするからだ。

たとえば、たった10年前、1993年頃の世界を考えてみよう。

バブルは過ぎたものの、景気悪化は短期の調整局面だと誰もが考えていた。日本企業はまだまだ世界最強で、国内金融機関の倒産・合併や大企業のリストラなど到底考えられなかった。また、携帯電話もインターネットもほとんど誰も使っていなかった。米国企業は復活途上にあり、中国は発展途上国以外の何ものでもなかった。

たった10年前でも今とは相当違う世界だ。これから10年先には、今の経営環境もさらに変化する。

あなたが戦略を立て課題を解決するのは、あなたの会社や組織の将来をよくするためだ。5年後や10年後の世界を想定して仮説を立てなければならない。

ところが、企業の「常識」の多くは30～40年前の高度成長の時代に成立したものだ。将来の世界とは、まったく逆行したものだ。

"今"を生きていると、どうしても今ある制度を"所与のもの・ずっとあるもの"と思いこみがちだ。しかし、たとえば日本文化とよく絡めて説明される終身雇用も、たかだか40年前の高度成長とともに成立した制度だ。逆に、よく米国的と形容される能力主義は、米国でも20年程の歴史しかない。それ以前の米国企業では今のいわゆる日本的な雇用慣行が維持されてきた。

さらに官庁の「常識」は凄く、堺屋太一氏や野口悠紀雄氏によると60年以上前の1941年の統制経済とともに完成したものらしい。

これら「常識」は過去の遺物だ。作られた数十年前には合理的な成功方程式であったとしても、今や非合理に満ちたアナクロニズムでしかな

かったりする。こんな「常識」で経営すれば自滅への道をたどるばかりだ。

アナクロな「常識」で自滅した強烈な例は旧日本軍だろう。旧日本軍の「常識」が完成したのは太平洋戦争の40年前の日露戦争だ。それ以来、ほとんど進化しなかった。「常識」に縛られた組織、そして「空」も「雨」も無視し続けた組織の末路が、いかに愚かしく恐ろしいかだ。

では、過去からの呪縛をほどくにはどうすべきか。これも意外に単純だ。過去ではなく未来に焦点を当てればいいのだ。

仮説を立てるには**未来に焦点を当てよう**。"今まで、または今こうだから（AS IS）こうなるのだ"ではなく"**将来こうしたい・なりたい（TO BE）から、こうすべきだ**"と考えよう。

過去の延長線上に現在の解決策を考えるのでなく、未来のあるべき姿（TO BE）から逆算して、今やるべき仮説を立てよう。過去から学ぶべきものは多いが、それは未来に役立ててこそ価値がある。

これからの経営環境がどうなるかを想像するには、過去と未来に関する本を読もう。といっても、これから円が上がる・下がる、会社が儲かる・潰れるなんていう、近視眼的な本をいくら読んでも仕方ない。質の高い本を読み、過去から未来に通底する骨太のロジックを読み取ろう。未来予測をするのが目的ではなく、あなたが考える材料にすることが目的だ。個人的には、米国人ではＰ・Ｆ・ドラッカーやアルビン・トフラーの著作が、日本人では堺屋太一氏や大前研一氏の著作が一番お勧めできる。

顧客の視点から仮説をまとめろ

●顧客の視点でトンガリを出せ

　仮説を作るには「常識」を捨て、顧客の視点からトンガったアイデアをまとめていこう。たとえば、温泉旅館が"朝はゆっくりしたい"という顧客の声を聞くことを考えてみよう。

　この"顧客の声を聞く"という以前に、実はもっと大きなバリアがある。それは**顧客がどこにいるかを知る**ことだ。つまり、
- 田舎の人達と違って、夜遅くまで仕事をして満員電車で帰り、夜更かしをする都会の人たち。
- 本物の温泉で疲れを回復したいが、お仕着せのプランでは時間が取れないサラリーマン。
- 豪華な食事や夜の歓楽には飽きており、田舎の日常生活がにじみ出る風情ある温泉街をそぞろ歩きたいOL。

という人たち（＝われわれだ）が"存在すること"にまずは思い至る必要がある。

　新しい顧客・まだ取り込めていない顧客は、常連客と接しているだけではわからない。今までの経験に安住し、業界内部に閉じこもると、恐ろしいことに顧客そのものまで見えなくなってしまう。

　そして、「最近の温泉客は渋い。不況のせいだねぇ。首相がよくない」とか、的外れなことを言い出すようになる。

　"旅館で昼までゆっくり寝ていたい"という顧客に気づく、という最

第3章●基礎トレーニング2：右脳で仮説の手がかりをつかむ

大のバリアを突破できれば、あとはどんどん仮説をトンガらしていけばいい。まずは"昼までゆっくりプラン"なんかを考えてみてはどうだろう。そうすればそれを軸に、次のようにアイデアが広がってくる。

> なぜ、この人は昼までゆっくり寝たいのだろう。平日は毎日疲れ果て、たまの休日に心からゆっくりしたいのかもしれない。
> そうなると、この人に訴えるべきものは、疲れがとれる泉質のよさと、ぐっすり眠れる布団と静寂だろう。旅館自慢の豪華な食事はいらないかもしれない。むしろ金曜日深夜に着いて、食事をとらずそのまま温泉に入って寝るだけのプランがほしい。そして、おいしい朝食をゆっくりとってもらうのがいいだろう。
> 顧客はどんな人だろう。忙しい人だったら、貴重な休日を2日使って渋滞の中を往復するより、土曜日を丸々ゆっくりリフレッシュにあて、日曜日は別の活動にあてたいと思う顧客も多いのではないか。
> 疲れた管理職や専門職なら、それなり収入もある。安さで勝負することはない。メディアも「じゃらん」でなくて、「日経ビジネス」とか「クレア」とかの旅行特集を参考にするだろうし、ネットでの検索や評判を重視するだろう……。

最初はある種の思いつきで出発した仮説も、"昼までゆっくりプラン"というコンセプトを練りあげてストーリーを作っていくと、どんどんよくなっていく。新しいアイデアもわいてくるはずだ。

これに対し、いくら「常識」に従って考えても、食事の質を上げる、価格を下げる、旅行代理店へのキックバックを増やす、などのアイデアしか出てこない。これではいくら一生懸命やってもジリ貧になるばかりだ。

ちなみに仮説を作る右脳は、**直感の脳**でもある。"これは絶対イケル""これは面白い"といった直感も大事にしよう。直感を働かせてどんどん仮説を出そう。仮説は間違っていてもいいのだから。

●手前勝手な仮説を作るな

　仮説を作るには顧客の視点が必要だ。しかし多くの会社は、それを"しているつもり"でも、まるでできていないことが多い。本心から顧客を最優先しているつもりでも、実は自分の組織の論理で考えてしまっているのだ。下の例を見てみよう。

> 　わが社の白物家電製品は、安い中国製品の脅威を受けている。付加価値で勝負をしなくては生き残れない。家庭への付加価値とは情報提供だ。冷蔵庫の正面には広いスペースがある。
> 　冷蔵庫を無線LANで接続し、わが社自慢の液晶ディスプレイをつけて情報を提供すれば、主婦は喜んで見るだろう。提供する情報は、冷蔵庫の中にあるもので作れる献立てを紹介するのがいいだろう。画像センサーとICチップで、中にあるものを識別したら、入力の手間もなくなるだろう……。やった、大ヒットだ！

　考えている当人は"顧客を第一に考えている"と思い込んでいるかもしれない。しかしここにあるのは、技術至上主義と会社のご都合主義だけだ。顧客である主婦の視点は、身勝手に最後に取ってつけただけだ。「冷蔵庫→主婦→献立情報がほしいだろう→台所で情報提供」とは、あまりに短絡的で貧困な発想だ。第一、この文の主語は顧客ではない。冷蔵庫だ。

　冷蔵庫を使うのは主婦に限らない。また、主婦が何をほしがるか、何があったら嬉しいか、想像力を働かせる余地はまだまだたくさんあるはずだ。

　間違った仮説でも検証すればよくなるのは確かだが、最初の仮説があまりに貧困では、そこから発想を高めるのは難しい。

　ほしいのは、**間違っているかもしれないけれど豊かで、トンガった仮説**だ。イメージの膨らまない貧困な仮説は、いらない。

●平均点仮説は誰にもアピールしない

　顧客が望むのは自分に合ったサービスだ。他人がいかに満足しようが、しまいが関係ない。

　だから、一つの仮説を作るとき、考えるべき顧客は一人に絞ろう。一人の顧客を想定して、その人が喜んでお金を払うような仮説を作ろう。複数の顧客のニーズを満たそうとすると、結局は平均点的な仮説しか出てこない。そんな仮説は誰にもアピールしない。

　有名な失敗例はフォード自動車の"エドセル"だ。エドセルはフォードが1950年代当時、最新のマーケティング技法を駆使し、大きさからデザインの細部まで、あらゆる要素を顧客の好む"平均値"に設定して設計された車だ。フォードはこの車を自信満々で発売したが（何しろフォード家の息子の名前をつけたほどだ）、実際にはまったくといっていいほど売れなかった。顧客は平均値など望んでいなかったのだ。

> 　顧客の意見を聞いてみた。"昼間でゆっくりプラン"に大賛成という人も多かったが、それだけではない。やはり若い女性は、健康ランドのようなものも好きだ。家族連れは値段も重要だ。若い男性にアピールするには食事も重要だ。会社の団体旅行は減っているが、これも無視できない。よーし、全部ひっくるめて、目指すは癒しの「食事・温泉・健康・格安・昼寝」旅館だ！

　こんなのは**駄目な平均点仮説**の典型だ。八方美人で誰にもフォーカスしていない。大幅値引きでもしないと結局、誰にもアピールしない。"エドセル"のような自殺行為はやめよう。

●顧客の声を馬鹿正直に聞くな

　顧客の声を聞けといっても、それに振り回されるのは愚かだ。たとえば前出の旅館が、値段と料理と風呂の広さに関して個別にヒアリングをすれば、"値段は安いほうがいい""料理はおいしい物がいい""風呂は広いほうがいい"という結果が出る。当たり前だ。

　しかし、そんな声に馬鹿正直に対応しても仕方ない。限られた経営資源の中で、価格も料理も風呂も……と、すべてにおいて顧客を満足させることはできない。顧客のストーリーの中で、どこにフォーカスするのが一番満足度を高めるかを検討しよう。

　こんなことは当たり前に思えるが、不思議なことにマーケティングのプロでも意外と外す。たとえば、80年～90年代、自動車の多くの車種がモデルチェンジのたびに、大きく重くなっていった。確かに顧客に"広い車と狭い車とどっちがいいですか？"とだけ聞けば、"広い車がいい"との答えが返ってくるだろう。しかし、同じ顧客に"今の車と、広いけれど高価で重たい車、どちらを取りますか？"と聞けば、広い車が支持されるとは限らない。

　聞くべきは顧客の紡ぎ出すストーリー全体の中で、なぜその車を選ぶかであって、個別の要素を取り出して"どうですか？"と聞いても仕方ない。しかし、当時、自動車会社のマーケティングのプロは、このような質問をしなかったようだ。そして多くの魅力ある車が、モデルチェンジのたびにそれまでの持ち味を殺し、そして、市場から消えていった。

　また、顧客には"今ないものは想像できない"という限界もある。ソニーのウォークマン開発の話が有名だろう。すべてのマーケティング調査の結果が"この商品は売れない"と結論したにもかかわらず、ウォークマンは大ヒットした。

　顧客の声は馬鹿正直に聞くのでなく、正しく解釈しよう。

第3章●基礎トレーニング2：右脳で仮説の手がかりをつかむ

●ビジュアライズしてイメージを膨らませよう

　また右脳はイメージの脳でもある。仮説のリアルなイメージをビジュアルに描いて、右脳を活き活きと動かそう。

　"手頃なワイン、おいしいワイン"と単語だけ並べ立てただけでは、イメージは広がらない。"言ってみただけ"の世界だ。

　まずは、どんな人がどんなシチュエーションで"手頃でおいしいワイン"をほしがるのか、何を期待して買うのか、どこで飲むのか、具体的にイメージして、ストーリーを膨らませてみよう。

　たとえば、買う人を"30歳台前半の女性。未婚で杉並区の小さなマンションに住み、可処分所得はそれなりにある。彼氏もいるが女性の友達も多く週末はよく家に呼ぶ"、と想像してみよう。彼女がワインに何を求めるか、勝手にストーリーが走り出してこないだろうか？

> 　手軽に自分一人で、または友達と楽しめるオシャレで手軽なワインがほしい。彼氏との特別なときにはボルドーの中級品を開けるが、普段は見栄を張る必要がないのでコストパフォーマンスのよい新世界ワインがいい。1,000円ちょっとくらいかな。新宿のQueen's Chefなどに置いてあるものだと格好いい。聞いたことがない葡萄もちょっと試したい。帰りがけに食材を買う時間に、デパ地下で試飲ができればいいのに。気に入った銘柄はネットで海外に直接注文することもある。お風呂上がりにビールじゃオシャレじゃないし、軽いスパークリングワインの飲みきりサイズの小瓶とか、何でないのかな？

　これらストーリーは必ずしも正しいわけではない。しかし、右脳を豊かなイメージで動かしていけば、だんだんと"トンガリ仮説"もわいてくる。具体的な顧客のイメージをビジュアライズ（＝視覚化）すると、右脳がどんどん動くのがわかるはずだ。ストーリーが走り出さないなら、あなたには顧客はまだ見えていない。

●思いつきに走るな。まずは正しく原因を究明しろ

　思いつきレベルの仮説をたくさん並べて"よし！"とするのは愚かだ。下の例を見てみよう。それぞれ一理あるかもしれないが、基本的には思いつきだ。こんな仮説をいくらたくさん並べて検証したところで、対症療法以上の効果はない。仮説に何のロジックもないからだ。人の話を聞いて素直に並べても"初期仮説一丁あがり"にはならないのだ。

> なにっ、期待のワイン新製品を出しても、一向に売上が増えない？
> ●営業の頑張りが足りないからだ！
> ●購買担当の社員の質が落ちているからだ！
> ●問屋へのリベートが足りないからだ！
> ●大宣伝して売り出さなきゃ駄目だって、俺が言っただろう！
> ●この商品のよさがわからない顧客が悪い！
> ●こんな商品に社運を賭ける経営者が悪い！
> ●景気が悪いから仕方ないさ……

　経験の長い人は、昔の成功体験に基づいて、延々同じことを主張していることも多い。下手をすると「空」と「雨」の議論を飛ばして、いきなり「傘」を出してきたりする。"俺が若い20年前、この日は台風がきた。だから8月20日は傘を持っていけ！"程度のロジックで、社員にレインコートを羽織らせ、炎天下に放り出しかねない上司も珍しくない。

　彼らの経験から学ぶのは大切だが、主張を鵜呑みにしてはケガをする。昔の成功方程式も、前提条件が変わった今では失敗方程式になっているかもしれないからだ。

　もし"思いつき"が出されたならば、その裏にあるロジックを読み取ろう。たとえば"問屋へのリベートを増やすべき"というなら、その商品を売っても問屋は全然得をしない、または競合商品のほうがリベートがよくてそちらに流れる、という構造があるはずだ。

第3章●基礎トレーニング2：右脳で仮説の手がかりをつかむ

　もし本当ならば手を打つべきだし、できれば金銭以外のメリットを与える方法も考えるべきだ。もし本当でないなら、それを主張する当人は、問屋の手先でしかない。

　思いつきがコワイのは、思いつきの対策が全然、根本原因を外しているかもしれないからだ。もしこの例で、売れない原因が商品選定のミスにあるならば、営業の尻を叩いてもなかなか売れないし、仮に今回は売れても"あの業者はろくでもないものを売りつける"と将来に禍根を残してしまう。

　課題を解決する正しい方法は、まず問題点がどこにあるのかＭＥＣＥに考え、原因となっている論点に対し、解決する仮説を出していくことだ。たとえば同じ例でも、以下のように詰めていければ、どこに問題があるかはわかるだろう。

期待の新商品が売れない。早急に手を打つ必要がある。
- 顧客の視点からはどうか？
  ・製品の満足度は？
  ・マーケティングは十分訴求しているか？
- 競合の視点からはどうか？
  ・価格競争力はあるか？
  ・競合が似たようなキャンペーンをしていないか？
- 自社のオペレーションからはどうか？
  ・営業の資源配分は妥当か？
  ・問屋チャネルへの対策は万全か？
  ・製造や物流に問題はないか？

　問題の所在がハッキリした時点で、正しい対策をキチンと打てばよい。

●仮説は脈のありそうなところから掘り下げていけ

　仮説作りは宝石探しに似ている。下の図でちょっとイメージしてみよう。当たる仮説という「宝石」は固まって隠れていることが多い。いわば鉱脈というのがあるようだ。だから左側の人のように、鉱脈の目星をつけて掘り進め、掘り当てた！　と思ったらそこを重点的に掘り進めていけばよい。

　反対に最も効率が悪いのは、右側の人のように地面全部を掘り返してしまうことだ。こんな網羅的・完全主義的アプローチは、優等生がよくやりがちな誤りだ。宝石が見つかる前に疲れ果ててしまう。

　また宝石は、必ずしも昔の大鉱脈や、また、ある人がすでに掘り当てて人が群がる鉱脈に埋まっているとは限らない。また、宝石は１カ所にしかないわけではない。自分はどこで宝石を探すか、あたりをつけながら掘り進んでいこう。

宝石は１カ所に固まって隠れていることが多い。金脈を掘り当てたと思ったら、どんどん掘り下げる

網羅的な完全主義的アプローチは、疲れる割に成果が少ない

●視線は高く持とう

　同じ課題で同じ戦略思考のプロセスを踏んでも、たとえば下のように全然別の結論にたどり着いてしまうことはよくある。というか、同じ答になることはない。コンサルタントがグループに分かれて演習しても同様だ。

- 経理的視点が軸になれば、"一つのワイナリーからもっと多量に仕入れて原価を下げるべき"との提案にたどり着く。
- マーケティング的視点が軸になれば、"オシャレなイメージを前面に打ち出し、小規模なワイナリーのワインを他品種揃えるべき"との提案にたどり着く。
- 現場セールスの視点が軸になれば、"店頭POSや店内放送などをもっと効果的に"との提案にたどり着く。

　これらいずれの答えも正しいといえる。とはいえ、やはり良い解決策と悪い解決策はある。それを左右するのは**視線の高さ**だ。つまり、いかに高く広い視野から課題を俯瞰し、豊かで幅のある仮説や切り口を導き出せるかが、最終的なクォリティを決めるのだ。

　同じ課題に対しても、自分の損得だけで考えるか、課の利害で考えるか、事業部の業績で考えるか、会社全体の将来を考えるか、また、産業全体や社会貢献まで視野に入れるか、など取れる視点の高さはいろいろある。良い解決策を導くには、できるだけ高い視点を持とう。

　また、戦略は考える人やチームの持つ（何というか）人格全部が作るものだ。つまり仕事からの学び、幅広い興味、人生の知恵などがすべて戦略に反映されてくる。戦略思考とは、あくまでその人の持っているものをうまく引き出すためのツールにすぎない。戦略作りは、その人の考え方・生き方がそのまま表に出てしまう点で、ある意味コワイなと思う。

Exercise3
仮説を作る

　このエクササイズでは、"仮説を作る感覚"を身につけてもらう。右脳の創造力を刺激してみよう。頭の体操と思って馬鹿にしてはいけない。ディテールを詰めていく作業で、いかに右脳が刺激されるかを感じ取ってほしい。

問題1

- あなたが毎日でも行きたくなるような、またはこんなのがあればいいと思うレストランや飲食店を考えなさい。
    - あなたはどんなときにレストランに行きたいか、他にはどんな顧客が来るか想像しなさい。また、その顧客が何を期待して足を運ぶのか、また、どんな感想をもって帰るか想像しなさい。
    - メニューを考えなさい（料理の名前や値段も）。外装やインテリアを図でスケッチし、要所要所にコメントを入れなさい。
- あなたが休日を過ごす先として、遊園地でも温泉でも何でもよい、行ったら素晴らしく満足できるところを考えなさい。
    - どんなコンセプトでお客を呼ぶか考えなさい。どんなお客が来るかを考えなさい。どんな料金やサービスにするか、具体的に考えなさい。
    - 設備のアイデアをディテールまで含めてスケッチし、絵の中にいろいろとできるだけ細かく書き込みを入れなさい。
    - "これなら行きたい"と思わせるような宣伝文を考えなさい。

第3章●基礎トレーニング2：右脳で仮説の手がかりをつかむ

- あなたが次に買い換える"最高の車"を考えなさい。
  - どんなシーンで利用する車か、そのシーンに合わせるためには、どんな性能や装備、デザインの車がほしいのか考えなさい。
  - 考えたデザインをディテールまで含めてスケッチし、絵の中にできる限りこまかく書き込みを入れなさい。
  - その車の宣伝方法をできる限り具体的に考えなさい。
- あなたがこんな家なら、ぜひ住みたいと思う家を考えなさい。
  - あなたはこれからどんな生活を送るかまず想像し、その生活に合った家はどんな機能や特徴がほしいか考えなさい。
  - 家の設計図をディテールまでスケッチし、内装やインテリアについてもできるだけ細かく書き込みを入れなさい。
  - その家の中での家族の生活シーンを、具体的にかつ活き活きと語りなさい。

問題2

- 社員の特許を奨励しインセンティブを与えるにはどのような方法があるか。他社がやっていない独創的な方法を考えなさい。
- 学力低下に対する処方箋を考えなさい。子供・学生が毎日何を思って勉強するかを想像し、"これなら喜んで勉強したい"と思うような対策を考えなさい。
- 少子化に対する処方箋を考えなさい。産む女性または養育する家族の立場に立って、"これなら安心して育てられる"と思うような方法を考えなさい。

　以上の課題は、あなたのクリエィティビティが勝負だ。実現可能性は次章で検証するので、ここでは考えなくてよい。まずは現実の枷をかけずに右脳を動かす感覚を身につける。1つの設問につき最低でもトンガリを3つ挙げよう。ここでは解答例は示さない。自分で考えること。

Coaching3
仮説についての疑問に答えよう！

右脳の基礎トレーニングはこれで終わりだ。一休みしよう。そして章の頭にまた戻って、もう一度ざっと目を通してみよう。新しくわいてきた疑問はないだろうか。以下、実際の研修場面で受講生からあがった質問をまとめたので、参考にしてほしい。

●すべての議論を仮説から始めろ、というのは乱暴では？

たしかに仮説を立てるにはある程度の知識が必要だ。たとえば名前も聞いたことがない子会社の建て直しがあなたの課題となった場合、あなたがまず、すべきことは情報の収集だ。仮説を立てることではない。

しかし、情報がある程度得られたら、その後の調査は仮説を持ちながら進めよう。営業報告や財務諸表をいくら睨んでも、仮説なしでは原因は浮かび上がらない。たとえば"市場が縮小したのでは？　製品開発力が落ちたのでは？　コスト構造が変わったのでは？"など、いろいろ考えながら調査していこう。「空」と「雨」を効率よく進めるためにも、仮説を持って議論しよう。

●仮説はすべての論点について作らなくてはならないのか？

たしかに、現実的には必ずしもすべての論点に仮説が必要なわけではない。たとえば、"各県別の世帯数は？"という論点なら、必ずしも仮説はいらない。直接資料をあたって調べればいい。

しかし、仮説を作らずに"調べるまで考えるのはやめ"にしてしまうと、頭はそこで止まってしまう。左脳で資料をあたっている間でも、

第3章●基礎トレーニング2：右脳で仮説の手がかりをつかむ

"東京都・大阪府は1,000万世帯近くて、青森や鳥取は100万世帯くらいかなあ……"などと右脳を巡らそう。そうするといろいろ次のイメージがわいてくる。仮説を作ることをクセにすると、右脳もどんどん回るようになる。

それに最初から"ここは仮説を作ることもなさそうだから、いいや"とか甘えると、どんどん楽なほうに流れて、結局ほとんど仮説を作らず手抜きで仕事を進めてしまいがちだ。これでは戦略思考の力はなかなか身につかない。ゴルフやテニスのスイングで、最初から適当にフォームをごまかしていると、いつまでたっても上達しないのと同じだ。

戦略思考の学び始め・使い始めの間は、愚直に"すべての論点に仮説を作るもの"と考えて取り組もう。

●思いつきを仮説にするには抵抗がある。解決策とはもっと論理的に導くべきものではないのか？

優れた解決策が論理的なのは"結果として"論理でキチンとまとめあげたからだ。解決策そのものが論理に従って演繹的に導かれたわけではまったくない。

最後の説明だけを聞いたら"論理的！"と思ってしまうが、それが作られるまでの途中経過は、試行錯誤の連続といえる。むしろ優れた解決策ほど発散的な思考過程を経た、つまり（あなたの言葉でいう）思いつきを十分に練ったものだと思う。

逆にロジックだけで作った結論は、いわゆる優等生の作文や官僚答弁といえばわかるだろう。無味乾燥で何の役にも立たない。

繰り返すが、トンガったことを考え出す"創造力"は、戦略思考の付加価値そのものだ。ロジックでまとめあげる作業には、そのあとでゆっくり手をつければいい。

●参考になるトンガリのある発想の例はないか？

　話題になる会社、成功している会社、元気のいい会社は、いずれもトンガリある発想をしている。彼らの発想は、毎日のように新聞や雑誌に紹介されている。それを読めばいい。

　いかにもユニークな発想、というなら、ドン・キホーテなどが代表格だろう。下に示すのは彼らの発想だ。聞けばナルホドと納得するが、先行者がいないときにこんなアイデアを発想して実行してしまうのは凄いと思う。

ドン・キホーテの強さを読み解く社内用語

（日経ビジネス2002年10月14日号より一部抜粋）

用語	意味
買い場	買い物客の立場になって作る売り場。「売り場」は売り手の論理の言葉なので使わない
ジャングル陳列	商品をぎゅうぎゅうに詰め込む陳列手法。効率的にほしい商品を見つけるのではなく、探索する楽しみを演出
ドンブラ	時間をかけて店内を周遊し、楽しんでもらうこと。安い店でも「銀ブラ」のようなショッピングの楽しみを提案
ディズニーランド型店舗	１回の来店ではすべての商品を確認できない、いわば不親切な店舗。もう１回確認したい気持ちを高める
モー娘作戦	目玉商品を置かない。個々の商品は強いアピールがなくても、組み合わせ商品の魅力を引き出すこと
主権在現	現場への全面的な権限委譲。ただし「権限委譲」は、もともと本部にある権限を譲る高慢な表現なので使わない
下克上宣言	自分が実績や職位で追い抜きたいと思う人に、下克上宣言と銘打ったファックスを送る習慣
スケール・デメリット	規模を追うより、機動力を活かしたほうが商品が安く買える、という環境認識

第3章●基礎トレーニング2：右脳で仮説の手がかりをつかむ

●いい仮説を出すにはどうしたらいいのだろう

　一番いいのは数を出すことだ。ハッキリ言って最初の仮説など10個出して1〜2個当たればいいほうだ。百発百中なんてどうやったって無理だ。まずは数を出そう。そうすれば、そこから膨らませることのできる仮説の種も、どこかに必ずあるはずだ。

●右脳を動かすのにいい方法はないか？

　右脳や発想法をキーワードに検索すると、たくさんの本にヒットする。何冊かに目を通して、使えそうな方法を実際に試してみるのがいいだろう。最近よく出ている"図で考える〜"系の本も、右脳を刺激する方法の一つといえるだろう。
　私が勧めたいのは、加藤昌治氏の『考具』（ＴＢＳブリタニカ）だ。実際の場面で使える具体的な方法がいろいろ紹介されている。氏は広告代理店勤務だが、これを読むと、コンサルタントの仕事もクリエイターの仕事も、右脳を動かす部分はほとんど同じと思える。

　また経験的にいうと、右脳が働くのはちょっと頭のネジをゆるめたときだ。机に長時間しがみついていても、あまりいい発想はわかない。一人で考え込むより他人と話したほうがいい発想は思いつく。
　一人のときでも、歩いているとき、通勤途中のヒマ時間、ちょっとアルコールが入ったとき、などのほうが右脳はよく回る。私の場合は長時間座れる通勤中が、最も貴重な"右脳時間"となっている。会社の机で資料を読むより数倍能率が上がる。
　そして無理矢理にでも右脳を動かしたいならば、本文中にあるように、Why?　という質問を繰り返すことだ。左脳で鋭く突っ込むことが、右脳を強制的に動かす最強のドライバーとなる。

第4章

実戦テクニック1
論点を分解し初

　実戦テクニックのパートでは、実際の戦略思考のプロセスにおける頭の動かし方を説明しよう。

　戦略思考で最初にすることは、右脳と左脳をコラボレーションさせて**初期仮説（＝結論のたたき台）**を作ることだ。この初期仮説をいかにうまく作るかが、結論全体のクォリティを左右する。

　このプロセスを、できる限り丁寧に説明する。コンサルタントのノウハウの大公開だ！

期仮説を作る

		日々の仕事での活用
実戦		
実戦ルールとテクニック	第4章 論点を分解し初期仮説を作る / ツール編A 論点分解ツール	第5章 仮説を実際に検証してみる / ツール編B 仮説検証ツール
基礎トレーニング	第2章 左脳でイシューツリーを作る	第3章 右脳で仮説の手がかりをつかむ
オリエンテーション	第1章 戦略思考のアプローチを知ろう	

初期仮説を作る7つのステップ

●初期仮説を作るのが戦略思考の最初のステップ

　下図に戦略思考の全体のステップを下図に示した。戦略思考の最初のステップとは、初期仮説（＝たたき台）を作ることだ。

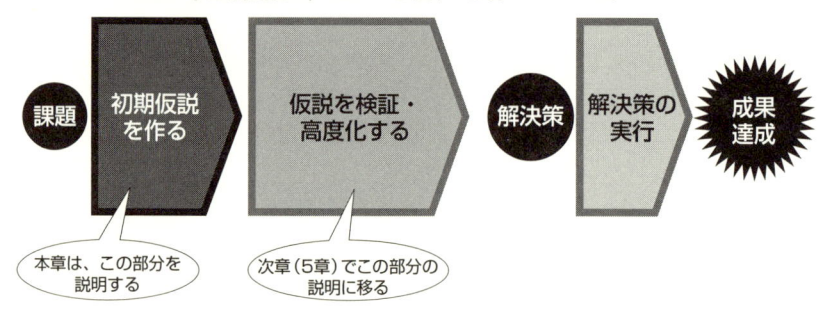

課題 → 初期仮説を作る → 仮説を検証・高度化する → 解決策 → 解決策の実行 → 成果達成

本章は、この部分を説明する
次章（5章）でこの部分の説明に移る

　初期仮説（＝たたき台）の出来不出来は、その進化形ともいえる結論のクォリティ、そして、仮説検証の作業の効率を大きく左右する。いい初期仮説を作って、いい結論を効率的に導こう。

　初期仮説を作るには、戦略思考の作業全体の少なくとも２割の時間をかけるべきだ。戦略思考全体の作業期間がだいたい１～３カ月とすると、初期仮説を作る作業に（初期的なファクト調査と並行して）最初の１～３週間の時間をあてる。すぐにでも検証作業に取りかかりたい気持ちはわかるが、初期仮説がいい加減なまま焦って作業を進めても、だいたいろくな結果にはならない。

　初期仮説を作るには、前章で身につけたイシューツリー作りと仮説作りを同時に行なう。つまり左脳のロジックと右脳の創造力を、同時にフル回転させる。このプロセスは、戦略思考を身につけるうえでの最大の

関門ともなる、結構、しんどい作業だ。しかし、これさえ身につければ、戦略思考の考え方を身につけたも同然だ。頑張って突破してほしい。

初期仮説を作るプロセスは、以下の7つのステップからなる。左脳と右脳を動かして作る初期仮説を何回も見直して、最終的な初期仮説に仕上げ、それをもとに検証プランを作成する。つまり初期仮説作りの作業が終わった時点で、続く仮説検証作業を始める用意がすべて整っているようにするわけだ。

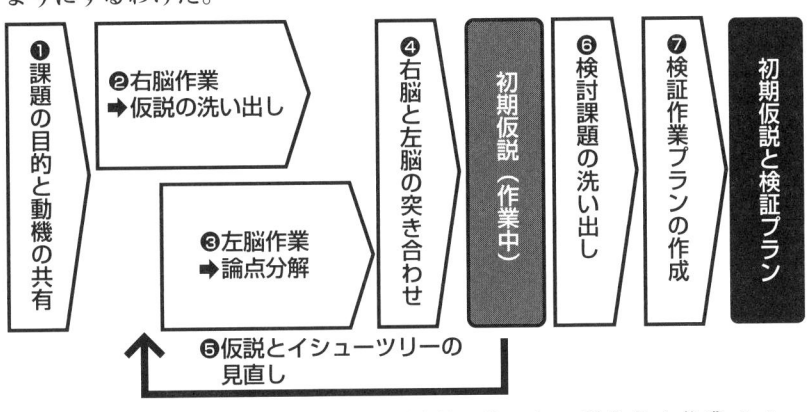

❶課題の目的と動機の共有 → ❷右脳作業→仮説の洗い出し → ❸左脳作業→論点分解 → ❹右脳と左脳の突き合わせ → 初期仮説（作業中） → ❻検討課題の洗い出し → ❼検証作業プランの作成 → 初期仮説と検証プラン
❺仮説とイシューツリーの見直し

次のページから個々のステップの説明に移るが、具体的な作業イメージをつかんでもらうため、地方のスーパーマーケットである"伊州屋"に登場してもらおう。伊州屋は下記のようなスーパーだ。まずは、ちょっとイメージしてもらいたい。

伊州屋のプロファイル
- 同族経営の中堅スーパー。創業50年近い歴史を誇る。
- 店舗は地方中核都市と近隣都市に5店舗。
- 食料品と日用品がメイン。衣料品は扱わない。
- 地元に根付いており、経営者一族は地元の名士。
- 品質や品揃えには、それなりに高い評価を得ている。
- 堅実かつ実直な経営だが、都会的というイメージはない。

❶ 課題の目的と動機の共有

●4つの質問で課題の目的と動機を確認しろ

　戦略思考の作業に入る前に、そもそも解決すべき課題を確認し共有しておこう。

　課題の問題意識を合わせておかないと、無駄な議論や的外れな検討をしてしまう。また議論が袋小路に陥ったり、解決策の選択に迫られたときに、そもそもの課題の目的に立ち返る必要があるからだ。また、議論しているうちに、検討内容が当初依頼された目的からだんだんズレてしまうこともある。あとから"そんな検討を頼んだ覚えはない"と言われないためにも、依頼者の意向はしっかり押さえておこう。

　課題の目的を確認するためには、次の4つの質問をしよう。
質問1・解決すべき課題とは？　そしてそれはなぜか？
質問2・具体的な達成目標は？　そしてそれはなぜか？
質問3・具体策を実施するうえでの制約条件はあるか？　そしてそれはなぜか？
質問4・なぜ達成する必要があるのか？　そして、それはなぜか？

　制約条件とは、お金や人などの経営資源をどの程度までかけてもよいかということだ。いくら"儲かります"という話でも、中堅スーパーがいきなり全国100店舗展開、という話にはならないだろう。

　目的と動機は、経営者または意思決定者（プロジェクトのオーナーという）に直接語ってもらうのがとても大切だ。意思決定者の動機や切迫感、また目標の優先順位が、部下には全然伝わっていないことも多い。直接オーナーから語ってもらおう。

この例では、伊州屋の課題を以下のように確認したとしよう。

質問1　解決すべき課題とその理由は？

わがスーパー（仮に伊州屋）の利益を拡大すること。なぜなら、年々利益率が低下しており、これでは来年には赤字に転落しかねない。

赤字転落が続くと、従業員を解雇、さらには店じまいすることになってしまう。

質問2　具体的な目標とその理由は？

来年度までに、利益率絶対値で１％の改善に相当する施策を策定する。なぜなら、利益率が１％向上すれば、今期はとりあえず黒字を維持できるであろうから。

質問3　制約条件は？

お金は年間の利益程度はかけてよい。このプロジェクトのせいで赤字になるのは本末転倒だからだ。また、人は専任で２名くらいは割いてよい。もっと必要になったら、また引っ張ってくる。そして、改革の成果をアピールするため、１年で目に見える成果を期待している。

質問4　なぜ達成する必要があるのか？

伊州屋が、サービスの提供や従業員の雇用を通じ、地元に貢献するスーパーであり続けることができる。地元の名門企業である伊州屋が存続することは、市民にとって非常に重要なこと。さらに、創業者一族の社長として、自分の代に店を潰すわけにはいかない。

●個人的な動機も共有しろ

　企業の課題解決の目的は、ほとんどの場合、**利潤の最大化**だ。
　社会貢献や顧客満足度最優先など"キレイなこと"をミッションに掲げる企業でも、明らかにミッションに反しない限り、利潤の最大化が最も優先すると思って間違いない。

　しかし、もっと突き詰めていくと、課題解決の真の動機はもっと深いところ、個人的なところにあることが多い。
　ポジティブなものでは、たとえば、"日本の物流を変えてやる"という事業家としての夢であったり、"この会社を発展させるのが私の使命だ"という使命感であったりする。マズロー心理学でいうオーナーの**自己実現の要求**から派生したものだ。その一方で、ネガティブな**黒い動機**もある。既得権益の死守であったり、個人の執着や権力欲、または"先代の社長を見返してやる"というコンプレックスだったりする。経済合理性とはまったく関係ないことも多い。
　このような黒い動機は普通は隠されていて、部下の目には入らない。しかし、これらの動機も共有しない限り、最終的に目的に沿った結論には至らない。

　たとえば、ある都市に出店しても利益が期待できない場合、普通に考えれば"出店しない"が正解だろう。しかし、出店がそのスーパーの経営者一族の悲願だとしたら、本当に問われるべき課題は、出店に伴う損失可能性と会社の損失許容限度の推定だ。結果として出店するのが"正解"になる可能性も十分ある。

　黒い動機をあなた自身が倫理的に許容できるか否か、戦略思考とは別の次元で判断しよう。

●聖域にどこまで踏み込んでよいかは慎重に確認しよう

明示的に言われない制約条件である**聖域**を確認するのも大事だ。
聖域とは、たとえば、以下のようなことである。

- 会長（または御曹司）が始めた事業には触れるな。役員（とくに○○派）の責任問題には口をつぐめ。
- 人員削減はしてもいいが、残った連中の給与は下げるな。また、他産業よりはるかに高い給与水準は問題にするな。
- 事業方針（ジャンクフードを大量宣伝で子供に売りつける、欠陥マンションを豪華装備でカムフラージュする、新規参入の安価な技術はデマ宣伝してでも潰す、など）は問題にするな。
- 新たな競争を排除するための命綱となる○○党議員への献金には触れるな。○○党系の組合を刺激するような施策は打つな。

これら聖域こそが、課題解決の唯一最大の障害になっていることが実に多いのだが、それでも"触れてはいけない"のが聖域だ。

巷の戦略の本にはよく"制約条件なしで考えろ"と書いてある。しかし、外部のコンサルタントならともかく、あなたが聖域に触れたりしたら即座に危険人物としてマークされる。

一方で、聖域を何とかしたいと思っている経営者がいるのも事実だ。もし聖域に手をつける必要があるなら、慎重に慎重を重ねて経営者の本気度を確認しよう。経営者が本気だったら、コミットして、ともに頑張る価値はある。

Column
あなたの会社にビジョンは必要か？

巷の戦略の本にはよくビジョンを頂点にした三角形が出てくる。企業が正しい戦略を作るには、クリアなビジョンが必要、だからビジョン作りを課題解決の最初に置くべきというわけだ。

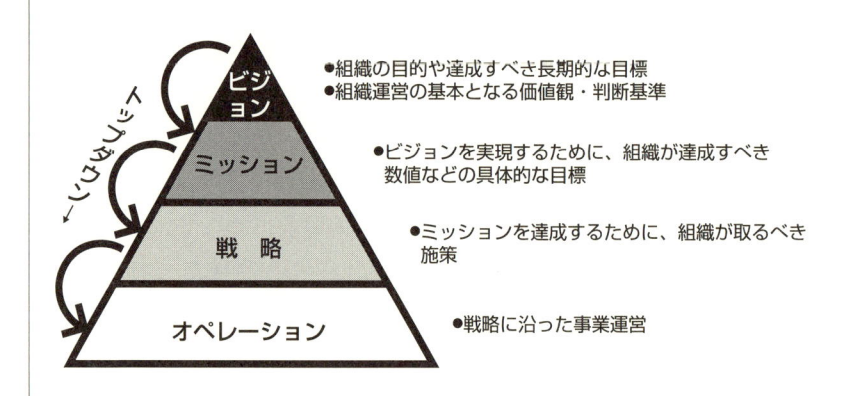

```
        ビジョン         ●組織の目的や達成すべき長期的な目標
                        ●組織運営の基本となる価値観・判断基準
       ミッション        ●ビジョンを実現するために、組織が達成すべき
                          数値などの具体的な目標
        戦 略           ●ミッションを達成するために、組織が取るべき
                          施策
     オペレーション       ●戦略に沿った事業運営
```
（トップダウン）

しかし、実行しないビジョンなど、何の役にもたたない。

前IBM会長のガースナー氏は、再建の任務を負ってIBMに着任した最初の記者会見で、彼は"危機に瀕しているIBMに最も必要なものはアクション。最もいらないものはビジョン"と言い切っている。その頃のIBMには、何百ページにもわたる壮大なビジョンがいくつも作られ、バインダーに綴じられ何も実行されないまま、社長室にただ放置されていたのだ。

実際のところ、老害経営者が居座り"宦官"がはびこり、周りは"虚言"だらけの企業や、天下りを受け入れる以外に何の仕事もなさそうな公益法人が、立派なビジョンを掲げていてもむなしいだけだろ

第4章●実戦テクニック1：論点を分解し初期仮説を作る

う。

　そもそも、ビジョンとは経営判断のよりどころとなる価値観だ。判断しない組織、つまり今ある業務をこなすだけで、前例がないことには挑戦しない組織にビジョンはいらない。

　また、ビジョンに熱心になるあまり、優秀な企画スタッフが"高尚な仕事"ばかりにエネルギーを向け、オペレーションは"現場でよろしく"なんて丸投げするのもマズイ。本来「紙」まで詰めなければならない戦略が「傘」で止まってしまう。これだとどんなに美しいビジョンを描いても（というか描けば描くほど）弊害が大きくなる。

　ただし、ビジョンが必要不可欠な例外もある。それはベンチャーや合併会社など、新しくできた組織だ。

　ベンチャー企業にビジョンは不可欠だ。共通の夢を追い、事業を立ち上げる。製品・サービス・組織・業務プロセスなど、すべてを一から設計する。このためには、一つのビジョンのもとに志を同じくした同士が動かなければならない。井深大氏の作ったソニー創業の理念、また、本田宗一郎氏や松下幸之助氏の経営哲学など、当初「ベンチャー企業のビジョン」として機能したものだ。

　また、合併会社にもビジョンが必要だ。起こりがちな疑心暗鬼を払拭し、二つの会社のエネルギーを一つに束ねるには、やはり共通の大目標が必要になる。ビジョンが現場どころかトップの間でさえ不足した反面教師の例が思い浮かぶだろう。

　いずれにせよ、ビジョンを必要としている会社は一部だ。今、多くの会社に必要なのはビジョンではない。判断を下し、解決策を実行していく力だ。ビジョンのようなキレイゴトを云々する暇があるなら、まずは顧客を見つけ、利益を確実に稼ぎ出すことに全力をあげるべきだろう。

❷ 右脳作業：仮説の洗い出し

●一人で考えずブレストする

初期仮説を作るためには、まずは"仮説の種"が必要だ。考えられる仮説をとにかく出してみよう。これは発想の右脳の作業だ。くだらないと思えるアイデアでも否定せず、イメージをどんどん膨らませよう。下図のように玉石混交でもかまわない。最初は質より量の勝負だ。

このときには、とにかく思考を発散させよう。イシューツリーのことは、このステップではキレイに忘れてしまうのがよい。

（図：ブレインストーミングの様子と各種アイデア）
- 産地・鮮度表示の徹底
- 有機野菜ブースを常設
- 商品ウンチクのポスターを貼る
- 子供の遊び場を大きくする
- 高級食材もそろえる
- パートの友人同伴出勤を優待
- 入口にスタバを誘致
- 駐車場の無料時間の延長
- ○○の優勝記念セール便乗
- チラシをまく範囲を拡大
- ジャニーズ系のバイトを採用
- 朝市を地元漁港と共催
- ショッピングカートを格好よく
- スポーツクラブと提携割引
- 社員＿＿リラックススペースを提供
- 夫用のリラックススペースを提供
- ＿＿＿してコスト削減

演習をすると、残り時間やイシューツリー作りに頭がいってしまい、仮説の洗い出しが、おろそかになることが多い。しかしここで十分な仮説が出ないと、結論がスカスカになってしまう。空疎なアイデアをいく

第4章●実戦テクニック1：論点を分解し初期仮説を作る

らロジックでキレイに見せても何の価値も生まれない。とにかく豊かな議論をしてアイデアをたくさん出そう。

また、一人でウンウン唸っても、ろくな仮説は出ない。早い段階で簡単なブレスト（ブレーンストーミング）をしよう。少人数でも十分だ。まずは30分〜1時間くらいで、ちょっとくだけた雰囲気でやってみよう。

ブレストで大切なのは、異なる視点と高い視点を交えることだ。

四六時中一緒に顔を突き合わせている仲間同士でいくらこもっても、なかなか新しいアイデアは出てこない。ところがここに異なる視点が混じると急にアイデアが出始める。異なる視点を持つ人は、異性、中途採用社員、関連会社社員、出向経験者、隣の部門の人であったりする。あまり門外漢を呼んできても仕方がないが、ちょっと毛色の変わった人が活性剤になる。逆に本流部門の人は意外に発想が貧困なことが多い。

また、高い視点を持つ人とは、経営者のレベルに近いキーパーソンだ。経営者の視点が加わることで、議論のレベルが高くなるし、課題の本質が見えてくる。コンサルタントがブレストに参加する意義もここにある。

ブレストの大原則は"ネガティブなことを言う前に、とにかくアイデアを出せ"ということだ。ちょっと馬鹿馬鹿しく聞こえる意見でも、よく聞くと結構鋭いことが隠れていることが多い。最悪なのは、正論で相手をやりこめたり、結論ありきでリードしたり、部内の公式見解を繰り返してしまうことだ。これでは議論全体が死んでしまう。

そして、出てきたアイデアをどんどん文字や絵にしてホワイトボードに描き込んでいこう。どんなに議論をしても、話しただけなら9割は忘れる。書かれた文字を見ているうちに新しい発想がわくし、図を描くと空間視覚で右脳が活性化され、不思議と議論が弾んでいく。とにかく書き込んでいくことがとても役に立つ。

そして、できればネクタイを外して、眺めのいい会議室に陣取って議論しよう。ちょっとリラックスしたほうが、右脳は回り始めるものだ。

●顧客の視点から仮説を作れ

　解決策につながる筋のよい仮説を作るには、繰返し述べたように、顧客の視点に立った発想が必要だ。新しい発想は顧客の視点から出てくるからだ。

　実際に、自分がスーパーの**お客**になりきったつもりで、どんなシチュエーションでスーパーに立ち寄るか・使うかを考えよう。売場にお客として足を運んで、自分のお金で買い物をして、お客の視点から自分の店を見てみよう。"どんなことが不満か"、"どうなったら嬉しいか"を考えよう。

　このとき、スーパーの立場、たとえば"それではコストがかかりすぎる"とか、"入荷先との調整が難しい"などの事情は忘れること。そんなことは、顧客には全然関係ないからだ。

　例） 自分がスーパーの顧客だったら、どんなことに不満か？
- 鮮度の悪い商品しか置いていないスーパーは近くでも通わない。
- 妻は駅近くのスーパーは、渋滞するうえに駐車場が狭くて車を入れにくいので、ほとんど使わない。

　例） 自分がスーパーの顧客だったら、どんなことが嬉しいか？
- ハーブやワインが豊富なスーパーには、たとえ買わなくても、生活に彩りが出てくるようで行きたくなる。
- 運転手兼運び人として夫を連れて行きたいのだが、嫌がられてしまう。夫も楽しめる仕掛けがあればいいのだが。
- 冬は7時まででもいいが、夏は9時くらいまで開いていると助かる。夫なら12時頃でも開いていれば寄るかもしれない。
- 笑顔であいさつしてくれる店員がいると、1日が気持ちよくなる。事務的な対応に慣れると、こんな小さなことでも嬉しい。

●経営者の視点から「キードライバー」を探せ

　経営者が最終的に追い求める数字は利益だ。その利益を最も左右する変数をキードライバーという。

　たとえば、半導体なら歩留まり、商社なら粗利率と売上高、テレビ局なら視聴率、弁護士なら顧客数、がキードライバーとなる。このキードライバーを改善する仮説が、筋のよい仮説だ。

　スーパーのキードライバーは"商品回転率"だろう。

　商品回転率をよくするために、たとえば品揃えや価格設定、店頭での提案力の改善などに取り組む必要がある。売れ筋の商品をいかに並べてさばくか、いかに廃棄率を少なく死に筋を外すかも重要だ。このようにキードライバーにキチンと役立つ仮説が、筋のよい仮説だ。

　逆に、キードライバーに影響しない仮説、たとえば"ジャニーズ系の店員の採用"ばかりを深く掘り下げても仕方ない。

　キードライバーを探るには、経営者の視点が必要だ。部門を超えた大局的な経営の視点から、何が自分の組織にとっての本質的な課題かを捉えるためには、やはり経営者の立場に立つ必要がある。

　このように、仮説作りで大切なのは**顧客の視点**と**経営者の視点**の2つだ。実は社員の視点から課題をいくら眺めても、課題解決にはほとんど役に立たないのだ。

❸ 左脳作業：課題の論点分解

　右脳の作業が一段落したら、左脳で課題をロジカルに分解していく。先に掲げた「伊州屋」の場合、論点分解の軸の取り方により、たとえば、右図のようなイシューツリーができるはずだ。

　論点分解の仕方はたくさんある。どれが正解というわけではない。いろいろな視点から軸を出して、ゼロクリアを繰り返し、納得のいく論点を見つけよう。大事なのは、この段階ではイシューツリーを決め打ちせずに、オプションを何個か用意しておくことだ。最終的に課題解決にピタッと合うロジックは、仮説と突き合わせてみなければわからない。
　次の作業で、いくつかのロジックの中から最も仮説と相性のいいものを選んでいく。そのためにはいくつかのイシューツリーを用意しておきたい。

　論点分解には、比較的よく使われる分解方法もある。格好いい言葉で**フレームワーク**ともいわれるものだ。この本では、この章の後半のツール編Aに**論点分解ツール**としてフレームワークを紹介している。
　ちなみに巷の戦略の本には、フレームワークの紹介に終始しているものも多い。しかし、もしあなたが戦略思考を学ぶこと＝フレームワークを知ることだと考えていたら、それは大きな間違いだ。
　なぜなら、現実の論点分解の場面でこれらフレームワークが直接使えるケースはせいぜい１～２割だからだ。フレームワークはあくまで検討のトッカカリでしかない。現実の場面では格好いいフレームワークより"人・物・金"程度の論点分解が役に立つことも多いのだ。

第4章●実戦テクニック1：論点を分解し初期仮説を作る

利益方程式による論点分解の例

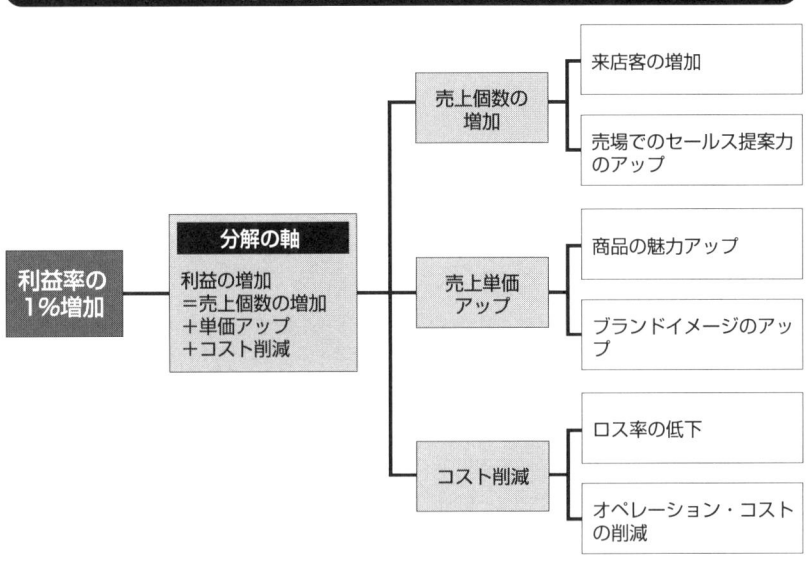

利益率の1%増加 → 分解の軸：利益の増加＝売上個数の増加＋単価アップ＋コスト削減

- 売上個数の増加
  - 来店客の増加
  - 売場でのセールス提案力のアップ
- 売上単価アップ
  - 商品の魅力アップ
  - ブランドイメージのアップ
- コスト削減
  - ロス率の低下
  - オペレーション・コストの削減

3Cによる論点分解の例

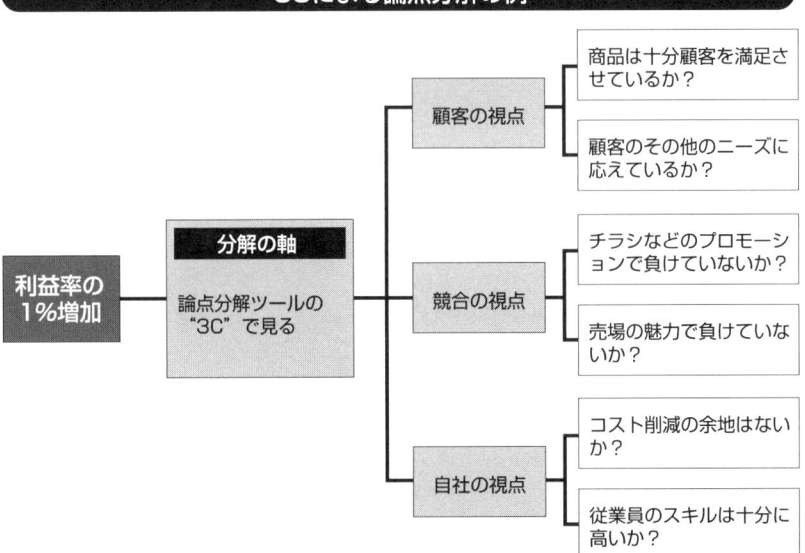

利益率の1%増加 → 分解の軸：論点分解ツールの"3C"で見る

- 顧客の視点
  - 商品は十分顧客を満足させているか？
  - 顧客のその他のニーズに応えているか？
- 競合の視点
  - チラシなどのプロモーションで負けていないか？
  - 売場の魅力で負けていないか？
- 自社の視点
  - コスト削減の余地はないか？
  - 従業員のスキルは十分に高いか？

❹ 右脳と左脳の突き合わせ

　次は両脳の作業を突き合わせ、右脳の創造力を左脳のロジックの中に押し込んでいこう。具体的には、**仮説をイシューツリーの各セグメントに割り振っていく。**

　言葉で書くと簡単だが、これが意外と**一筋縄**ではいかない。何回もゼロクリアが必要だ。なぜなら、仮説は右脳で考えたもの、イシューツリーは左脳で考えたものだからだ。
　左脳のロジックだけで突き進むと、下図のイメージのように、論理は完璧だが仮説とは全然結びつかないイシューツリーを作りがちだ。

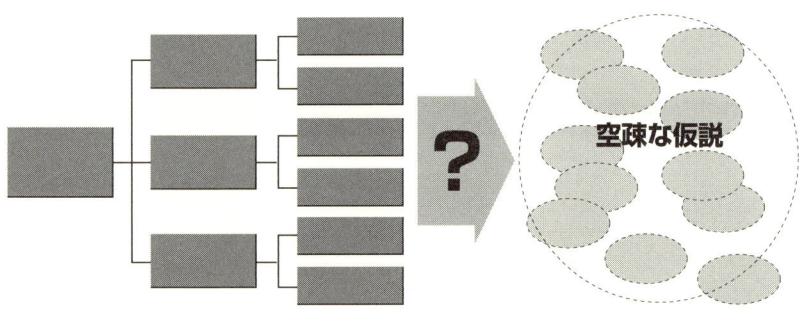

空疎な仮説

　逆に右脳で作った仮説を単純にグルーピングしただけでは、下図のイメージのようになってしまい、ロジックは見えない。

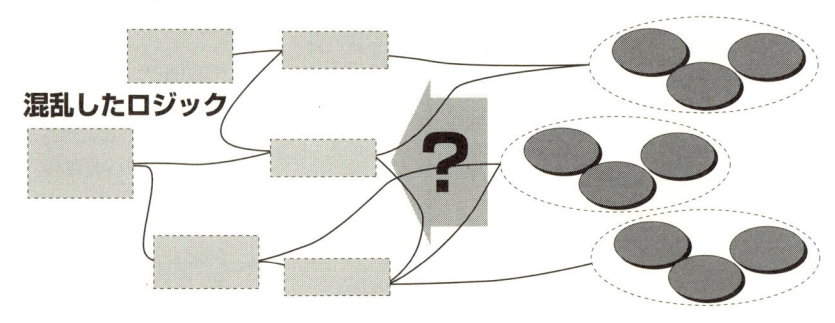

混乱したロジック

第4章●実戦テクニック1：論点を分解し初期仮説を作る

　右脳の創造力と左脳のロジックを突き合わせて、ゼロクリアを繰り返し、納得できるまでウンウン考えよう。

　ちょっと摺り合わせたら仮説とイシューツリーが、ピタッとあてはまる、なんてことは期待してはいけない。もし最初からあてはまったら、右脳か左脳かどちらかをサボらせている。

　せっかく議論した豊かな仮説をボロボロ取りこぼしてしまうようなら、どんなにロジカルに作ったイシューツリーも役に立たない。視点を変えて、ロジックを組み立て直そう。作った仮説を素直に取り込めるイシューツリーができるまでゼロクリアだ。

　この作業をしてみると、変な表現だが、右脳と左脳が別人格だということが実感できるはずだ。右脳は思いつきや発想が豊かなアイデアマン。左脳は、キチキチと物事を詰める教師という役割だ。右脳だけで走っても、左脳だけで組み立てても行き詰まる。行き詰まったら反対側の脳を使おう。

さて、右脳と左脳を突き合わせて、イシューツリーを作っていくと、仮説や論点のヌケに気づくことも多い。重要な論点ならば、それをきちんとカバーする仮説を新たに作ろう。
　重要な論点にショボイ仮説しかなかったり、些末な論点がやたらにぎやかになっていることもよくある。全体のバランスを見よう。そして重要な論点のイシューツリーは深く掘り、仮説をキチンと作っていこう。とくに、イシューツリーは、第2章で説明したチェックリストと照らし合わせて、デキをチェックしよう。

　大切なのは、なぜそう分解すべきなのか、仮説は本当にこれがいいと思うのか、"本当に？、なぜ？"をしつこく問いかけることだ。"もう、いいじゃん"とどこかで逃げてしまうと、おそらく大切なものは見えてこない。"モヤモヤ感、気持ち悪い感、しっくりこない感"が残るうちは、まだまだ未完成だ。ゼロクリアをすること。頭が燃え尽きるくらいまでとことん考えて、はじめて完成度の高いものができる。

　この作業が終わると、右脳の作業と左脳の作業が一緒になった全体像が見える。たどり着くのは大変だが、ここが山場だ。やり抜こう。
　今回の例では、たとえば右図のような全体像ができてくる。この例では、イシューツリーも仮説も今までの作業で説明したものをそのまま使ったが、あくまで説明を簡単にするためだ。実際にはゼロクリアが何回も入ることは説明したとおりだ。

　また、この段階で課題のオーナーに直接確認し、コメントをもらおう。自分たちは"やった、完璧だ！"と思っても、オーナーから見ると課題の認識が全然違っていたり、方向性や論点が全然ズレていて"何やってんだ。こりゃ？"となることは多いのだ。

第4章●実戦テクニック1：論点を分解し初期仮説を作る

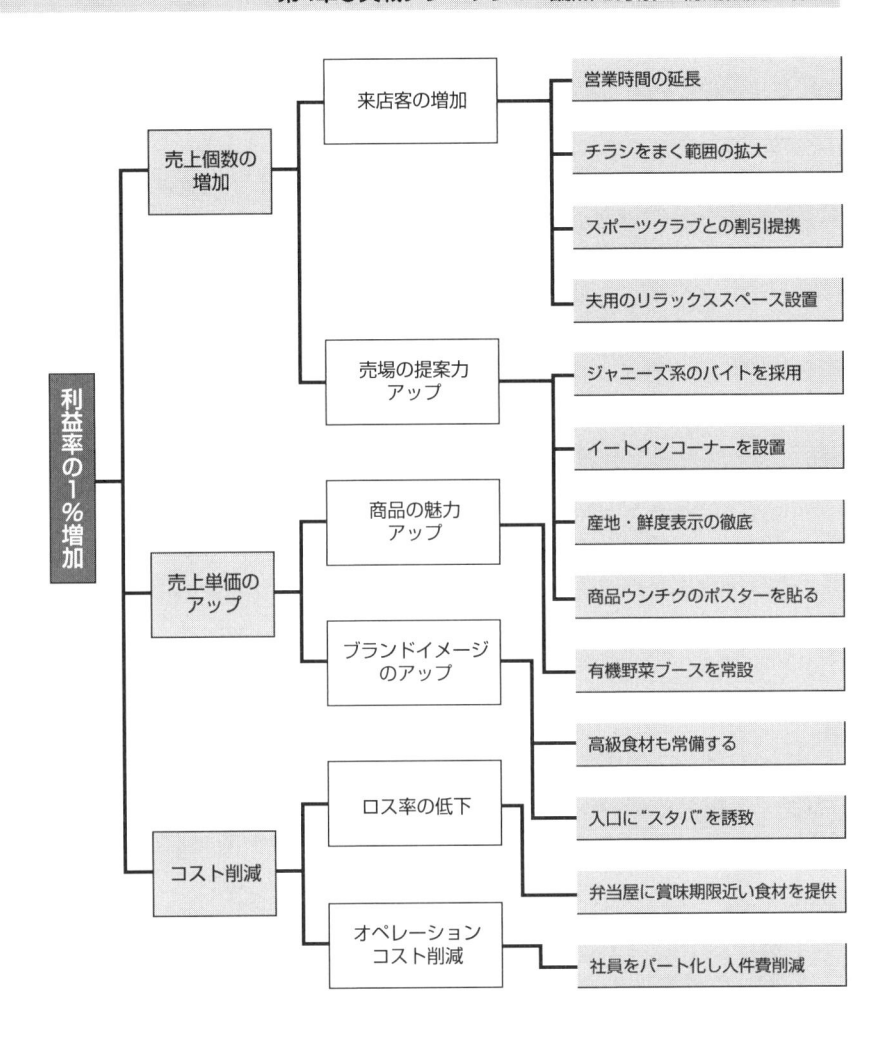

```
利益率の1％増加
├─ 売上個数の増加
│   ├─ 来店客の増加
│   │   ├─ 営業時間の延長
│   │   ├─ チラシをまく範囲の拡大
│   │   ├─ スポーツクラブとの割引提携
│   │   └─ 夫用のリラックススペース設置
│   └─ 売場の提案力アップ
│       ├─ ジャニーズ系のバイトを採用
│       └─ イートインコーナーを設置
├─ 売上単価のアップ
│   ├─ 商品の魅力アップ
│   │   ├─ 産地・鮮度表示の徹底
│   │   └─ 商品ウンチクのポスターを貼る
│   └─ ブランドイメージのアップ
│       ├─ 有機野菜ブースを常設
│       ├─ 高級食材も常備する
│       └─ 入口に"スタバ"を誘致
└─ コスト削減
    ├─ ロス率の低下
    │   └─ 弁当屋に賞味期限近い食材を提供
    └─ オペレーションコスト削減
        └─ 社員をパート化し人件費削減
```

最初の初期仮説（＝たたき台）ができたら、いったん頭を休ませよう。

さて、巷の戦略の本ではよくできた本でも、ここらへんでお茶を濁して終わっている。しかし本番の初期仮説作りでは、ここが五合目だ。次のステップでは、この最初の初期仮説を何度も見直し、とことん具体化し、必要ならばまだまだゼロクリアしながらイシューツリーを組み替えていく。

❺ 仮説とイシューツリーの見直し

●掘るべきセグメントの絞り込み

　"8：2の法則"というものがある。課題を解決するために、検討すべき問題がいくらたくさんあろうと、全体の約2割を占める重要な部分を解決すれば8割方の問題は解決する、との経験則だ。下図左側でイメージしてもらいたい。

　ここですべきことは、その重要な2割に集中することだ。"やりやすいから"といって残りの8割のところをつまみ食いしても、せいぜい残りの2割の課題しか解決しない。まずは、イシューツリーの中で掘るべきセグメントを決めよう。

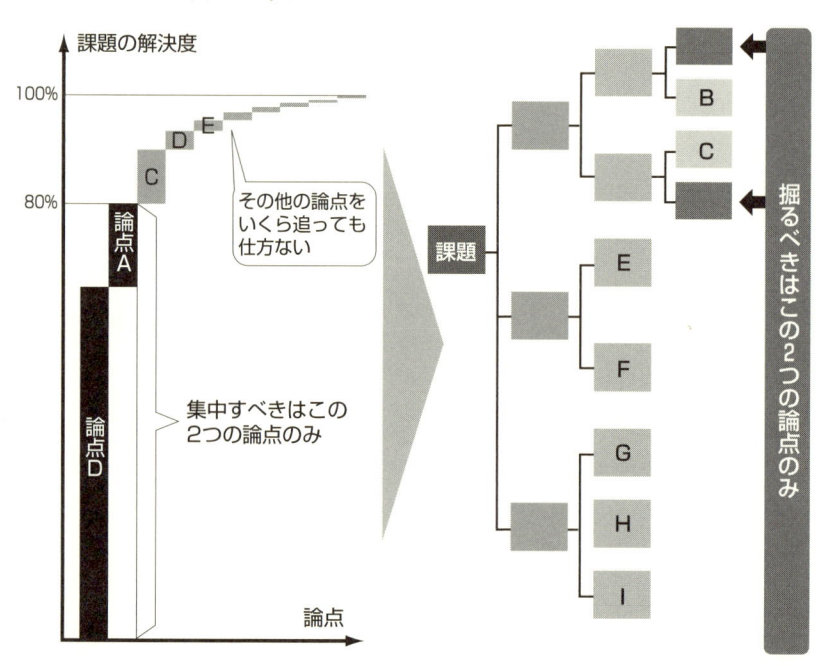

●イシューツリーのロジック・チェック

ロジックをチェックする一番簡単な方法は、イシューツリーを他人に説明することだ。ほかの人がいない場合でも、自分で黙って読むだけではなく、他人がいるつもりで前を向いて声を出して説明してみよう。バカバカしく思えるかもしれないが、やってみると今まで気づかなかったロジックのアラがビックリするほど見えてくる。

ロジックが甘いイシューツリーは、説明しているうちに、だんだん自分でもワケがわからなくなってくる。前で説明したことがまた後ろで出てきたり、だんだん何の軸だかあやふやになったりする。説明するうちに"これじゃダメだ"というのがわかってくる。声が弱くなって自信がなくなってくる。イシューツリーのロジック・チェックには、この方法が一番有効だと思う。

また、イシューツリーを作るときには、"この軸は何だろう。この要素で全部だろうか。どの要素が一番重要だろうか。この軸が前にくるべきだろうか"とつねに自分に問いただそう。MECEかどうかを、つねに確認しよう。

これは言うのは簡単だが、実際にやってみると結構ツライ。どこかで思考停止して、"こうなっているんだ。これでいいんだよ"と自分をごまかしてしまいがちだ。実は他人からのツッコミが入らない、偉い人ほどやりがちだ。

下に、82ページに挙げたイシューツリー作りの基本ルールをもう一度示す。あなたの作ったイシューツリーはこのルールを満たしているか、もう一度確認しよう。

❶軸を決める
❷論点をMECEに分解する
❸重要な軸を前に出す
❹メリハリをつける

●イシューツリーのバランス・チェック

　たとえば、149ページでは来店客の増加の仮説は合わせて4個出たが、それと同じくらい重要であろう商品の魅力アップの仮説は1個しか出ていない。これからまだまだ増やすこともできそうだ。

　たとえば、新たに"不採算店舗の閉鎖"という意見がポンと出てきたとしよう。これは今あるイシューツリーの中には収まらない。今までの議論は"各店舗での取組み"の視点しかなかったからだ。ここで新しく"本部ですべき取組み"の視点を入れよう。すると、本部でできることの仮説が、新しくいろいろ出てくるのがわかるだろうか。

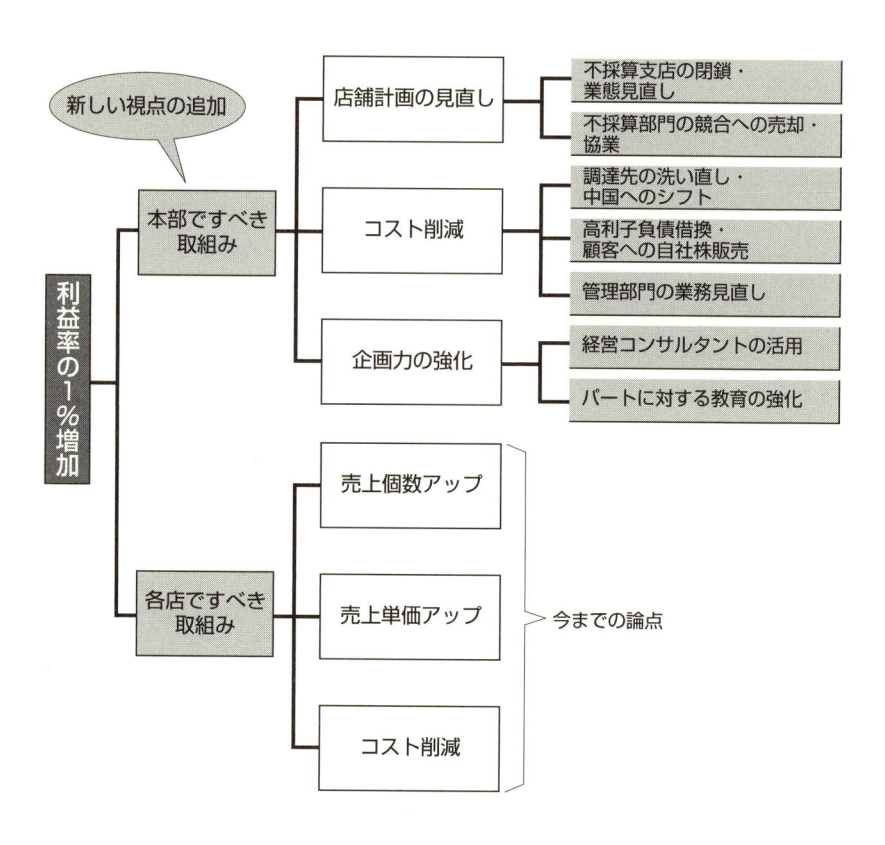

```
                        ┌─ 店舗計画の見直し ─┬─ 不採算支店の閉鎖・業態見直し
                        │                    └─ 不採算部門の競合への売却・協業
         ┌─ 本部ですべき ─┤
         │   取組み       ├─ コスト削減 ──────┬─ 調達先の洗い直し・中国へのシフト
         │                │                    ├─ 高利子負債借換・顧客への自社株販売
利益率の  │                │                    └─ 管理部門の業務見直し
1％増加 ─┤                └─ 企画力の強化 ────┬─ 経営コンサルタントの活用
         │                                     └─ パートに対する教育の強化
         │                ┌─ 売上個数アップ
         └─ 各店ですべき ─┤
             取組み       ├─ 売上単価アップ    ┐
                          │                    ├─ 今までの論点
                          └─ コスト削減        ┘
```

（新しい視点の追加）

●左脳でツッコミをいれて仮説を具体化しろ

"営業時間の延長"について、仮説を具体化する作業を追ってみよう。繰返しになるが、"データがないからわからない、具体化できない"なんて言っていてはいけない。わからないから仮説を立てるのだ。調べて間違っていたら修正すればいい。

> **仮説のセグメント　営業時間の延長**
> 　どのくらい延長するのか？
> - 夜の12時まで延長しよう。なぜなら終電が11時半だからだ。
> - 朝はどうだろう。7時頃から開ければ、会社の行きがけに何か買っていく人もいないだろうか？
>
> 　誰にどうアピールするのか？
> - 夜遅い時間に夕食を買うのは単身者だろう。食事の素材というより、お弁当やお酒のつまみを売ろう。
> - コンビニと差別化するには、お刺身パックやちょっと高級な食材でアピールしよう。
> - クリーニングの取次など、単身者が必要なサービスをついでに提供しよう。朝の出勤時に出したら夜には持ち帰れるサービスなんかどうだろう。

最初の仮説の"営業時間の延長"では、言っただけ、まだ「傘」の段階だ。「紙」の議論で具体的な行動を詰めることにより、仮説のイメージが活き活きと動き出すことがわかるだろうか。

仮説を活き活きと具体化させるためには、いろいろ自分で質問していこう。質問を通じて実現可能性（フィージビリティ）を検討することになるので、もともとダメな仮説はすぐにボロが出てしまう。逆に当たる仮説は、初めは"どうかなぁ"と思うものでも、質問を通じてどんどんストーリーが膨らんでいく。

●顔が見える、活き活きとした仮説を作れ

仮説作りで一番大切なのは"活き活きとした仮説"を作ることだ。

たとえば、"店頭プロモーションの強化"といって、仮説が"1つできた"と考えていないだろうか？　これでは具体化が**全然足りない**。

教科書みたいなキレイゴトは誰でも言える。そうではなく、今ほしいのは、"そりゃそうだけど、一体どうすりゃいいのさ"という疑問に答える仮説だ。つまり"あなた"がどのように動けばいいのか、具体的なイメージをつかめる仮説だ。

「傘」で止まっていては何も動かない、下の例のようにとにかく「紙」まで落とし込もう。

例　店頭での宣伝プロモーションの強化

- 特売商品を目当てにくるお客さんが多いが、どうも売場の掲示がよくわからないことが多いようだ。「チラシで宣伝している特売用品はここ！」の目印を作ってはどうだろう。
- タイムサービスなども、個別の売場で宣伝するだけでなくて、館内放送を使ってアピールしよう。
- お総菜は、かなり改善して自信を持っている。今までとどこをどう変えたのか、きちんと店頭で説明するポスターを掲示しよう。
- 有機野菜や買物カゴ持参の割引は、他のスーパーに先駆けて導入した。そんな地道な取組みをきちんとまとめたパンフレットをレジでお客さんにわたそう。

ここまで考えて、はじめて"店頭プロモーションの強化"という仮説が具体的な行動に結びつく。イメージがわくだろうか？

●コンセプトを練りあげろ

　仮説が出そろい、満たすべきニーズが見えてきたら、仮説をコンセプトにまとめていこう。
　たとえば、以下のようなコンセプトだろう。
- 営業時間の延長ならば"生活密着・便利スーパー"
- 有機野菜やスタバやイートイン・コーナー併設なら"生活に潤いをもたらす、ハイクォリティ（高級）スーパー"

　これらコンセプトを軸に、仮説を練りあげていこう。解決策の姿がどのようになるのか、早い段階からキーワードを作って、成果をビジュアライズ（視覚化）していこう。

　キーワードを軸にコンセプトをまとめていけば、また新しい仮説も出てくる。現場ともイメージを共有することができる。皆で"やろう"という前向きの姿勢になってくる。もしもイメージが膨らまないならば、そのキーワードは間違っている。

　ちなみに、この"便利スーパー"と"高級スーパー"は、どちらも正解かもしれない。しかし、便利スーパーは生活密着を売りものにするのに対し、高級スーパーは日常から少し離れたことを売りものにする。この２つのコンセプトを同時に目指すことはできない。
　たとえば、"便利スーパー"を目指すなら、100円日用雑貨を充実させたりクリーニング取次なんかを始めてもいいが、これは"高級スーパー"にはそぐわない。
　この２つの選択肢のどちらを取るかは、仮説検証の作業を通じて決めていくことになる。

❻ 検討課題の洗い出し

仮説が固まってきたら、その検証に必要となる課題を洗い出そう。

仮説を検証するには、どんなことを確認すればいいのか、どんな方法を使えばいいのか、ここは**左脳**でツッコミを入れよう。

たとえば、"チラシをまく範囲を拡大する"という仮説が本当に有効かどうかは、以下の検討をしないとわからない。

仮説　チラシをまく範囲を拡大する

検討課題1：ユーザーはチラシにどのくらい反応するのか？
- 顧客やパート従業員へのヒアリングにより、スーパーを選ぶ動機を確認する。
- 特定地域にチラシをまかない日を実験的に作ってみて、チラシの効果を測定する。

検討課題2：効果のあるチラシをまけば、本当に遠くからでも客が来るのか？
- チラシを広い範囲にまいた実験を2〜3回行なう。
- チラシにクーポン券を付けて、現状ではどの地域の人が来ているかデータを収集する。

検討課題3：コストを回収できるか？
- チラシのコストから、必要来店客増加数を推定する。
- 検討1、2から、それだけの来客増加があるか検討する。

検討すべき内容は、明日からでも作業できるように具体化していく。

たとえば、"顧客ニーズの確認"なんて漠然としたものが検討課題だといわれても困ってしまう。どんな顧客ニーズがあるか、まず仮説を出そう。そしてそのニーズを調べるためには何をすべきか、具体的な作業

第4章●実戦テクニック1：論点を分解し初期仮説を作る

レベルに落として書き込もう。

　仮説の検討で不可欠なのは、コストと効果とリスクを調べることだ。
　結論が、「効果がありそうです。やりましょう」では、お話にならない。「コストは100万～200万円程度で、期待効果は年間200万円くらいになりそうです」くらいは最低言おう。定性的な期待効果をお金に換算するのは難しいが、せめて1万円の効果か100万円の効果かくらいの区別は必要だ。

　またリスクの検討では、一般的なリスクと致命的なリスク（＝ノックアウト・ファクター）とを分けて考える必要がある。
　競合の登場や歩留まりの低下のような一般的なリスクなら、事業を始めてからでも何とか対処できる。しかし、事業自体が違法行為に該当したり、そもそも技術的に不可能だったら、事業は始められない。最優先で、これらノックアウト・ファクターを確認しておこう。
　また、検討過程で意外と忘れがちなのが役所関係への手続きだ。たとえば、改築をするなら確認申請が、イートインコーナー設置には保健所への申請が必要だ。時間がかかることが多いので、早めに確認しておこう。

　また、簡単にできる即効薬的なアイデアはすぐに**実行してしまおう**。仮説の中では、たとえば"特産品や有機野菜などは目立つように商品ウンチクを掲示する"などだ。全体の結論が出るまで待っていることはない。これを**早期効果＝アーリーウィン**、という。
　検討チームが"なんかいろいろやってるな"という雰囲気を社内に作っていけるし、チームの士気も上がる。小技としてどんどん使おう。

❼ 作業プランの作成

●仮説検証に必要な作業をリストアップする

　初期仮説と検討事項がリストアップできたら、これから始まる仮説検証作業の作業プランを作ろう。

　課題解決のプロジェクトは、長くても全体で3カ月程度、あっという間に終わってしまう。気づいたら、いつまでも資料を集めていたなんてことのないように作業をプランニングしよう。

　初期仮説と検討課題、また確認すべきファクトに従って、下図のような作業プランを作る。まずは、データ収集や分析など、仮説の検証に必要な作業をリストアップする。そして、それぞれの作業に、担当者を割り振り、作業時間を見積もってみよう。仮説の変更を見込んで時間は倍に見積もっておく。

論点（1）チラシをまく範囲を拡大する		仮　説	必要な分析・データ	日程	担当者
1．ユーザーはチラシにどのくらい反応するのか？	チラシはスーパーを選ぶ動機になるのか？	特売のチラシはスーパー選定の大きな動機になるはずだ。わがスーパーの広告は下品なくらい目立っているので、効果は大きいはず	・顧客やパートへのヒアリング ・競合との価格差と来客数のデータを、多変量解析する（天気などの要素を除けるよう分析）	実働10日	山田 鈴木 田中
	価格はどの程度差別化すればいいのか？	特売品について価格で10%の差をつければ来客数は1割増えるはずだ	・価格設定を実検し、データを取る		
	......				
2．効果のあるチラシをまけば、ユーザーは遠方からも来るのか？	○○町の住民にはアピールするだろうか？	○○町にはスーパーが少なく、また鉄道がないので車で買い物をする人が多いだろう。チラシは効果ありそうだ	・○○町へのチラシにクーポンを付けてまき、成果を測定する	実働2日	高橋
	......				
3．チラシのコストは削減できるか？	チラシの印刷コストを下げる方法はないか？	今のコストは1枚5円だが、しばらく価格の見直しをしていない。昨今なら1割くらいは安くなるのでは？	・競合への相見積もり ・現在使っている会社との値引き交渉	5日	山本
	製版コストを下げる方法はないか？	今は直前に特売商品と値段を決めているので、人海戦術の深夜作業になる。スケジューリングを改善すれば、無駄な費用や作業はなくなるはずだ	・製版プロセスの調査 ・新しい製版スケジュールの検討 ・新しい技術の検討		
	⋮				

第4章●実戦テクニック1：論点を分解し初期仮説を作る

　最初に作った作業プランは、担当者ごとの作業時間を足し合わせてみると、締め切りまでの時間を大幅に超えているはずだ。もし収まっていたら、まず間違いなく見積もりが甘い。

　"1週間に7日、1日16時間働けばクリアできます"なんて計画はやめておきたい。不測の事態があったらすぐに破綻する。土日は休む、1日の仕事は8時間で設計しておくのがよい。それでも現実には残業続きとなってしまう場合が多いのだ。

　スケジュールが収まり切らない以上、作業を削っていくしかない。検証すべき論点の優先順位をつけて、優先順位の高い論点をキチンと検証できるように、作業プランを練り直そう。

　並行して、日割りのスケジュールを作ろう。中間発表の日程や関係者へのヒアリング日程の設定などもあらかじめ見込んで、それに合わせて作業日程も割り振っていこう。

　大きなプロジェクトなら、月1回か2回はオーナーに中間報告しよう。そして最終プレゼンの1週間前には結論の雛形を完成して、オーナーに説明しよう。"最終プレゼンでオーナーも初めて結論を聞きます"なんてことでは怖くてたまらない。その打合せで、結論のキー・メッセージを確認して、あとは細部の詰めに移ろう。

　最終日までの工程と担当者各人の作業分担をビシッと決めた作業プランは、早い段階で出しておこう。必ずしも計画どおりに作業は進まないのが世の常とはいえ、ズルズル始まってしまったプロジェクトは、あとでドタバタを繰り返し、最後はまず破綻する。

　成功するプロジェクトは、最初が一番仕事がきつくて、あとのほうがむしろ楽になる。最初が"なんか楽だな"と思ったらむしろ"これは危ない！"という危険信号だ。最後になって検討不足のところがボロボロ出てくる可能性が高い。

フォーマルな課題解決プロジェクトでは、この段階でこれまでの作業をアウトプットとしてまとめることとなる。作るアウトプットは、以下の3種類だ。通常、全体で10～20枚程のボリュームとなる。

①**イシューツリー**（右ページ上図）
- イシューツリー全体を1～数枚にまとめたもの。
- 掘るセグメントと掘らないセグメントを明示する。
- セグメントごとに1～数枚になる。この部分がアウトプットのメインとなる。

②**セグメントごとの仮説**（右ページ中図）
- セグメントごとに仮説および検討課題を書き出す。
- 仮説ごとに検討課題と検討方法を右に書き出す。セグメントごとに1～数枚になる。この部分がアウトプットのメインとなる。

③**作業スケジュール**（右ページ下図）
- 社内報告会などのマイルストーンとともに、個別の作業内容と担当者、また作業日程をリストする。

この3種類のアウトプットがそろったら、明日からでも仮説検証の作業に移れるはずだ。また、あなたがコンサルティング会社とプロジェクトする機会があれば、彼らはこれらのアウトプットを初回のミーティングに持ってくるはずだ。

さて、ここまでで初期仮説を作る作業は終わりだ。実際やってみると結構大変な作業だが、ここでいい初期仮説（＝たたき台）を作ったら、続く仮説検証の作業はスムーズに進む。最初に苦労した分、あとが楽になると思って頑張ってほしい。

なお、初期仮説作成のプロセスを身につけるには、実際に1回体験していただくのが一番早い。仕事で使う機会がすぐにはなさそうなら、通信教育を受けたりトレーニングに参加するのが早道だと思う。

第4章●実戦テクニック1：論点を分解し初期仮説を作る

初期仮説のアウトプットイメージ

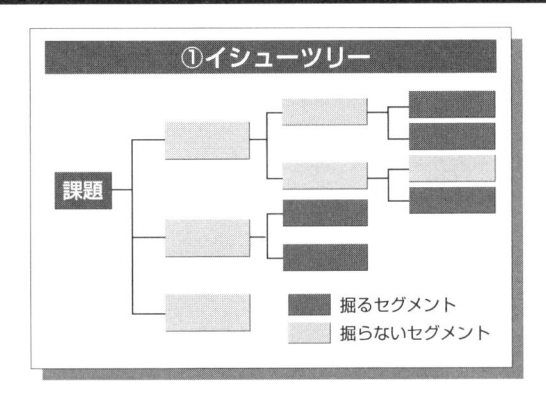

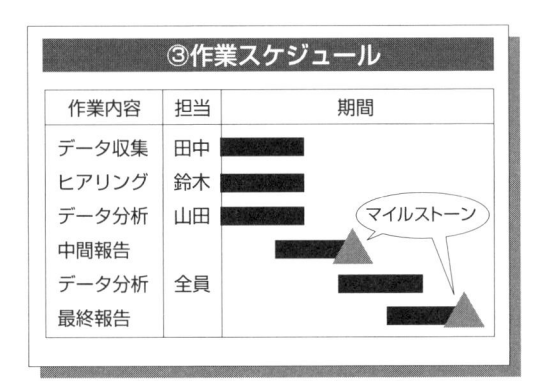

①イシューツリー

課題

■ 掘るセグメント
□ 掘らないセグメント

②セグメントごとの仮説

仮　説
・××の顧客に
　××のサービスを
　××をアピールして
　提供する

・YY……

検討課題
・PPの調査
・QQの確認
・……
・RRの確認
・SSの調査
・……

③作業スケジュール

作業内容	担当	期間
データ収集	田中	■■
ヒアリング	鈴木	■■
データ分析	山田	■■
中間報告		▲ マイルストーン
データ分析	全員	■■
最終報告		▲

第4章

Column
戦略思考の演習風景

　私が戦略思考の研修を受け持つとき、いつも演習としてやっていただくのが、この初期仮説を作る作業だ。4〜5人で組んだチームに課題と簡単な予備知識をわたし、あとはほぼ24時間の制限時間内に自由に取り組んでいただいている。

　皆さん最初はかなり戸惑う。やり方は教わるものの、いきなり「じゃあ、初期仮説を作ってください」と言いわたされるのだから無理もない。わたしたデータを一生懸命分析していたり（これでは何も解決策は出てこない）、「うーん……」と押し黙ったきりになってしまうチーム（これには私も困ってしまう）もある。

　しかし仮説がだんだん出てくると、皆さん熱中してくる。議論もだんだん白熱化してくる。やはり**面白い**のだ。普段は明示的に使わない右脳の創造力をフルに活性化させるからだろう。「気がついたら朝の4時までやってました」なんてチームもあった。

　「ギリギリまで頭を使うのは久しぶりです」という人も多い。毎日の仕事に追われていると、忙しさに紛れて"考える"ということがおろそかになっていくのだろう。企画部門や研究所の人でも事情は同じようだ。

　「頭の、普段と違う部分を痛くなるほど使いました」「ゼロクリアが今でも呪いのように響いています」と言ってくる人は、確実に学びとっている。一度、頭を限界まで使うと、戦略思考は確実に自分のものになる。

　また、「チームの仲間同士で新しい考え方を学び取った」と言われると嬉しい。しかし一方で、そもそも議論をする文化に乏しい会社もある。「議論するって大事なんですね」などと言われたり、堅い会社

の人に「右脳って仕事で使ってもいいんですね」と言われると、ちょっと複雑な気持ちになる。

また面白いのは、なぜかほとんどの場合、右脳チームと左脳チームにハッキリ分かれることだ。右脳と左脳をバランスよく動かすのは結構難しいのだろう。

クォリティでいうと、"本当にこれでいいんだろうか"と延々自問するチームが、最終的に素晴らしいものを作ることが多い。早々に「できました」なんて言ってくるチームは、往々にして詰めが甘い。

また、**気づく瞬間**というのがある。延々議論を重ね、データを分析し、時間ばかりが過ぎていく中で、ある瞬間にふと新しい視点が浮かびあがる。急いでそれを使ってみると、いままでさんざん悩んだことが不思議なように解けてくる。

その快感は、難しい数学の問題が解けた瞬間、ゴルフでベスト・スイングをつかんだ瞬間、などの高揚感に共通するものだ。私自身は、これが戦略思考の醍醐味だと思っている。解決を見つけるプロセスそのものも、結構楽しいのだ。

戦略思考を実際に使う中で、あなたにも、ぜひともこの気持ちよさを味わっていただきたい。

なぜ今まで見つからなかったのだろう、と不安になるくらいシンプルなものが、多くの場合ベストの結論

Tool Bank A

　ここでは、論点分解でよく使われる代表的なツール（＝フレームワーク）を紹介する。ただし本文中に述べたとおり、これらツールがそのまま役に立つケースは全体の1〜2割だ。あくまでこれらツールは論点分解のトッカカリと考え、課題に最も合った論点分解をしよう。

　紹介するツールは以下のとおりで、簡単なツールから順番に並べてある。また、それぞれ使う頻度や切れ味を（経験値として）記入した。

		使う頻度	切れ味
❶	3C	+++	++
❷	4P	+	+
❸	5F	+	+
❹	7S	+	+
❺	SWOT	+	++
❻	競争戦略	++	++
❼	価格戦略	++	++
❽	ビジネスシステム	++	+++
❾	プロセス分解	+++	+++
❿	利益方程式	++	++
⓫	ビジネスモデル	++	+++

第4章●実戦テクニック1：論点を分解し初期仮説を作る・ツール編A

ツール編A：論点分解ツール

　それぞれのツールについて、簡単な例題を載せている（例題の解答例は示さないので、自分の頭で考えること）。ツールの考え方がわかったら、トライして理解を深めよう。

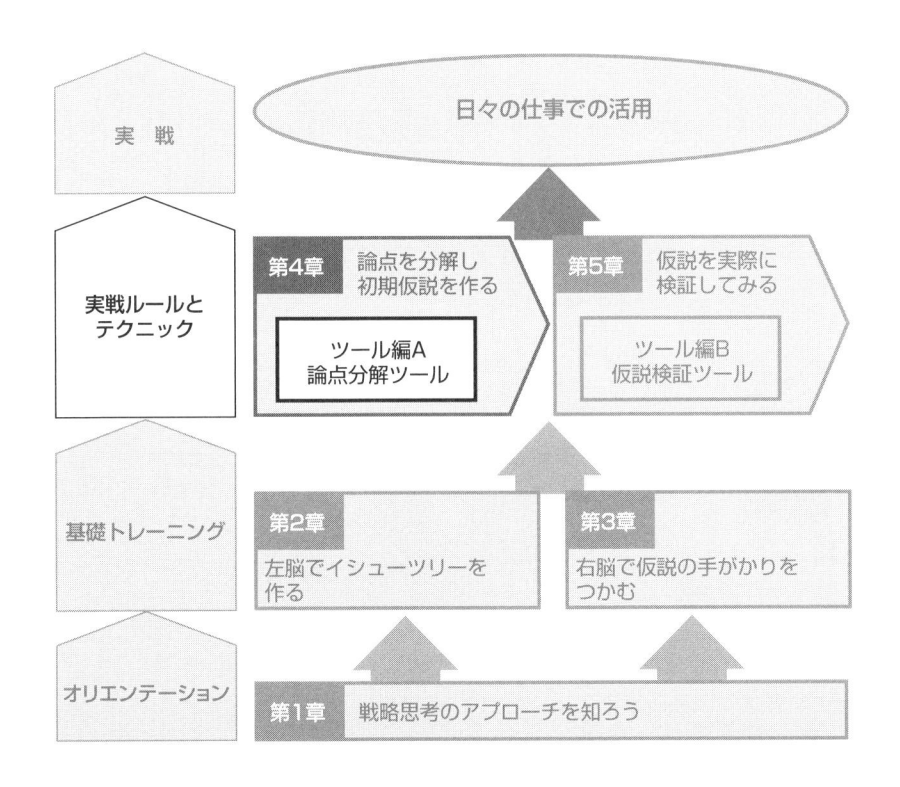

		日々の仕事での活用
実　戦		
実戦ルールとテクニック	第4章 論点を分解し初期仮説を作る ツール編A 論点分解ツール	第5章 仮説を実際に検証してみる ツール編B 仮説検証ツール
基礎トレーニング	第2章 左脳でイシューツリーを作る	第3章 右脳で仮説の手がかりをつかむ
オリエンテーション	第1章 戦略思考のアプローチを知ろう	

165

❶ 3C：戦略の基本軸

　課題解決を考えるときに、つねに押さえておきたいのがこの3Cの視点だ。この意味で3Cは他のツールとは別格で重要なツールだ。
　3つのCとは以下のものだ。
　①Customer（顧客・市場）
　②Competitor（競合）
　③Company（自社）
　百戦危うからざるためには"敵を知り、己を知り、そして顧客を知ろう"ということだ。
　どんな課題も、途中で必ず一度は3Cの視点で俯瞰してみよう。Competitorの論点など、うっかり忘れてしまいがちだ。
　具体的な論点分解は下の例を参考にしてほしい。3CにChannel（流通経路）を加えて4Cと言う人もいるが、基本は同じだ。

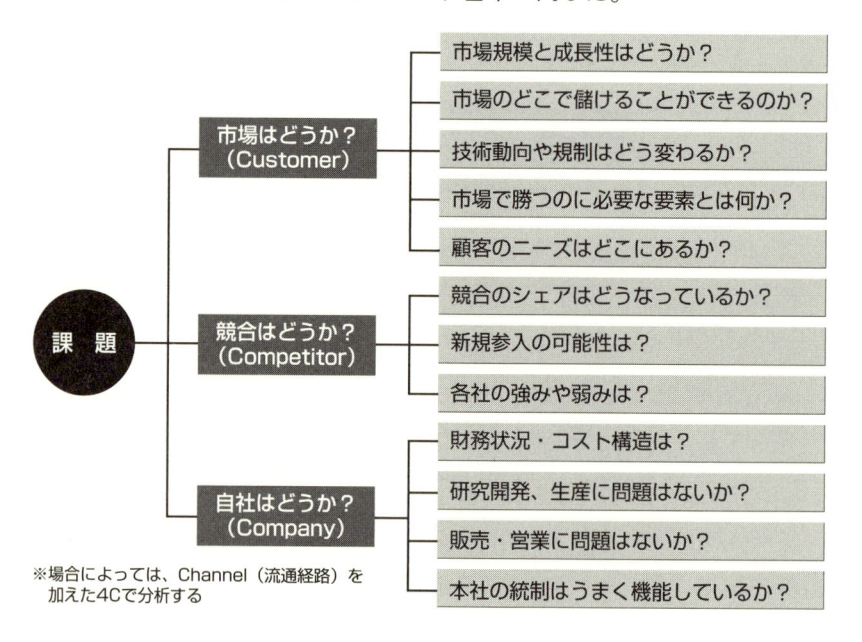

```
                  ┌─ 市場規模と成長性はどうか？
                  ├─ 市場のどこで儲けることができるのか？
      市場はどうか？├─ 技術動向や規制はどう変わるか？
      (Customer)  ├─ 市場で勝つのに必要な要素とは何か？
                  └─ 顧客のニーズはどこにあるか？

                  ┌─ 競合のシェアはどうなっているか？
課題  競合はどうか？├─ 新規参入の可能性は？
      (Competitor)└─ 各社の強みや弱みは？

                  ┌─ 財務状況・コスト構造は？
      自社はどうか？├─ 研究開発、生産に問題はないか？
      (Company)   ├─ 販売・営業に問題はないか？
                  └─ 本社の統制はうまく機能しているか？
```

※場合によっては、Channel（流通経路）を加えた4Cで分析する

第4章●実戦テクニック1:論点を分解し初期仮説を作る・ツール編A

●例題1●

　3Cは戦略策定の基本となる簡単な概念だ。しかし、現実の課題は3Cの要素をまたがるものも多い。必要に応じて論点をさらに分解する必要もある。以下の議論を必要に応じてさらに分解し、3Cの枠組みにあてはめなさい。

・顧客からの注文の処理に時間がかかっており、また間違いも多いことが、顧客満足度低下の大きな原因の一つとなっている。
・製品Xの製造では、単に微細化の技術ではなく、いかに歩留まりをあげるかが鍵を握るようになってきた。
・当社の製造コストは業界内でも最も安いグループに属する。
・高価なカスタマイズ品と安価な標準品は従来、きれいに棲み分けがなされていたが、次第に標準品の性能が上がっており、わが社の領域が脅かされつつある。
・製品Aは、市場自体の成長性が低いものの、参入障壁が高いため利益率が比較的よく、当社の稼ぎ頭。
・IT市場はどんどんオープン化が進んでいる。しかし、当社のIT部隊は大型機で教育された世代が多く、新たな技術についていくのが困難。
・競合他社は人事制度革新に着手し始めており、当社も早急に検討を要する。

●例題2●

　あなたが会社で取り組んでいる課題で議論している論点を3Cで整理しなさい。そして、今までの議論の中に3Cの各要素はバランスよく入っているか、確認しなさい。

❷ 4P：マーケティングの軸

マーケティング活動を論点分解する視点が4Pだ。4つのPとは、以下に掲げるものだ。

- Product（商品の魅力）
- Price（価格設定）
- Place（店舗、マーケティングチャネル）
- Promotion（宣伝広報、販促活動）

これは、マーケティングの本には必ず紹介される有名なツールだ。

ただ、4Pは課題解決を導く視点というよりは、マーケティングの検討に漏れがないかを調べるための、チェックリストと思ったほうがよいだろう。課題解決の場面ではあまり役に立たない。

下図は、NTTドコモがiモードを最初に売り出したときのマーケティング活動を4Pに分解したものだ。

Product（商品自体の特性）
- ニュース、トランザクション（銀行・航空券）、データベース、ゲームの生活の多くの場面をカバーするコンテンツを最初から準備
- 大画面と"i"ボタンの使いやすいインターフェース

Price（価格設定）
- 週刊誌、雑誌などの暇つぶしメディアとの競合を意識した、月300円の基本料金設定

Place（マーケティングチャネル）
- 今までの事務的な広報ルートではなく、ニュースやワイドショーの力を最大限に活用した広報活動
- 関連する雑誌の仕掛け

Promotion（宣伝広報活動）
- 前宣伝を含めた短期集中宣伝による名称の全国浸透
- 広末涼子と田村正和を使い、主要ターゲットである若者とビジネスマンにアピール
- サービスを前面に出し技術を謳わない

第4章●実戦テクニック1：論点を分解し初期仮説を作る・ツール編A

また、顧客と企業を直接結びつけるOne-to-Oneマーケティングの場合、顧客の視点を前面に出した以下の4Cを使う。

- Customer Value（顧客が認める商品の価値）
- Cost（顧客が支払ってもよいと認める対価）
- Convenience（顧客にとっての商品の買いやすさ）
- Communication（商品を認知する双方向的な仕組み）

たとえば、ヤフー・オークションを4Cで見てみると、下図のようになる。

Customer Value（商品の価値）
- ほとんどのジャンルで"自分のほしい物"が見つかる品揃えの豊かさ
- プロの出品で安心して買えるブランド品が多数
- 勝ち負けのあるギャンブルとしての楽しみもある

Cost（支払う対価）
- 負ければ払う必要もない、勝っても対価を納得できる"絶対損をしないギャンブル"
- 顧客のコストは時間だけ。ただし、ある種の楽しみの時間ともなる

Convenience（商品の買いやすさ）
- 自宅や会社でいつでも利用できる
- ジャパンネット銀行を使えば、決済もPCで完結する
- トラブルを避けるにはエスクローサービスも利用できる
- メールで出品者と入札者が直接話すことができる

Communication（商品認知の仕組み）
- ヤフー・トップページから直接リンクする
- インターネット関連雑誌や新聞での露出

●例題●

吉野家、ユニクロなど身近で繁盛している店、またはあなたがお気に入りでよく使う商品を挙げ、彼らがどのようにマーケティング活動を行なっているか、4Pに分解しなさい。そして、とくに4Pのどこに注目した活動をしているか、考えなさい。

❸ 5F：競争環境の理解軸

5Fは、企業の置かれている競争環境を理解するためのツールだ。5Fとは5 Forces（5つの力）の意味で、以下の5つの視点を指す。

　①業界内の他社との競合
　②新規参入の登場可能性
　③代替するサービスや商品の登場可能性
　④ユーザーからの圧力
　⑤供給者からの圧力

マイケル・E・ポーターが『競争の戦略』（ダイヤモンド社）の中で紹介したツールだ。ただし現実的には、検討の初期段階で競争の背景を理解するためのツールだと割り切ったほうがいい。

たとえば、音楽CD会社の5Fを見ると下図のようになる。ここから導き出される仮説は、音楽CD会社にとっての一番の脅威はCDの代替品の登場ということになるだろう。

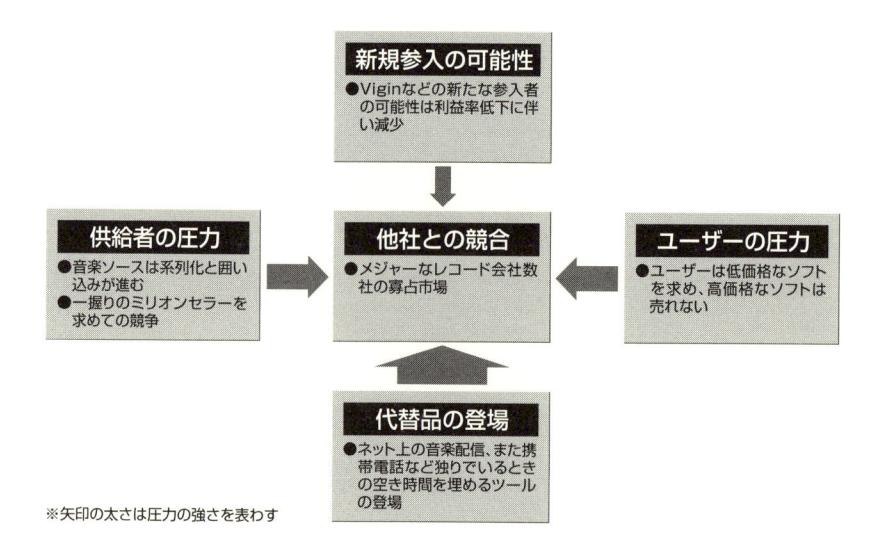

新規参入の可能性
●Viginなどの新たな参入者の可能性は利益率低下に伴い減少

供給者の圧力
●音楽ソースは系列化と囲い込みが進む
●一握りのミリオンセラーを求めての競争

他社との競合
●メジャーなレコード会社数社の寡占市場

ユーザーの圧力
●ユーザーは低価格なソフトを求め、高価格なソフトは売れない

代替品の登場
●ネット上の音楽配信、また携帯電話など独りでいるときの空き時間を埋めるツールの登場

※矢印の太さは圧力の強さを表わす

第4章●実戦テクニック1：論点を分解し初期仮説を作る・ツール編A

　5Ｆの検討には、業界をどこで区切るかが重要だ。たとえば、前ページの例で設定した"音楽CD会社"は現実には存在しない。たまたまレコード会社という"音楽会社"が売上の多くをCDに頼っているのだ。

　この"音楽会社"は、過去CDが登場したときには、レコード盤の売上が減るといって大反対したそうだ。彼らは自分の会社を"音楽コンテンツを提供する会社"ではなく、"レコード盤を売る会社"だと間違って考えてしまっていたのだ。しかし、CDの登場は"音楽会社"を大きく発展させた。

　この例でも業界の区切りを"CDを販売する業界"でなく"音楽コンテンツを提供する業界"とキチンと引き直してみると、代替品登場の脅威と見えたことは、携帯電話への着メロ・着ウタの提供、またブロードバンドでの音楽提供という、新たなチャンスとして捉えるべきだとわかる。

　このように業界の区切りを誤った例は意外と多い。たとえば日本の映画会社は1950年代のテレビの登場を、チャンスでなく"映画興行を脅かす脅威"と考えてしまい、所属俳優のテレビ出演を禁止した。そして、結果として自分たちの首を絞めることとなってしまった。対する米国ハリウッドの映画会社は、テレビコンテンツの制作で大きく潤っている。

　そのハリウッドも、家庭用ビデオの登場を"映画配給収入を脅かす脅威"として捉え、ソニーに対して８年越しの裁判を起こした。ところが今ではハリウッドの収入の約半分はビデオの売上だ。

　いずれも、自社業界の事業をコンテンツ提供という"本質"でなく、デリバリーという"技術"で区切ってしまった誤りの例だ。

●例題●

　あなたの働く業界の5Ｆを描きなさい。5Ｆの中で、何があなたの会社の一番の脅威だろうか。

❹ 7S：企業全体像の理解軸

　7Sは、企業の全体像を理解するためのツールだ。トム・ピーターズの『エクセレント・カンパニー』（大前研一訳・英治出版）で紹介され有名になった。

　7つのSとは、下に掲げたとおりだ。企業を組織全体を理解するために、組織図や経営計画などの乾いた視点（ハードS）とともに、風土や価値観など組織に属する人が作る文化の視点（ソフトS）で捉える。

　自社と競合を並べて、それぞれの7Sを見てみると、両社の企業としての性格・特徴の差がよくわかる。人にたとえると性格分析のようなものだろう。

	7S	内容	具体例
ハードS	Strategy（戦略）	企業の目指すべき方向と具体的な行動目標	●中長期経営計画 ●事業部運営方針
	Structure（組織）	組織の構成、命令／コミュニケーション体系	●組織図 ●委員会等の設置
	System（仕組み）	組織運営の仕組み／ルール、責任分担	●意思決定のルール ●業績評価システム
ソフトS	Skills（スキル）	組織として持つスキル	●低コストの製造技術 ●コンサルティング営業スキル
	Staff（人材）	個々の社員の特徴、持つスキル	●高度な製造技術を持つ職人 ●足で稼ぐ営業マン
	Style（風土）	組織、または個々の社員の行動スタイル	●長時間労働をよしとする会社 ●減点主義による事なかれ主義
	Shared Value（価値観）	経営判断または社員の行動の価値基準	●"売上高より利益率" ●"顧客満足度がすべてに優先"

第4章●実戦テクニック1:論点を分解し初期仮説を作る・ツール編A

　ただし、7Sのそれぞれ論点は重複が多く、必ずしもMECEな概念とはいえない。また、課題解決に直接的には使える機会はほとんどない。7Sも、あくまで最初の段階で企業を、文化を含めてまるごと理解するときに使うツールと割り切ろう。

●例題1●

　同じ業界でも性格の違う企業が競い合っている例が多い。たとえば家電業界の雄なら松下電器とソニー、自動車の3強ならトヨタと日産とホンダ、などだ。自分がよく知っているか興味ある業界のトップ会社を選んで、それぞれの7Sを並べて比較しなさい。

●例題2●

　自社と競合の7Sを比べなさい。

❺ SWOT：強み・弱みの把握

SWOTとは、自社の強みと弱みを把握するためのツールだ。SWOTはそれぞれ以下の4つの文字の頭文字を並べている。

- Strength　　　自社の今持つ強み
- Weakness　　自社の今持つ弱み
- Opportunity　市場にある新たな機会
- Threat　　　　競合からの潜在的な脅威

SWOTは、多くの本で代表的な戦略ツールとして紹介されているが、私の実感では単なる分類学でしかなく、あまり役に立たない。

一般のSWOTでは、S・W・O・Tそれぞれの要素を、単純にリストする。下図はレコード会社を想定して描いたSWOTの例だ。

ちなみにSWOTのうち、SとWは自社という内部要因、OとTは市場や競争環境という外部要因と切り分けることができる。

	強み（Strength）	弱み（Weakness）
内部要因	例）個性の強いJPOP系新人のラインナップ	例）乏しいTVなどメジャーメディアへの露出、まだ弱いブランド力
	機会（Opportunity）	脅威（Threat）
外部要因	例）音楽ダウンロードやホームAVサーバなど、新しいメディアの登場	例）音楽CD全体の売上の落ち込み

第4章●実戦テクニック1:論点を分解し初期仮説を作る・ツール編A

SWOTの進化版としてHRインスティテュート社が提案しているのが、クロスSWOTだ。これはSWOTの内部要因を縦軸に、外部要因を横軸にとったマトリクスだ。

クロスSWOTを作ってみると、マトリクスのマスごとに下図のように、進出する・強化する・防衛する・撤退するなら、撤退するという戦略の方向性が見えてくる。

前ページと同じレコード会社の例をクロスSWOTにしたのが下図になる。クロスSWOTを使うと打ち手の仮説もそれなりに見えてくるのがおわかりだろうか。どうせSWOTを使うなら、クロスSWOTにまで進化させて使おう。

		外部要因	
		機会 (新しいメディアの登場)	脅威 (CD販売の落ち込み)
内部要因	強み (個性の強いJPOP系 新人コンテンツ)	**進出する** 個性の強いJPOP系コンテンツの新しいメディアへの進出	**防衛する** ターゲットを絞り込んだプロモーション活動の実施や、コピー防止CDの採用
	弱み (メジャーメディア、 ブランド力)	**強化する** お金のかかるメジャーメディアより、新しいメディアでのブランドの確立	**撤退する** メジャーメディアを通じたCDプロモーションの縮小

●例題●

あなたの担当する事業について、クロスSWOTを作りなさい。
1. まずはSWOTの要素を洗い出しなさい。
2. そしてクロスSWOTに組み替えなさい。

❻ 競争戦略：リーダーを追え

　一つの市場で企業が競争する場合、先行するリーダーとそれを追うフォロワーという構図になることが多い。その中で自社がどのようなポジションを取るべきかを考えるツールが競争戦略だ。

　競争戦略は、資金や販売力などの量的経営資源を横軸に、技術など質的経営資源を横軸にとった下図のマトリクスで示す。

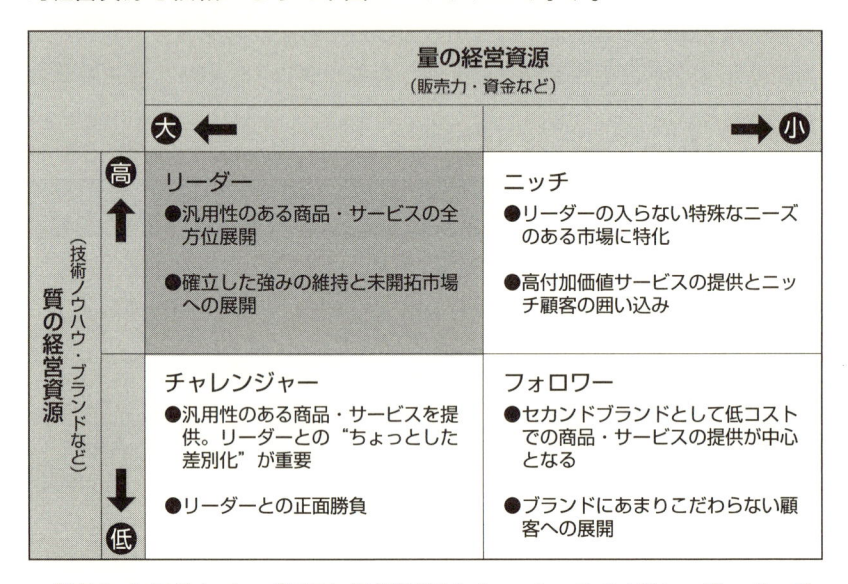

	量の経営資源 （販売力・資金など）	
（技術ノウハウ・ブランドなど）質の経営資源 　高↑↓低	**大 ←**	**→ 小**
	リーダー ● 汎用性のある商品・サービスの全方位展開 ● 確立した強みの維持と未開拓市場への展開	**ニッチ** ● リーダーの入らない特殊なニーズのある市場に特化 ● 高付加価値サービスの提供とニッチ顧客の囲い込み
	チャレンジャー ● 汎用性のある商品・サービスを提供。リーダーとの"ちょっとした差別化"が重要 ● リーダーとの正面勝負	**フォロワー** ● セカンドブランドとして低コストでの商品・サービスの提供が中心となる ● ブランドにあまりこだわらない顧客への展開

　質的にも量的にも、豊富な経営資源をもっているのが**リーダー**だ。比較的早い段階で市場に登場し、顧客のよい評判や技術ノウハウなどの質の経営資源を押さえ、また販売力などの量の経営資源でも顧客をしっかりつかまえた企業だ。リーダーが取るべき戦い方は、市場のど真ん中で戦う横綱相撲だ。

　リーダーを追う（広義の）フォロワーには、ニッチ、チャレンジャー、（狭義の）フォロワーの３つがある。

第4章●実戦テクニック1：論点を分解し初期仮説を作る・ツール編A

チャレンジャーは、リーダーと同等またはそれ以上の量的経営資源をもつ企業だ。リーダーにはこの市場では先行されたものの、企業体力では互角の勝負ができる。チャレンジャーは、リーダーに真っ向から勝負を挑むべきだろう。リーダーの開拓した市場に"ちょっと新しい商品"を持ち込むことで、市場全体を広げるWIN-WINの展開となる可能性も大きい。

ニッチは、技術力や顧客満足度は高いが、量的な経営資源が不足気味な企業だ。彼らがリーダーと正面勝負すれば潰されてしまう。しかし特殊なカスタマイズが求められる市場や顧客の要求レベルがとても高い市場は、リーダーといえども必ずしも手が回らない。ニッチが目をつけるべきはこの市場だ。ボリュームは多くなくても、価格競争に巻き込まれることなく、高収益を維持することができる。

（狭義の）**フォロワー**は、量的にも質的にも経営資源が不足する企業だ。しかしどんな市場でもブランドや技術にこだわりなく"使えればいい"というユーザーはいる。フォロワーが狙うのはそんなユーザーだ。セカンドブランドまたはノーブランドの商品として参入することになる。利幅は低いし、他の競合も多いが、低コスト生産力を武器にできれば、ある程度の市場は確保できる。

●例題1●

家電製品（ＡＶ機器、デジカメなど）について、競争する企業をこの競争戦略のマトリクスの上にプロットしなさい。

●例題2●

あなたの会社の属する業界で競争する会社を競争戦略のマトリクスの上にプロットしなさい。また彼らの商品戦略がこのツールと整合性があるかを考えなさい。

❼ 価格戦略：ベンツかヴィッツか

　商品やサービスを顧客に提供するとき最も重要な論点の一つが、値段をいくらにするかだ。コスト積上げで値段を決める、なんて方法はもう通用しない。ユーザーの認識する価値に合わせて値付けをする必要がある。しかし、このユーザーの認識する価値というのが一通りではない。

　たとえば車で考えてみよう。ベンツもヴィッツも（違いはあるにせよ）どっちもいい車だ。顧客は満足しているし、メーカーも潤っている。しかし値段は10倍くらい違う。価格戦略が違うからだ。

　多くの商品やサービスには、価格階層別に下の3つのセグメントがあり、いろいろな企業が市場を棲み分けている。それぞれセグメントの中は競争するものの、あまり階層を隔てた競争は起こらない。この意味でベンツとヴィッツは、同じ"いい車"とはいえまったく別の市場に向けた商品といえる。このセグメントのどこを狙うかを決めるのが価格戦略だ。マーケティング戦略の基本の基本といえる。

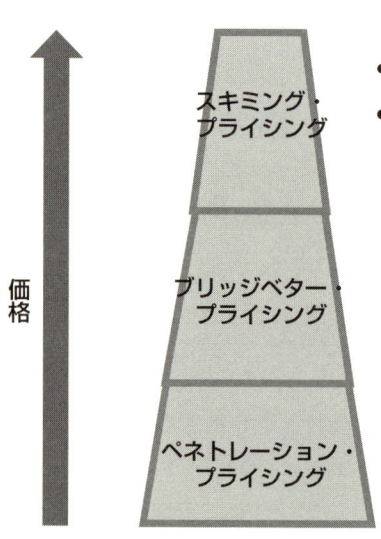

価格 ↑

スキミング・プライシング
- ブランドと高付加価値サービスによる満足感の提供
- マーケットは小さいがリテンションは高く、利益率も大きい

ブリッジベター・プライシング
- プロダクト・ミックスにより、中間層のセグメント化されたニーズの充足を狙う
- このマーケットが通常最も大きく、競合も多数。提供される商品も最も多様

ペネトレーション・プライシング
- 低価格による訴求を狙う
- 最もコスト競争力のある企業のみが生き残る

第4章●実戦テクニック1：論点を分解し初期仮説を作る・ツール編A

実際の商品で価格戦略の例を下の表で見てみよう。

	自動車	女性用衣料	外食	家電
スキミング・プライシング	ベンツ・ジャガーなど高級車 →1千万円台	ブランド店 →10万円〜	料亭、一流ホテル高級店 →1万円〜	デザイナーズ家電 超高性能品 →10万円〜
ブリッジベター・プライシング	国産セダン、RV ミニバン →数百万円	デパートや専門店 →数万円	定食屋、ファミレス →1,000〜2,000円	国内メーカー・ブランドの製品 →数万円
ペネトレーション・プライシング	ヴィッツなどのリッターカー →百万円台	ユニクロやスーパー →数千円	マクドナルド、吉野屋、大戸屋 →ワンコイン	ノーブランド家電 中国家電 →〜1万円

どんな価格戦略を取るにせよ、大事なのは戦略全体での整合性を取ることだ。たとえば、スキミング・プライシング戦略を取るベンツは、高いことに意味のある車だ。格安ディスカウントなんて始めたら、ブランドが傷ついて顧客は離れてしまう。同様にヴィッツが"豪華革張り仕様"なんて上のクラスを狙った商品を売り出しても、全然売れないだろう。自分たちがこの3つのセグメントの中でどこを狙うかを決めたら、浮気はせずに、自分の狙うべきセグメントに集中しよう。

●例題●

あなたの会社の扱う商品の市場を、この3つのセグメントに分けたとき、あなたの会社と競合はどこに位置するだろうか。
3つのセグメントについて、だいたいの価格レンジと各社の戦略を検討し、このフレームワークとの整合性を確認しなさい。

❽ ビジネスシステム：KSFの発見

ビジネスシステムとは、企業が顧客に付加価値を届けるまでの流れを示す概念図だ。ビジネスシステムを考えることで、企業が力を入れるべき機能が見えてくる。

たとえば、製造業での付加価値を考えてみよう。一般的に次のようになるだろう。
- 新技術の種を作る研究開発
- 商品として完成する商品企画と設計
- 製品の原料の調達
- 製品の製造
- 製品を顧客に認知してもらうマーケティング
- 代理店などでの営業・販売活動
- アフターサービスなどのメンテナンス

これを素直に描き、またそれぞれの機能について簡単に特徴や競争優位のポイントを書き込んだのが下図のビジネスシステムだ。

顧客に付加価値を届ける一連の流れ

研究開発	商品企画設計	調達	製造	マーケティング	営業販売	メンテナンス	顧客
● 自前のコア半導体開発技術 ● 高コストだが競争力の源泉	● デザインに優れた商品開発 ● 高いブランド認知	● 他社に比べてボリュームディスカウントはあまり効かない	● デザイン優先でコストは若干高い ● 中国への生産拠点移転計画	● TVメディアへの露出 ● ヤフー広告の利用	● 販売店網が弱く、量販店と直販中心	● 基本は発送方式 ● 国内拠点の充実の強化必要	

第4章●実戦テクニック1：論点を分解し初期仮説を作る・ツール編A

　ビジネスシステムとは、機能の付加価値の流れを追う。実際の業務プロセスの順番や、担当部署は関係ない。純粋に概念としての機能を見てみよう。

　ビジネスシステムは、業種や会社によりさまざまだ。下にいろいろな業種でのビジネスシステムの一般例を示した。なお同じ製造業といっても、たとえばトヨタは下に掲げた製造業のビジネスシステムすべての要素を自社で持っているが、トヨタの孫請けメーカーだったら、商品企画やマーケティングの機能がないかもしれない。

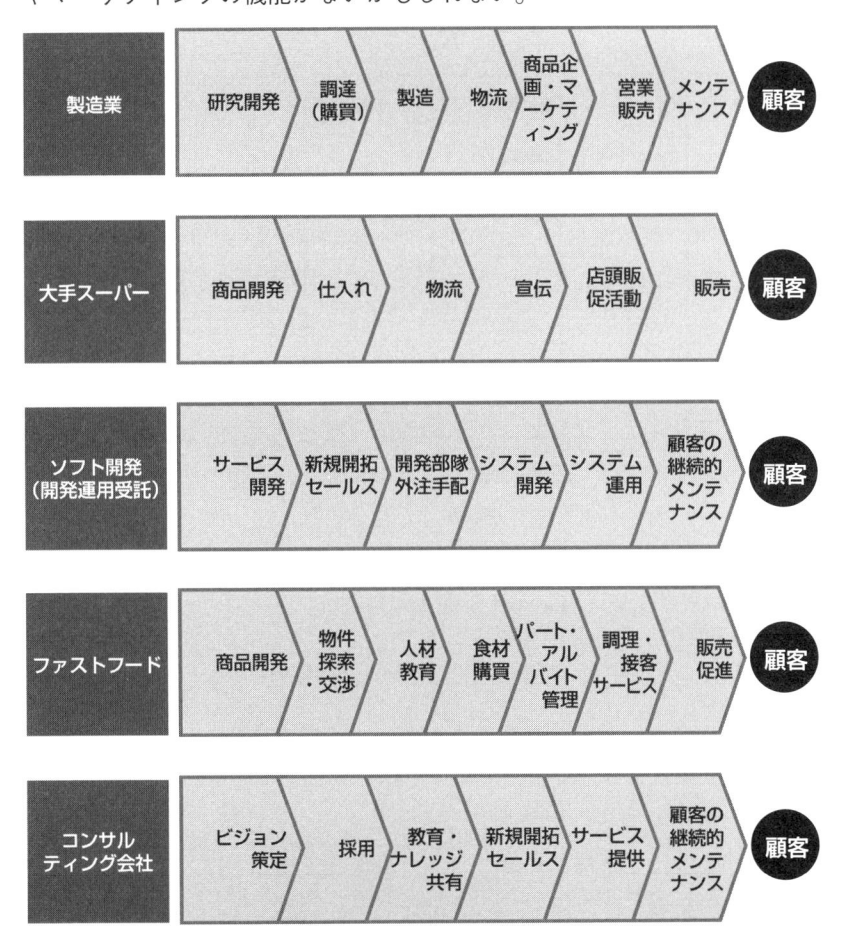

製造業：研究開発 → 調達（購買）→ 製造 → 物流 → 商品企画・マーケティング → 営業販売 → メンテナンス → 顧客

大手スーパー：商品開発 → 仕入れ → 物流 → 宣伝 → 店頭販促活動 → 販売 → 顧客

ソフト開発（開発運用受託）：サービス開発 → 新規開拓セールス → 開発部隊外注手配 → システム開発 → システム運用 → 顧客の継続的メンテナンス → 顧客

ファストフード：商品開発 → 物件探索・交渉 → 人材教育 → 食材購買 → パート・アルバイト管理 → 調理・接客サービス → 販売促進 → 顧客

コンサルティング会社：ビジョン策定 → 採用 → 教育・ナレッジ共有 → 新規開拓セールス → サービス提供 → 顧客の継続的メンテナンス → 顧客

また、ビジネスシステムの最大公約数といえるものが下図の**バリューチェーン**だ。前出のポーターが『競争優位の戦略』で紹介したツールだ。ただ、バリューチェーンはあまりに一般的で切れ味が悪い。あなたが検討するのは、あなたの業界であり会社だ。あなたの業界独自のビジネスシステムを描こう。

企業インフラ					
・たとえば、宅配荷物の現在位置をリアルタイムで把握するヤマト運輸の情報システム					マ
人事労務管理					ー
・たとえば、自立したビジネスマンを作るリクルートの社員教育システム					ジ
研究開発					ン
たとえば、画像と化学に集中した富士写真フイルムの技術開発					
調達	製造	出荷物流	セールス＆マーケティング	サービス	
Inbound Logistics	Operation	Outbound Logistics	Sales & Marketing	Service	
たとえば ・日産とルノーの共同調達 ・中国製部品の利用	たとえば ・台湾メーカーへの加工委託 ・環境を重視した製造プロセス	たとえば ・コンビニの共同配送 ・デル・コンピューターの受注生産システム	たとえば ・資生堂のブランド戦略 ・メールマガジンでの告知	たとえば ・パソコンの3年保証 ・コピー機の出張保守サービス	

　ビジネスシステムは、ビジネスのKSF（成功のために鍵となる要因：Key Success Factor）を明確にするために使う。つまり、自社のもつ機能のどれが他者との差別化＝競争力の源泉になっているかが、ビジネスシステムを描くとわかってくる。ちなみにKSFは、KSF（＝Key Factor of Success）とかCSF（＝Critical Success Factor）とも呼ばれる。

　企業が市場で存在を許されているのは、どこかにKSFがあるからだ。多少の欠点があってもとても強いところがあれば、それなりに市場での存在価値はある。逆に可もなく不可もない平均点企業は、結局、誰にもアピールすることができず、そのうちにジリ貧になっていく。

　自社と自社と競合のビジネスシステムを並べて比較することにより、自社が競争優位を確保すべきところ、最も経営資源を投入すべきところがクリアになる。

第4章●実戦テクニック1:論点を分解し初期仮説を作る・ツール編A

たとえば同じ業界(仮に家電とする)で競争する、S社、M社、H社、F社を下図に比べてみよう。同じ製造業のビジネスシステムを持っていても、KSFは異なった部分にあり、それぞれ勝負の仕方やフィールドはちょっとずつ違うはずだ。下図でアミ掛けしたのは各社のKSFがある部分だ。

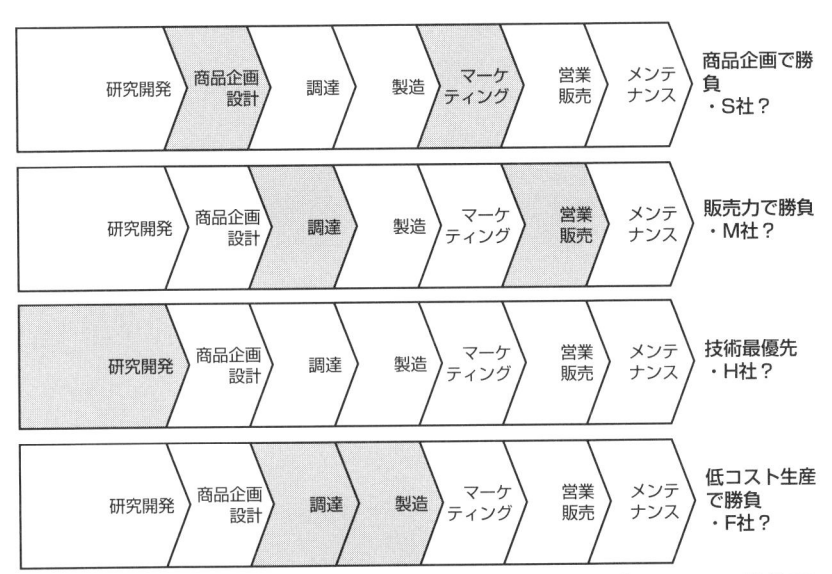

研究開発	商品企画 設計	調達	製造	マーケティング	営業販売	メンテナンス	商品企画で勝負 ・S社?
研究開発	商品企画 設計	調達	製造	マーケティング	営業販売	メンテナンス	販売力で勝負 ・M社?
研究開発	商品企画 設計	調達	製造	マーケティング	営業販売	メンテナンス	技術最優先 ・H社?
研究開発	商品企画 設計	調達	製造	マーケティング	営業販売	メンテナンス	低コスト生産で勝負 ・F社?

たとえば、S社のKSFが商品企画にある場合、仮に自社の弱い営業販売を強化しようとするときでも、そのKSFは保持しなければならない。経営資源を弱点の補強に注ぎ込んで、今のKSFを失ってしまったら、元も子もない。

●例題●

1. あなたの会社のビジネスシステムを描き、それぞれの機能について自社の特徴を書き込みなさい。
2. 競合のビジネスシステムを作り、自社のものと並べなさい。
3. 自社と競争のKSFを示し、競争力強化に必要なことを考えなさい。

❾ プロセス分解

　プロセス分解は、とても応用範囲の広い分解ツールだ。どんな課題解決の場面でも、一度はプロセス分解を考える価値はある。
　まずは、後正武氏の『意思決定のための「分析の技術」』(ダイヤモンド社)に紹介されている例を紹介しよう。

　あなたに"公園にいるハトの数が近年減っている。それを増やすための手を打ちなさい"という課題が与えられた。あなたならどう考えるだろうか？

> ここで読むのを止めてしばらく考えてほしい。

　10人中8人が"餌場を作る、餌を定期的にやる"あたりで考えが止まってしまうそうだ。中には"人の食料をやるのはハトの健康にはよくないので餌やりの禁止"とか、"公園の樹の消毒剤がハトに悪いので消毒剤を変える"との意見も出るそうだ。
　しかし、これではマズイ。餌の確保や環境向上は、ハトが増えるために必要な要素のほんの一部だからだ。思いつきでものを言っても仕方ない。根本的な対策を立てるには、まずはハトがなぜ減っているかという根本的な原因に突き当たる必要がある。

　ここではプロセス分解を使って見てみよう。プロセス分解では、ハトが卵をかえし成長する"再生産プロセス"全体を捉えて、一連のサブプロセスに分解する。ハトが増えないならば、その個々のサブプロセスのどこかに不具合があるはずだ。その原因となっているサブプロセスを突き止めてみよう。

第4章●実戦テクニック1：論点を分解し初期仮説を作る・ツール編A

このハトが増える再生産プロセスを分解してみると、下図のようになる。

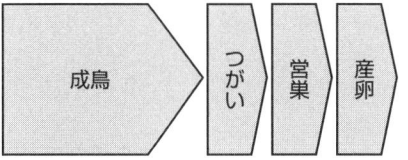

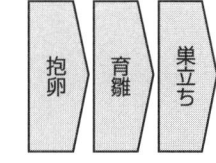

再生産の プロセス	成鳥	つがい	営巣	産卵	抱卵	育雛	巣立ち
プロセスの 必要条件	・十分な餌があること ・安全な巣があること		・新しい巣の材料が十分にあること ・雄雌の数がバランスよいこと		・卵や雛を食べる天敵（＝カラスや蛇）の脅威が少ないこと		

　後氏の著書によると、このハトの再生産プロセスの中で、一番問題があるのは抱卵から巣立ちに至るサブプロセスだそうだ。都心のカラスの数の増加に伴い、卵や雛がカラスに襲われる頻度が高まっている、したがってハトの数がだんだん減っているそうだ。

　つまり、取るべき対策は"カラスを減らす"または"カラスからハトの巣を守る"ことだ。この対策は一筋縄では解決しないかもしれない。しかし、成鳥のサブプロセスに目を向けた"餌をやる"という対策はいくらやっても、まったくの的外れだ。"カラスを減らす"のが難しそうだからといって、すぐにできる"餌やり"から手を付けたがる人も多いが、これでは、まったく効果は期待できない。

●例題●

　あなたの部門の仕事をプロセス分解してみよう。もし部門の仕事に問題があるならば、どのサブプロセスを改善すべきだろうか？

　このプロセス分解の軸、つまりプロセス全体を一連のサブプロセスに分解する軸は、他にもいろいろバリエーションがある。次ページ以下、そのいくつかを紹介しよう。

●ライフステージ

ハトの一生をプロセス分解したのが前ページの図ならば、人の一生をプロセス分解したのが**ライフステージ**だ。一般的には下図のようになるだろう。

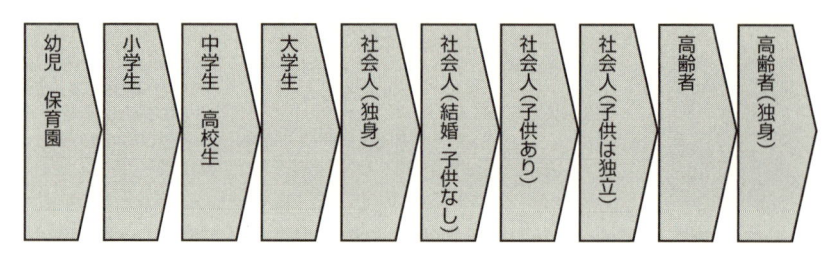

幼児・保育園 → 小学生 → 中学生・高校生 → 大学生 → 社会人(独身) → 社会人(結婚・子供なし) → 社会人(子供あり) → 社会人(子供は独立) → 高齢者 → 高齢者(独身)

ライフステージの段階が移るにつれ、同じ人でもニーズは次第に変わってくる。たとえば、不動産、金融、外食を例に、変化を下図に追ってみよう。ライフステージを描くことによって、どの年齢層の顧客にアピールすべきか、またどのようにアピールすべきかが明確になる。

	学生 若い独身 社会人	結婚後の社会人(子供なし)	社会人(子供同居)	子供の独立後	高齢者
住宅ニーズ	・ワンルームなど、広さはないが交通の便がよい物件。賃貸中心	・2DKなど少し広い物件。交通の便は重要。賃貸中心	・郊外の広めの物件 ・持ち家志向も強まる	・今までの家に住み続ける ・リフォームニーズ	・都心回帰、またはバリアフリー化のニーズ
金融ニーズ	・車や旅行などのカード利用小口ローンニーズ	・子供の教育資金や住宅頭金などの貯蓄ニーズ	・住宅ローンニーズ ・生命保険ニーズ	・老後に備えた貯蓄ニーズ、財産形成ニーズ	・資産運用ニーズ
外食のニーズ	・とにかく量と価格が大事 ・デート用のオシャレな店のニーズ	・オシャレでリーズナブルなレストラン・ニーズ	・可処分所得が少なく、価格が最も重要に	・若干高価でも質を重視 ・健康面も重視	・質と健康を最重視

●意思決定プロセス

意思決定の段階もプロセス分解することができる。たとえば化粧品や清涼飲料などマスマーケティングが中心となる製品について、顧客が商品を認知してから実際に買うまでのプロセスを示したものが下図のAIDMAだ。それぞれの意思決定の段階で、顧客を動かすために使う手段は異なってくる。ただし、AIDMAは1960年代の"消費が美徳"の時代に考え出されたので、今では修正が必要だろう。

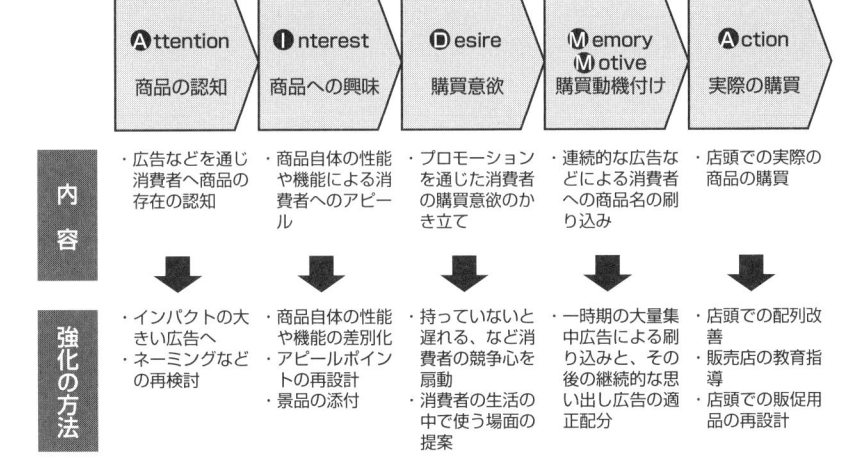

	Attention 商品の認知	Interest 商品への興味	Desire 購買意欲	Memory Motive 購買動機付け	Action 実際の購買
内容	・広告などを通じ消費者へ商品の存在の認知	・商品自体の性能や機能による消費者へのアピール	・プロモーションを通じた消費者の購買意欲のかき立て	・連続的な広告などによる消費者への商品名の刷り込み	・店頭での実際の商品の購買
強化の方法	・インパクトの大きい広告へ ・ネーミングなどの再検討	・商品自体の性能や機能の差別化 ・アピールポイントの再設計 ・景品の添付	・持っていないと遅れる、など消費者の競争心を扇動 ・消費者の生活の中で使う場面の提案	・一時期の大量集中広告による刷り込みと、その後の継続的な思い出し広告の適正配分	・店頭での配列改善 ・販売店の教育指導 ・店頭での販促用品の再設計

マスマーケティング以外にも、
・個人がスーパーで食料品や野菜を買うとき
・PCや車や不動産を購入するとき
・訪問販売業者が玄関をノックしてから購入するまで
・医師が処方する医薬品を決めるとき
・企業が発注先を決めるとき

など、意思決定プロセスはそれぞれ違う。意思決定のプロセスを分解することで、どのサブプロセスを強化すべきか、そのためにはどんな施策を打つべきか、が見えてくる。

●製造プロセス・業務プロセス

メーカーでのプロセスというと、下図のような製造プロセスがすぐ思いつくだろう。

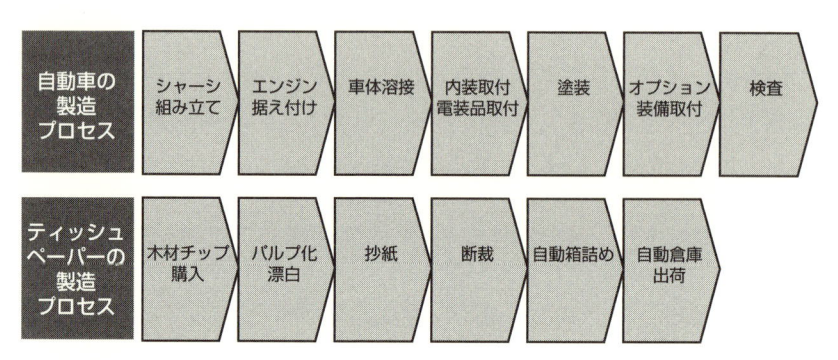

自動車の製造プロセス: シャーシ組み立て → エンジン据え付け → 車体溶接 → 内装取付・電装品取付 → 塗装 → オプション装備取付 → 検査

ティッシュペーパーの製造プロセス: 木材チップ購入 → パルプ化漂白 → 抄紙 → 断裁 → 自動箱詰め → 自動倉庫出荷

　全製造工程を複数のサブプロセスに分解し、個々のプロセスごとに論点をうまく切り分けることで、錯綜する議論を整理し、また問題のあるサブプロセスを特定することができる。

　また、営業や経理など事務方の仕事も業務プロセスとして分解することができる。"営業が弱い"とか"月次請求でミスが多い"というなら、具体的にサブプロセスのどこに問題があるかを分析することで、議論を明確にすることができる。

営業プロセス（新規顧客の開拓）: 顧客全体のリスト入手 → ターゲット顧客の抽出 → 電話入れアポ取り → デモ説明ヒアリング → 提案条件詰め → 契約 → メンテナンス

業務プロセス（月次請求業務）: 各部門から伝票入手 → 伝票のシステム入力 → 前月の未払い確認 → 請求書出力内容確認 → 顧客への発送・連絡

第4章●実戦テクニック1：論点を分解し初期仮説を作る・ツール編A

●サプライチェーン

　原料から顧客までを結ぶ複数の会社のプロセス全体を（顧客に製品を供給する意味で）サプライチェーン、もしくは（顧客からの要求に応じる意味で）デマンドチェーンという。たとえば、一般的な機械製品のサプライチェーンは下図のようになる。

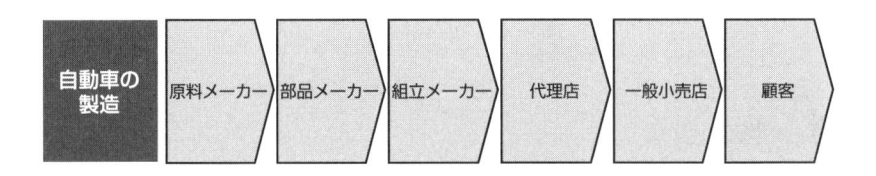

| 自動車の製造 | 原料メーカー | 部品メーカー | 組立メーカー | 代理店 | 一般小売店 | 顧客 |

　たとえば、ビールメーカーが"鮮度が命"を宣伝したいと思ったら、自社の出荷製品の鮮度を上げるだけでは不十分だ。流通に何日もかかったり、倉庫の温度管理がずさんだったり、古い在庫が大量にたまっていたら、消費者には鮮度のいいビールは届かない。サプライチェーンの下流側の代理店や一般小売店にもしっかりと手を入れる必要がある。

　近年、サプライチェーンが話題になるのは、主にサプライチェーン・マネジメント（SCM）の分野だろう。

　部品メーカーの立場からサプライチェーンを見てみよう。最終顧客からの注文が入ると、一般小売店・代理店・組立メーカーと中間段階でどこでも在庫を持とうとするので、注文数量は上流に行くほどどんどん大きくなる。逆に注文の波がちょっと沈むと、在庫で消化できるので、とたんに注文がゼロになったりする。

　汎用品を一定量作っていれば、下流で確実にさばけた時代ならともかく、これでは部品メーカーはたまらない。ここで注文・生産情報を一気貫通させ、最適な生産量を知ろうというのがSCMだ。トヨタ自動車のジャストインタイム（JIT）もSCMの一種といえる。

❿ 利益方程式

"利益"を因数分解すると、以下のようになる。

> 利益＝（売価－変動費）×販売数量－固定費

つまり、利益を上げるには、式の中にある4つのパラメータ（変数）を動かせばよい。したがって打つべき手は、以下の4つのいずれかだ。
・売価の上乗せ
・変動費の削減
・販売数量の増加
・固定費の削減

以下利益方程式は、この4つの変数のうち、どのパラメータを動かす施策を重視すべきかを検討するツールだ。具体的には下図を見てみよう。

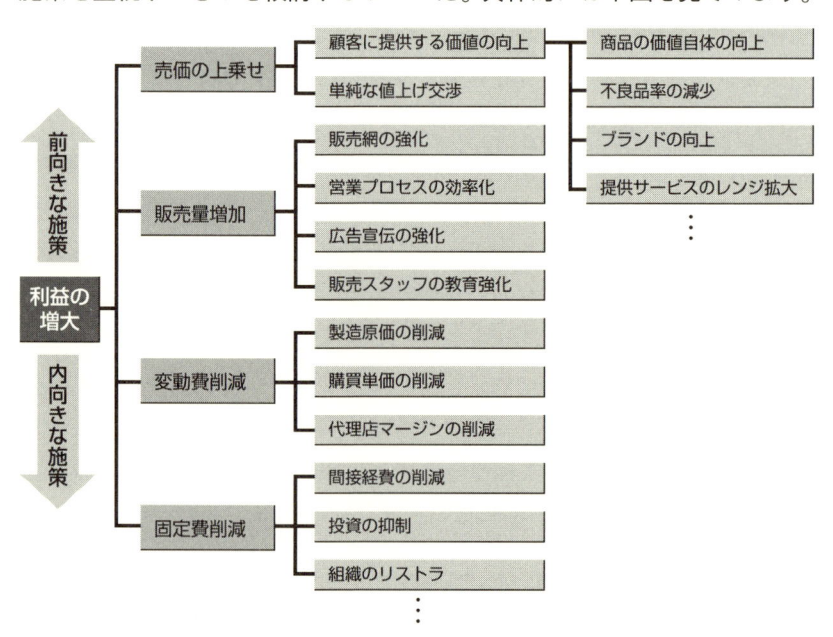

```
                    ┌─売価の上乗せ──┬─顧客に提供する価値の向上─┬─商品の価値自体の向上
                    │               │                         ├─不良品率の減少
      前向きな施策   │               └─単純な値上げ交渉        ├─ブランドの向上
                    │                                          ├─提供サービスのレンジ拡大
                    │               ┌─販売網の強化            ⋮
                    ├─販売量増加  ──┼─営業プロセスの効率化
利益の               │               ├─広告宣伝の強化
増大                 │               └─販売スタッフの教育強化
                    │
      内向きな施策   │               ┌─製造原価の削減
                    ├─変動費削減  ──┼─購買単価の削減
                    │               └─代理店マージンの削減
                    │
                    │               ┌─間接経費の削減
                    └─固定費削減  ──┼─投資の抑制
                                    ├─組織のリストラ
                                    ⋮
```

第4章●実戦テクニック1：論点を分解し初期仮説を作る・ツール編A

　利益方程式は、利益の増加を考える際の基本の軸となる。この4つのパラメータを変えることにより、どのくらい利益が変わるかは仮説検証ツールの"シナリオ分析"（242ページ参照）で検討しよう。

　一般論として、成熟した市場で利益を確保しようとしたら、最も即効性があるのはコスト削減だ。売上を100万円を伸ばしても利益は粗利分しか増えないが、コストを100万円減らせば利益はダイレクトに増えるからだ。
　多くの会社は直接製造原価の効率化にはすでに真剣に取り組んでいる。また、人件費の削減も即効性のある施策はなかなか難しいだろう。しかし、今まであまり目を向けられていなかった購買費や間接費を見ると、意外と削減余地が見つかることが多い。
　購買費や間接費用の削減といっても、「常識」にとらわれると"もう値引きは限界です"と、あきらめそうになる。だが頭を使えば、まだまだコスト削減の余地が出てくることが多い。
　これら調達費用・間接費の削減は**ストラテジック・ソーシング**（調達慣習の戦略的な見直し）といわれる。日産もゴーン氏が着任後、最優先でこのプロジェクトに着手し、最初は到底不可能と思えた20％ものコスト削減を1年で達成し、V字回復の最大の原動力とした。
　大幅な購買価格削減は単なる強引な値引き交渉では達成できない。発注者側が指定する無意味な過剰品質や性能試験を廃止したり、特注品を標準品に見直したり、大量注文をコミットすることで値引きのインセンティブを出すなど、さまざまなテクニックが必要だ。
　また間接費、つまり事務所経費・事務作業費・広告費用・IT投資・通信費などは、多くの会社ではたいした注意は払われていない。相見積もりも形ばかり、値引き交渉も（大幅値引きに見せて）実は納入業者の筋書きどおり、という例が大半といえる。多くの場合、間接費のコスト削減はバカにできない効果がある。

利益と同様、手元現金の出入りを示す**キャッシュフロー**の改善も同じように因数分解で考えることができる。大まかに説明すると、キャッシュフロー（ＣＦ）とは以下の３つの合計だ。

・**営業ＣＦ**（または、**オペレーティングＣＦ**）
本業でいくらお金を生み出せたか。
・**金融ＣＦ**
財務的にいくらお金を生み出せたか。つまり新株を発行したり借金すればプラスだし、借金を返せばマイナス。
・**投資ＣＦ**
設備投資などにお金をどれだけ使ったか。設備を新設すればマイナスだし、事業を売却したらプラス。

財務的な課題解決には金融ＣＦと投資ＣＦの検討も重要だが、事業運営の課題解決の場合、本業の業績を示す営業ＣＦが重要になる。
営業ＣＦは、以下の式で定義される。

営業ＣＦ＝営業利益
　　　　－売掛金の増減＋支払手形の増減－在庫の増減
　　　　＋減価償却－金利－税金

このうち、営業利益に対する打ち手は、利益方程式とほぼ同じだ。
その他の減価償却、金利、税金など変えようがないので、ＣＦ改善という面から実際に取れる打ち手は以下の３つだ。
①**売掛金の減少**
②**支払手形の増加**
③**在庫の削減**
それぞれを平たくいえば、次のような意味だ。
①売掛金の回収を早くする、もしくはキチンとする。回収すれば手元にキャッシュが入る。

第4章●実戦テクニック１：論点を分解し初期仮説を作る・ツール編Ａ

②支払手形の支払期間を長くする。支払いを遅らせた分だけ、手元にキャッシュが残る。
③在庫を最低レベルまで減らす。無駄な在庫は会計上の損ではないが、現金を捨てたようなものだ。

いずれも当たり前のように見えるが、手元の現金が不足気味の場合、本腰を入れて取り組むと効果は大きい。

売上追求には必死になる営業担当者も、売掛金の回収は案外忘れたままにしていたりする。売掛伝票を洗い直すと、１年前の未回収売掛金などが割と出てくるはずだ。これらをきちんと回収するだけで、意外とキャッシュが回ってくるものだ。

また、もう動きそうもない在庫はとにかく処分しよう。一時的に赤字が発生するかもしれないが、会計数字だけよくしてすませられるご時世でもなかろう。死んだ在庫は過去の不合理の固まりだ。売れるならキャッシュの足しにしよう。たとえ処分費用がかかっても、在庫の山という不合理が一掃できれば、経営の見通しがその分よくなる。また、在庫の山があると工程の無駄や異常が隠れてしまう。「在庫は罪悪」といい、無駄を発見するためにわざわざ在庫を最小レベルに抑えたトヨタを見習おう。

同じく遊休不動産、つまり空いたままの社宅や社内運動会でしか使わないようなグラウンドなど、無駄としか言いようがない。今後数年で地価があがる見通しがないなら、さっさとキャッシュにすべきだろう。

●例題●

あなたの会社の代表的な製品について、利益方程式を作りなさい。そして、それぞれのパラメータを変え、利益への貢献を調べなさい。
（しっかりしたデータが手に入れば、きっと予想外の結果がでるはずだ）

⓫ ビジネスモデル

　ビジネスモデルとは、**儲ける（＝利益を生み出す）仕組み**、つまり誰からお金を受け取って誰に支払うか、その対価は何か、という流れを示したものだ。ビジネスモデルは事業を設計・再検討するときの基本だ。
　ビジネスモデルでは、関連する人や組織（＝**ステークホルダー**）ごとに、以下の3つの論点を押さえよう。

- **バリュー**　　　何を提供するのか、されるのか
- **お金の流れ**　　どのくらい実入りがあり、出費があるのか
- **インセンティブ**　期待している思惑

　事業をビジネスモデルに論点分解するには、ステークホルダー間のつながりを絵にするのがわかりやすい。たとえば、小さな有機食材の食品店なら、ビジネスモデルは下図のようになる。それぞれ登場するステークホルダーが、この小さな商店を使うインセンティブがあるからこそ、商売が成り立っているわけだ。

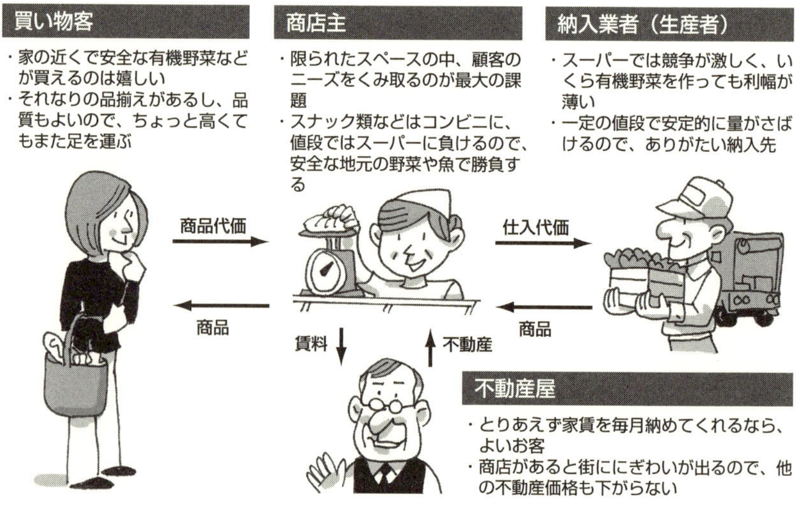

買い物客
・家の近くで安全な有機野菜などが買えるのは嬉しい
・それなりの品揃えがあるし、品質もよいので、ちょっと高くてもまた足を運ぶ

商店主
・限られたスペースの中、顧客のニーズをくみ取るのが最大の課題
・スナック類などはコンビニに、値段ではスーパーに負けるので、安全な地元の野菜や魚で勝負する

納入業者（生産者）
・スーパーでは競争が激しく、いくら有機野菜を作っても利幅が薄い
・一定の値段で安定的に量がさばけるので、ありがたい納入先

買い物客 →（商品代価）→ 商店主 →（仕入代価）→ 納入業者
買い物客 ←（商品）← 商店主 ←（商品）← 納入業者

商店主 →（賃料）→ 不動産屋
商店主 ←（不動産）← 不動産屋

不動産屋
・とりあえず家賃を毎月納めてくれるなら、よいお客
・商店があると街ににぎわいが出るので、他の不動産価格も下がらない

第4章●実戦テクニック1：論点を分解し初期仮説を作る・ツール編A

ビジネスモデルで大切なのは、次の3つの課題に答えることだ。

・**差別化**

とくに顧客にとって、そのビジネスモデルに参加することに何のメリットがあるのか考えよう。今までの仕組みと何が違うのかがわからないと、そのビジネスモデルに参加する動機付けにならない。

・**利益の源泉（＝回収エンジン）**

顧客はどこでお金を落とすのか、またそれをステークホルダーの間でどのように配分していくかを示す。また自社がどのようにして儲けることができるのかを明らかにする。

・**ステークホルダーの満足**

ビジネスモデルに登場するすべてのステークホルダーの思惑をキチンと満たしてあげよう。損をしてしまうステークホルダーが1人でもいれば、そのビジネスモデルは機能しない。

よく設計されたビジネスモデルが、成功するビジネスの必要条件だ。新しい事業のビジネスモデルを描いてみて、うまく回らない箇所があったら、事業が成功する可能性はない。

ネットバブル全盛時には"ビジネスモデル"は一種の流行語になった感じもあるが、多くのバブル企業は、自社にとって虫のいい検討しかしておらず、顧客や他のステークホルダーのインセンティブを軽視していたと聞く。これではブームが去ったらうまくいかないのは当たり前だ。事業を設計するときは、このビジネスモデルを、とにかくトコトン煮詰めて考えるのが一番大切だ。

なお、次ページにはドコモのiモードのビジネスモデルを示した。

●例題●

あなたの会社のビジネスモデルを描きなさい。3つの論点と3つの課題をキチンと押さえること。

●ドコモのiモードのビジネスモデル

　ドコモが1999年にiモードサービスを始めたとき、先行する欧米の通信会社の情報サービス利用者は、全世界合計で数十万人しかいなかった。当時は"携帯電話でのコンテンツサービスは成功しない"というのが「常識」だった。ところがiモードは、発売半年で100万、1年半で1,000万ユーザーをあっさりと摂取し、現在（2003年）約4,000万で推移している。何が違うのかビジネスモデルから見てみよう。

　iモード以前、先行する欧米の通信会社は、顧客としてビジネスマンを想定していた。またコンテンツも、コンテンツ・プロバイダー（CP）から買い取り、自社専用のサービスとして提供した。この閉鎖的なビジネスモデルでは、CPは一度コンテンツを納入したら顧客のために継続的なコンテンツの改良をするインセンティブは働かなかった。

　これに対してiモードは、囲い込みでなく"オープンなプラットフォ

コンテンツ・プロバイダ（CP）
- コンテンツは電話会社の買い取りなので、CPは一度コンテンツを納入したら、継続的に改善するインセンティブはない
- ビジネスマンのニーズに合わせた、金融とニュースばかりの"面白みのない"コンテンツ

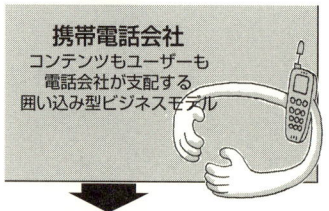

携帯電話会社
コンテンツもユーザーも電話会社が支配する囲い込み型ビジネスモデル
- コンテンツは特殊言語（WAP）で記述され、携帯電話技術の中で完結。それ以外の世界とはつながりがない
- 携帯電話会社がすべてを支配する"社会主義型"ビジネスモデル

利用者
多忙かつリッチなビジネスマンを想定
- すべてを携帯電話会社で調達する囲い込み型のビジネスモデルのため、サービス料金は必然的に高価に
- 月に2,000円以上の情報利用料を払えるビジネスマンがターゲット

出典：A.T.カーニー

第4章●実戦テクニック1：論点を分解し初期仮説を作る・ツール編A

ーム"を提供するビジネスモデルだ。プラットフォームが成長することでドコモも潤う仕組みを設計したのだ。プラットフォームへの参加者を増やすため、ビジネスマンだけでなく学生・若者も顧客に想定した。そして月額300円という手頃な基本料を設定し、最初からエンターテインメント系コンテンツを充実したサービスを開始した。

またプラットフォームに参加するCPには、ユーザー利用料に応じた収入があるので、コンテンツの魅力を高めようとする。ｉモードには、コンテンツの面白さがユーザーの増加を招き、ユーザーの増加がCPのインセンティブを引き出す、というプラスのフィードバックが働いた。

CP（インターネットと共通する豊富なコンテンツを提供）

NTTドコモ（オープン・プラットフォームの提供）

顧客のコンテンツアクセス

- 今まで持っていたインターネット・コンテンツをｉモードにも容易に転用可能
- ｉモード公式サイトにコンテンツを提供することで、簡単に有料課金が実現可能。公式サイト以外にも一般サイトを提供できる
- 自分たちのコンテンツを改善すれば収入が増えるので、改善する強力なインセンティブ
- プラットフォームの維持運営料として9%を取る以外に、基本料とパケット通信料をユーザーに課金できる
- コンテンツの改良などのサポート・コンサルティングの質の向上
- 月300円の基本料とコンテンツ料金で手軽に始めることができる
- 一般インターネットと遜色のない多様なコンテンツに、場所を選ばずアクセスできる
- "キラーコンテンツ"というべき、メールを標準で使える

出典：A.T.カーニー

ｉモードの成功要因には、これ以外にもNTTの既存文化から独立した自由な雰囲気の新部門、巧みなマーケティング、小型化技術の進展、たまたま使えたパケット通信網などあるが、やはりビジネスモデルの設計が成功の最大要因といえる。

第5章

実戦テクニック2
仮説を実際に検

戦略思考では初期仮説（＝たたき台）を検証し（＝確かめ、改善し）、最終的な結論を導き出す。この章では、前の章で作った初期仮説を検証する作業を説明する。

①まずはファクトを集めよう
　仮説を検証するにはファクトが必要だ。ファクトを押さえるツボをお伝えしよう。
②仮説はグラフで検証しよう（＝確かめよう）
　仮説を検証するために使うツールは、「グラフ」だ。いかにグラフを使いこなしていくか説明する。よく使うグラフ＝仮説検証ツールは、この章の後半にツール編B（Tool Bank B）としてまとめてある。
③結論はピラミッド・スタイルで伝えよう
　素晴らしい結論を作ったらそれを効果的に伝えよう。あなたの作った結論は、上司・関係者に伝わって、はじめて解決へ向けて動き始める。結論をロジカルに説得力を持って伝えるには、ピラミッド・スタイルが役に立つ。

証してみる

- 実戦
  - 日々の仕事での活用
- 実戦ルールとテクニック
  - 第4章 論点を分解し初期仮説を作る
    - ツール編A 論点分解ツール
  - 第5章 仮説を実際に検証してみる
    - ツール編B 仮説検証ツール
- 基礎トレーニング
  - 第2章 左脳でイシューツリーを作る
  - 第3章 右脳で仮説の手がかりをつかむ
- オリエンテーション
  - 第1章 戦略思考のアプローチを知ろう

まずはファクトを集めよう

●ソフトとハード、両方のファクトを使い分けよう

　仮説を作り、また検証・高度化するために必要なファクトには、若干自由な解釈の余地を残したソフトファクトと、確固・確実な情報であるハードファクトの2種類がある。

　ソフトファクトは、たとえば、ヒアリングや記事検索資料などから得られる定性情報だ。客観的な新聞記事などニュース、またデザインの善し悪しなどの主観的な情報もソフトファクトに含まれる。また雰囲気や活気など、実際に五感で体感してはじめてわかる情報もこれに含む。

　それに対してハードファクトは、数値データなど定量情報が主となる。定性情報でも会社の組織図や就業規則、また法規や契約などの確固とした情報は、ハードファクトの一種だ。

　たとえば、"伊州屋"（133ページ参照）で営業時間延長を検討することを考えるとすると、集めるソフトファクトとその集め方は次のようになる。

- 単身者は夜遅くにワン・ストップサービスができる店をほしがっている（若い常連客へのヒアリング）
- 年輩の夫婦者は遅い時間に営業していてもあまり使わない（年輩客へのヒアリング）
- 隣町のスーパーは営業時間を延ばしたら、かなり遅い時間にもお客でにぎわっている（話題、実際に見学して確かめた）
- 台湾のスーパーでは終夜営業が当たり前らしい（雑誌記事）
- 東京ではスーパーの深夜営業化が進んでいる（新聞記事）

第5章●実戦テクニック2：仮説を実際に検証してみる

また、同じ検討課題で集めるハードファクトは、次のようになる。
- 市内の単身者の人口構成（データブックや市役所の情報）
- 深夜・早朝の店前と駅前の人通りと構成（現地で直接確認。直接聞けない単身者か家族持ちかは風体で判断する）
- 市の営業時間規制や条例（役所で確認する）

このソフトファクトとハードファクトは、仮説検証の場面では使い道が違う。ソフトファクトは初期仮説を作り、そして高度化するために使い、ハードファクトは作った仮説を検証するために探し集めるものだ。

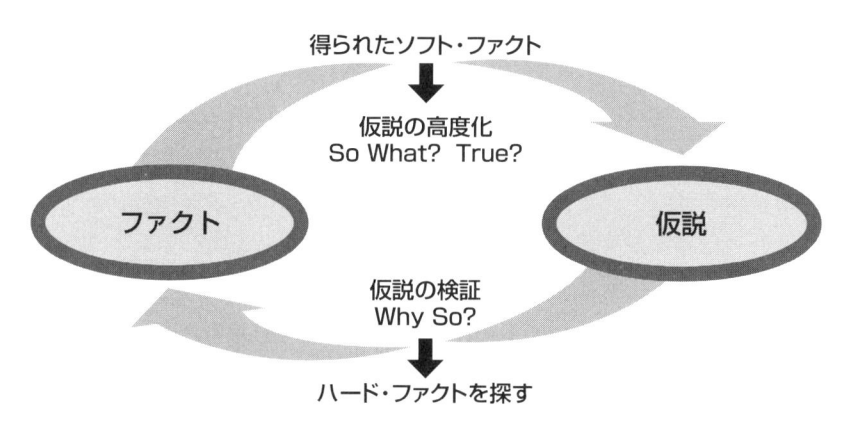

```
得られたソフト・ファクト
        ↓
  仮説の高度化
  So What?  True?

  ファクト  ⇄  仮説

  仮説の検証
    Why So?
        ↓
 ハード・ファクトを探す
```

この例の場合では、得られたソフトファクトからは"営業時間の延長をすべきでは"という仮説が導かれるであろうし、その仮説が正しいかどうかは、集めるハード・ファクトの結果次第となる。

仮説を高度化するには、第4章「論点を分解し初期仮説を作る」で説明した方法がそのまま使える。この章では、ファクト全般の集め方を説明したあと、主にハードファクトを使っていかに仮説を検証するかを説明する。

ファクトには、公知のデータや社内資料のような文書になったものと、ヒアリングなどで得られるものがある。次のページから、それぞれのファクトの集め方を簡単に説明する。

●公知のデータや社内資料はさっさと集めろ

　ハードファクトは、統計データや新聞雑誌記事など、右のコラムにある方法で入手できるものも多い。また、社内の営業・会計・生産データは、すでにまとまったものも多い。その手のファクトはさっさと集めてしまおう。

　社内にあるデータは、顧客リスト・組織図・業務手順書など、どうせ必要だとわかっているものは、初日に手配してしまおう。数万件のITデータも、生データをCD-Rなどに保存してもらえれば、あとは自由にエクセルで抽出・編集できる。

　社外のビジネス関係の一般資料は、右のコラムにある方法で集められる。これも初日に手配して、1週間以内に集め終えよう。新聞や雑誌の記事検索もさっさとすませよう。

　これらは初期仮説作りと並行して進めるのが大原則だ。資料を集めるだけの作業だけに何日もかけてはいけない。

　収集する資料は多ければ多いほどよい。どうせ収集した資料の中で役に立つのは、せいぜい1割だ。重複を恐れず集めよう。資料の収集不足で結論のクォリティを下げるわけにはいかない。

　資料を集め始めると、あっという間に数十センチ厚の資料がたまる。これを全部、丁寧に読もうとしてはいけない。とくに、ソフトファクトは仮説のアイデアを出すために集めるものだ。タイトルをスキミングして、使えそうなものだけ読み込めばいい。

　なお、誰でもアクセスできる公知情報だからといって軽くみてはいけない。キチンと公知情報を分析すれば、深いことが得られる。"これじゃ何もわからない"という人は、往々にして「空」を「雨」に結びつける力が足りないのだ。

Column
ビジネス関連資料の入手先

●日経テレコン（http://telecom21.nikkei.co.jp/nt21/service/）

日経新聞4紙および他の主要新聞、また日経BPの雑誌、週刊ダイヤモンド、東洋経済などの記事を検索できる。帝国データバンクなどの企業情報の請求サービスもある。コンサルタントもこのデータベースを最も多く使っている。基本料金も月数千円と安価。

●総務省統計局のHP　（http://www.stat.go.jp/index.htm）

政府の基本的な統計資料が網羅されている。事業所統計や家計統計などは使う機会も多いだろう。また、経済白書や通信白書などの省庁の基本資料は各省庁のHPを直接アクセスすればよい。

●業界データブックや業界団体HP

業界団体や関連する研究機関がある場合は、業界全般や加盟会社の詳細なデータブックや調査レポートを出していることが多い。業界団体を知らなくても、ネットを検索するとかなりの数ヒットする。業界団体を直接、訪問したり電話すると親切に情報を教えてくれることも多い。

●統計データ本

『民力』（朝日新聞社）、『ビジネスまるごと情報源』（日本経済新聞社）、『統計調査総覧』『ビジネス調査資料総覧』『日本統計年鑑』（以上、総務省統計局）などの本に、データおよびデータの出典が記載されている。

●当該企業HP、ヤフー、グーグル(http://www.google.co.jp/)

企業情報や有価証券報告書（上場企業）も多くの会社はHP上に公開している。後ろの2つは言わずと知れた有名な検索サイト。

●数値は規模感が大切。精度はいらない

　仮説を作り検証するのに**正確な数字は必要ない**。市場規模が1万台か10万台かの**規模感**がわかれば、とりあえずラフに仮説を検証することができる。もし、より精度の高い数値が必要になったら、そこから探し始めればよい。あとで正確な数値が見つかれば、そのときに置き換えればよい。結果がそれで大幅に変わることはない。

　最後の1円まで正確に詰めないと気がすまない人がいるが、決算数値ならともかく、そんな作業は無駄以外の何ものでもない。仮説検証で必要な精度はせいぜい1〜2桁だ。

　たとえば、ある商品の市場成長率が"ざくっと20%"なら"すごく伸びている市場"だ。実際の数字が23.18%であっても17.64%であっても、仮説の検証結果は変わらない。

　しかし、数値の定義と規模感にはこだわろう。たとえば、同じ売上高の数値でも、市場の定義の仕方、卸値か小売価格かで何倍も変わる。マーケット調査でも母数や対象セグメントで結果は相当に振れる。

　また、人間は日頃扱っている数値ならまだ実感がもてるが、100万を超えるころから怪しくなる。たとえば7,925万円も23億円もどっちも大きな数字だ。しかし前者は後者のたった3%、比較すればほとんど無視できる。しかし、これをすぐイメージできる人は少ないだろう。大きな数字ほど感覚的にわからないから、扱いがいい加減になってしまう傾向がある。これはとても怖い。

　日頃、大金を扱う大蔵官僚も、生活実感のもてる100万円未満は厳しく査定するが、億を超えるといきなり査定もラフになったりするそうだ。

　同様に、生活感覚でわかる蛍光灯の節電や電車賃の節約にはマジメに取り組む一方で、ITベンダーの勧めるままに億単位のシステムに投資する会社も少なくなさそうだ。数字の規模感には気を配ろう。

第5章●実戦テクニック2：仮説を実際に検証してみる

●ない数値は推定しろ

　いくら頑張ってもほしい数値が全部集まることはまずない。しかし、「資料がないから数字がわかりません」なんて"子供の使い"みたいな言い訳はやめよう。必ずしも正確な数値は必要ではない。ない数字はロジックで推定すればいいのだ。たとえば、以下の数値を推定してみよう。

①今年成人した日本人の数
②近所にある回転寿司屋の年商
③国内のワインの消費量
④ジャンボジェットの燃費

ここで5分ほど読むのをやめて、考えること。

　そこそこいい数字が、以下のような方法で推定できるだろう。

①日本の人口を平均寿命で割る。
②時間帯ごとの席の占有率と客の回転率を観察し、また平均の客単価を想像すれば推定できる。
③消費者セグメントはどうなってるか、各セグメントがどんな場面でどのくらいの頻度で飲むかを考え、合計する。
④ジャンボの燃料タンクは翼内にあるので翼の体積を推測すれば、燃料総量が推定できる。翼の寸法は航空雑誌の図面からでもつかめる。最長飛行距離は東京・ＮＹ間くらいだろう。燃料は非常時を考えて倍くらい積んでいるので、それを忘れないこと。

　ロジックから得られる数字の精度は１桁目が合うか合わないか程度だろう。しかし、とりあえずこの程度の数値があれば、仮説がアタリかハズレかの判断はつく。

●上手なヒアリングで、仮説を引き出そう

　ソフトファクトの多くは、ヒアリング（＝インタビュー）を通して得られる。ヒアリングの巧拙は、結論全体のクォリティを左右する重要なものだ。
　上手なヒアリングをするには"アクティブ・リスニング"などのスキルがあるが、ここでは戦略思考で使うヒアリングについて、とくに押さえるべきポイントをいくつか簡単に触れておく。

　仮説作りに役立つファクトを押さえるにはインデプス・ヒアリング（＝深堀りヒアリング）が必要だ。軽く表面をなぞってWhatとHowを聞くだけでなく、"なぜそうするのか、そうなっているのか"とWhyをきちんと問いただしていくものだ。
　また、ヒアリングのクォリティを一番左右するのは、実は誰にヒアリングするかだ。正しい人に当たれば、そのヒアリングは半分以上成功したようなものだ。
　社内の場合なら、その論点についてよく知っているキーパーソンに話を聞く。社内でも部署が離れると意外に誰がキーパーソンかわからなくなる。外れた人に話を聞いても仕方ないので、しっかり押さえよう。また、次に話を聞くべき人も紹介してもらおう。
　取引先企業なら担当部署に紹介してもらえる。ただし、このときは紹介条件を客観基準で明示しておこう。そうしないと自分に都合のいい親密な相手ばかり、下手をすると喋ることまで言い含まれたうえで、紹介されてしまい、一番聞きたい隠れた真実が全然出てこないことがある。

　ヒアリング先探しで一番難しいのは、やはり一般顧客だ。ここでは、"伊州屋"がワインの販売方法改善の仮説を立てるため、スーパーの顧客にヒアリングする場合を例に考えてみよう。
　顧客の声を聞くといっても、ワインそのものに関心の薄い人からは、

第5章●実戦テクニック2:仮説を実際に検証してみる

まともな意見は期待できない。"おいしいのがいい"とか"安ければ買う"などの返事しか得られない。そんな意見ばかり100人から集めても、何の役にも立たない。

探すべき顧客は、ワインに興味があり、実際に自分のお金で買う人だ。いい人に当たれば、今、どの産地のワインがはやっているか、スーパーの客層やイメージに合った銘柄は何か、どのくらいの値段で売ればいいか、売場でどんなアピールをすべきかなど、下手な業界コンサルタント以上のことを、半日かけてでも喜んで教えてくれる。

伊丹十三氏の映画「スーパーの女」に出てくるような、そんな"**プロの顧客**"の意見は、とても貴重だ。プロの顧客3人くらいにヒアリングできれば、初期仮説の骨格は十分に作れる。

問題はどうやってそんなプロの顧客を探すかだ。聞くべき相手はまずは、ワインをよく買う顧客だろう。そして同じくらい貴重なのが、ワインを選ぼうとし、結局、買わなかった顧客だ。ワインの棚をずっと眺めて、あきらめ顔で立ち去るような人がいたら、それは宝物を発見したのと同じだ。何としてでも話を聞くきっかけをつかみたい。

また、ネットでワイン関係のHPを持っているプロの顧客も多いだろう。メールでコンタクトするのもよいだろう。

どうしても顧客に心当たりがない場合、費用はかかるがマーケット・リサーチ会社に頼むのも手だ。ネットでワインに深い興味のある人を集めて、グループ・インタビューなどでいろいろ話を聞かせてくれるはずだ。リサーチ会社は業界団体である日本マーケティング・リサーチ協会のHP（http://www.jmra-net.or.jp/）に多数紹介されている。

ところで、ヒアリングは相手の貴重な時間を使わせてもらうわけだから、やり直しはきかない。しっかり準備を整えて臨もう。自分の仮説を持たずにヒアリングをするなど厳禁だ。いくらヒアリングが仮説作りに役立つソフトファクトを収集するものだといっても、自分の仮説をぶつけない限り、ほしいファクトはまず引き出せない。

そして、ヒアリングは相手のいる会話だ。単にシナリオどおりに仮説を確認するわけではない。新しい、面白そうな話が出てきたら、アドリブでどんどん突っ込んでいこう。そこで新しい疑問が出たら、相手にぶつけて晴らしていこう。

たとえば、「このワインの原価はいくらになりますか？」と聞いて、「一本1,200円です」と答えられて、あっさり終わりにしてはいけない。次の例のように、突っ込んでいこう。

- 「同じ価格帯のワインでも原価率に相当ばらつきがありますね。なぜなのでしょう。原価率の低いワインを優先して売る、というわけにはいかないのですか？」
- 「原価率を考えれば、平均して日本酒のほうが高いですよね。でも、むしろ日本酒をたくさん売ろうとキャンペーンをしていると聞いていますがなぜですか？」
- 「売価を安くしてもあまり回転率は上げられないと思うのですが、むしろ、ちょっと値段を高くして一本当りの利益率を上げるほうがいいのではないですか？」
- 「キャンペーンで、たとえば２倍の量を仕入れれば、おそらくもっと安く仕入れることができると思うのですが、仕入れ先とはそんな交渉をしていますか？」

せっかくヒアリングできる機会なのだから、あとで"聞けばよかった"と後悔するより、多少図々しく思われても（相手の感情を害さない程度で）聞ける限りのことを聞いてしまいたい。

Column
アンケートを頼りにするな

　ファクト集めの手段としてよく挙がるアンケート調査は、多くの場合ほとんど役に立たない。なぜなら、アンケート調査の結果からは、仮説検証に必要なロジックがほとんど読み取れないからだ。

　とくに、"良い"から"悪い"まで5段階評価を書かせるようなアンケートには、まったく意味がない。同じ「4」でも、人によって"素晴らしい"から"まあまあ"まで、だいぶ意味が違う。「1」をつけられても、評価の理由がわからなければ手の施しようがない。

　自由コメント欄があっても、いきなり最後に"どう思いますか"と漠然と問いかけられても、聞かれたほうは困ってしまう。まともな答えは期待できない。

　アンケートを取るなら以下の手法に限定しよう。そうすればそれなりの効果は期待できる。また、アンケートの質問はMECEに構成して、できるだけ具体的な内容を聞くようにしよう。

　また、項目ごとに自由記入欄をつけ、なぜその答えになるか理由を書いてもらうと後々の改善に役立つ。

●純粋に統計的な数量調査

　たとえば、値段の調査など。このときもアンケートの質問項目は、できる限り絶対値を書いてもらう。具体的には、「この値段は高い・安いか」ではなく、「いくらまでなら買おうと思いますか？」と聞こう。

●ヒアリング先の洗い出し

　最初に広い層に簡単なアンケートをする。そしてアンケートの反応が高い先をヒアリング先に選んで、後日、直接話を聞く。インターネット上でのアンケートでもよく使われる方法だ。

グラフで仮説を検証しよう

●グラフで数字にメッセージを語らせろ

仮説を検証するには、数値で押さえた議論が必要だ。いくら"こうだ"といっても、数値で押さえていないと他人を説得するのは難しい。そしてビジネスなのだから、どのみち最後は"お金の数値"に落とし込まなければならない。しかし、数値を数値のままで議論するのは難しい。たとえば、下の数表を見て、何が言えるのかちょっと考えてみよう。

年度			1996 (前年差&比)			1997 (前年差&比)			1998 (前年差&比)			1999 (前年差&比)			2000 (前年差&比)		
自社	売上高	百万円	298	NA	NA	301	3	1%	321	20	7%	282	-39	-12%	275	-7	-2%
	コスト	百万円	280	NA	NA	284	4	1%	302	18	6%	263	-39	-13%	257	-6	-2%
	利益	百万円	18	NA	NA	17	-1	-6%	19	2	12%	19	0	0%	18	-1	-5%
	利益率	%	6.04%	NA	NA	5.65%	-0.39%	-6%	5.92%	0.27%	5%	6.74%	0.82%	14%	6.55%	-0.19%	-3%
競合B社	売上高	百万円	232	NA	NA	233	1	0%	240	7	3%	231	-9	-4%	219	-12	-5%
	コスト	百万円	221	NA	NA	221	0	0%	227	6	3%	219	-8	-4%	202	-17	-8%
	利益	百万円	11	NA	NA	12	1	9%	13	1	8%	12	-1	-8%	17	5	42%
	利益率	%	4.74%	NA	NA	5.15%	0.41%	9%	5.42%	0.27%	5%	5.19%	-0.22%	-4%	7.76%	2.57%	49%
競合C社	売上高	百万円	37	NA	NA	32	-5	-14%	40	8	25%	54	14	35%	88	34	63%
	コスト	百万円	31	NA	NA	27	-4	-13%	42	15	56%	56	14	33%	89	33	59%
	利益	百万円	6	NA	NA	5	-1	-17%	-2	-7	-140%	-2	0	0%	-1	1	-50%
	利益率	%	16.22%	NA	NA	15.63%	-0.59%	-4%	-5.00%	-20.6%	-132%	-3.70%	1.30%	-26%	-1.14%	2.57%	-69%
競合D社	売上高	百万円	34	NA	NA	32	-2	-6%	30	-2	-6%	28	-2	-7%	25	-3	-11%
	コスト	百万円	32	NA	NA	30	-2	-6%	30	0	0%	31	1	3%	27	-4	-13%
	利益	百万円	2	NA	NA	5	3	150%	0	-5	-100%	-2	-2	NA	-2	0	0%
	利益率	%	5.88%	NA	NA	15.63%	9.74%	166%	0.00%	-15.6%	-100%	-7.14%	-7.14%	NA	-8.00%	-0.86%	12%

- 自社もB社も、売上は伸び悩んでいる
- それに伴って、利益も低下傾向
- C社のみ売上を伸ばしたものの、利益は回復していない

このくらいは数字からでも読み取れる。しかしこんなに数字ばかり並

べられても、それ以上にイメージを膨らませるのは苦痛だ。

ところが同じ数値でも、グラフにするとデータが賑やかに喋り始める。左ページの数値を下のようにグラフに描いてみよう。

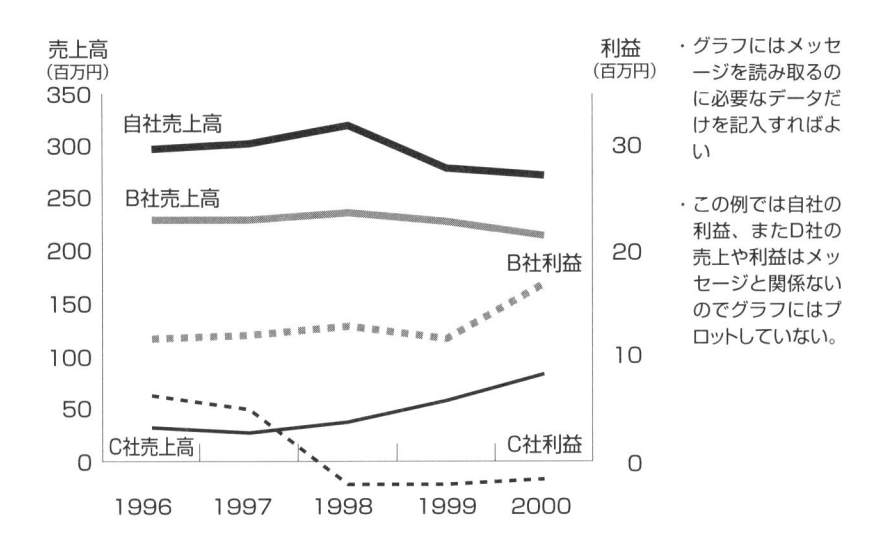

（グラフ：売上高（百万円）と利益（百万円）、1996〜2000年。自社売上高、B社売上高、C社売上高、B社利益、C社利益）

・グラフにはメッセージを読み取るのに必要なデータだけを記入すればよい

・この例では自社の利益、またD社の売上や利益はメッセージと関係ないのでグラフにはプロットしていない。

このグラフから、以下のようなイメージがわいてくると思う。
- C社は業界第3位だが、売上は次第に伸びている。1998年頃に大きな設備投資をした（業界ニュース）のが原因か？
- 最新の設備で売上を伸ばしているためか、C社はB社の売上を食っている。2年後には2位と3位が逆転するかも。
- 安値で競争しようとしたのか、B社の利益は急落している。
- C社の利益が悪いのは、減価償却が大きな要因と考えることができそうだ。減価償却が少なくなれば利益も急回復しそう。
- 3〜4年後には、A社も食われてしまう危険性がある。

> 数値や数表だけをいくら眺めていても新しい発見はない。右脳を動かすためには、まずはグラフを描こう。

● グラフからメッセージを紡ぎ出せ

　データを使って仮説を検証することを**分析**という。この分析に使うツールがグラフだ。

　"分析"というとちょっと大げさだが、やることは単純だ。たとえば、"主婦の購買割合が高いのではないか"という仮説を検証するには、購買者のセグメント別に購買金額のグラフを描けばよい。グラフから"主婦の購買割合が高い"とメッセージが出ればこの仮説は正しいし、そうでなければ間違っている。分析といってもこれだけのことだ。

　さて、グラフとは、縦軸と横軸で切られた平面上で、2つの変数の関係を説明するものだ。
　ところが、課題全体には複雑な要素がたくさん絡み合っている。これを2つの変数だけで説明しろというのは無茶な話だ。しかし戦略思考では、イシューツリーで課題の論点をどんどん分解していく。つまり最終的には一つの論点について、キーとなる変数は1つか2つに分解できるはずだ。そうすれば変数をグラフにして、メッセージを確認することができる。論点分解しても変数が切り分けられないなら、論点分解の仕方が悪いということだ。

　また戦略思考には、フレームワークとも呼ばれるさまざまな分析ツールがある。"金の成る木"や"負け犬"で有名なプロダクト・ポートフォリオ・マトリクスなど聞いたことのある人も多いだろう。これらはすべてグラフの応用形だ。
　本書でも、これらのツールを**仮説検証ツール**として本章の後半にまとめている。ただし、これらツールが直接課題解決に結びつくのは、経験則的には全体の2割程度だ。フレームワークを知れば優れた戦略が作れるわけではない。現実の場面では、論点に合わせて作るオリジナルのグラフが最も役に立つ。

第5章●実戦テクニック2:仮説を実際に検証してみる

　さて、戦略思考で使う分析は下のたった5種類だ。グラフも折れ線グラフ・棒グラフ・散布図の3つしか使わない。読み取るメッセージも、とてもシンプルだ。

❶**変化分析**（折れ線グラフか棒グラフを使う）
　→増えた・減った・変わらない、ピーク・ボトムがある
❷**比較分析**（棒グラフを使う）
　→より大きい・小さい・同程度、多くを占めている・いない
❸**ヒストグラム**（棒グラフを使う）
　→集中している、分散している、2極分化している
❹**相関分析**（散布図を使う）
　→相関がある・ない
❺**セグメント分析**（散布図を使う）
　→固まりがある・ない

　正直なところ、グラフを描いてメッセージを出すだけなら、とても簡単だ。
　分析の際に頭を使うべきところ、付加価値があるところは、メッセージを出すところではなく、読み取ったメッセージから、Why So?（なぜそうなっているか）とSo What?（だからどうした）を考えることだ。これをやってはじめて、課題の構造のより深い理解や、解決に向けた打ち手が見えてくる。仮説どおりのグラフになっているか？　なっていないのなら、どこに原因があるのだろうか。さらに、グラフから新たに読み取れるメッセージはないか？……と、いろいろ考えよう。
　とにかく、まずはグラフを描こう。プロのコンサルタントは、「ああでもない」「こうでもない」と、1日に何十枚もグラフを描くことも多い。とにかく手を動かすのが、課題解決への近道だ。
　次ページから、上記グラフの5つの基本形について、それぞれ使い方を説明をしよう。

❶変化分析（折れ線グラフか棒グラフを使う）

　変化分析の基本は、右図のような折れ線グラフだ。横軸に時間などの連続値をとり、縦軸には分析する変数対象、たとえば売上高や製品歩留まりを持ってくる。

　読み取るメッセージは、"増えた・減った・変わりない、ピークがある・ボトムがある"の5つだ。

　右図のように棒グラフで描いた変化分析もおなじみではないだろうか。

　これも、導くメッセージは同じだ。積み重ねグラフや百分率のグラフは、棒グラフにしたほうがわかりやすいことが多い。

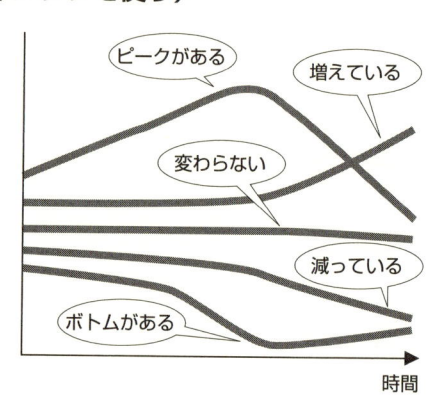

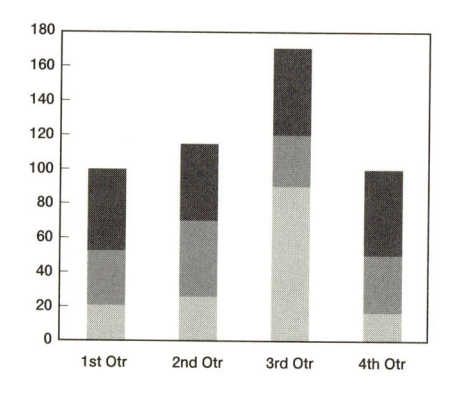

　この変化分析の例は、本章後半から始まる「ツール編B：仮説検証ツール」の中でトレンド分析として紹介している。

　なお、複数の変数の変化を見るには、単純に上書きしたグラフ、積み重ねグラフ、百分率グラフのバリエーションがある。グラフの描き方によっては、次ページの例のように、導かれるメッセージが違ってしまうこともあるので注意しよう。

第5章●実戦テクニック2：仮説を実際に検証してみる

たとえば、事業部の製品別の売上高のグラフを右に見てみよう。

主力製品Aの売上が急激に落ちている。これではマズイ、製品Aの落ち込み防止を最優先の課題として取り組め、という仮説が立ちそうだ。

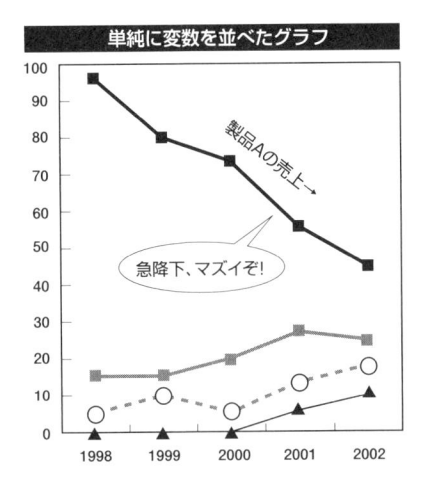

しかし、同じデータを下に積み重ねグラフと百分率グラフにしてみよう。

すると、事業部全体の売上はこの2年間成長を続けており、むしろ旧来の主力製品Aから新しい製品群に順調に主力がシフトしつつあることがわかる。

そうなると、最優先ですべきことは製品Aへのテコ入れではなく、次世代製品の育成という仮説が立ちそうだ。

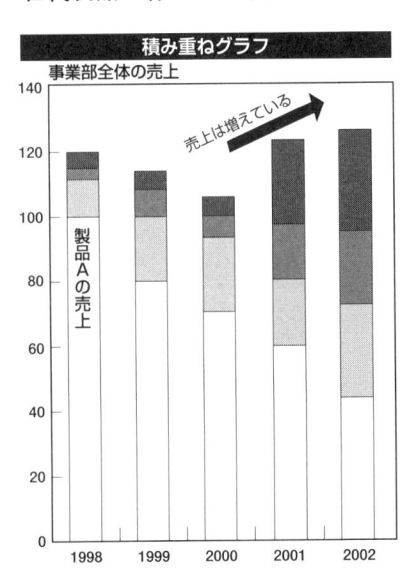

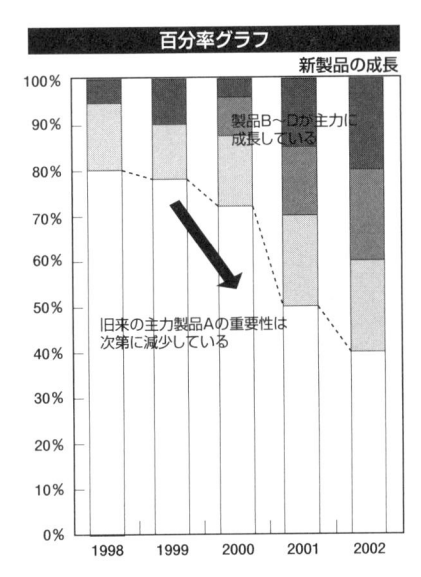

❷比較分析（棒グラフを使う）

　比較分析とは、複数の変数を並列に比較するものだ。そのためには棒グラフを並べればよい。

　絶対値を横に並べた棒グラフから読み取るメッセージは、右図のように"より大きい・小さい・同程度"の3つだ。

　割合を比較するなら、百分率の棒グラフを使えばよい。

　この場合、読み取るメッセージは"多く占めている・占めていない"の2つだ。

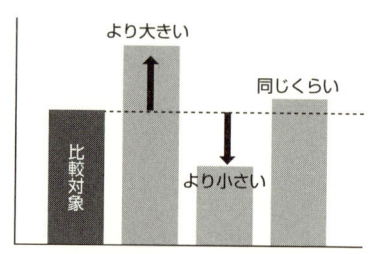

　比較分析のバリエーションとして、要素を横に並べるグラフもある。製品別の売上を積み重ねて前者の売上になるまで、また、売上からコストを引いて最終的な利益が残るまでの積み重ねグラフの例は下図のようになる。

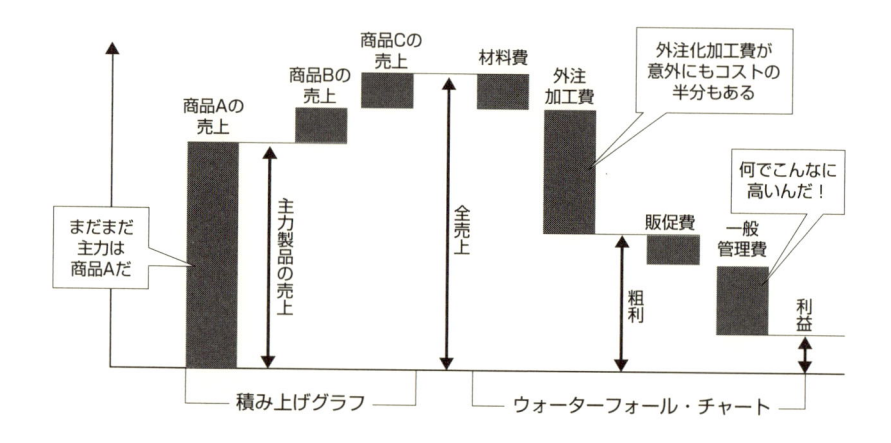

第5章●実戦テクニック2：仮説を実際に検証してみる

　前ページのグラフの右半分のように、売上からコストを順々に差し引いていくグラフは、その形から**ウォーターフォール（滝）・チャート**ともいう。

　このグラフからは、複数ある変数のうち、どれが最終的な結果に最も影響するのかを読み取ることができる。たとえば、右側のウォーターフォール・チャートの部分は、せっかく入ってきた売上がどこに漏れていくのか、実感をもって分析できる。

　同じく比較分析のバリエーションとして、比較した差分をその要素ごとに積み重ねたグラフがある。これを**差異分析**もしくは**±分析**という。下図の例のように、売上高や利益の変化原因の分析によく使う。

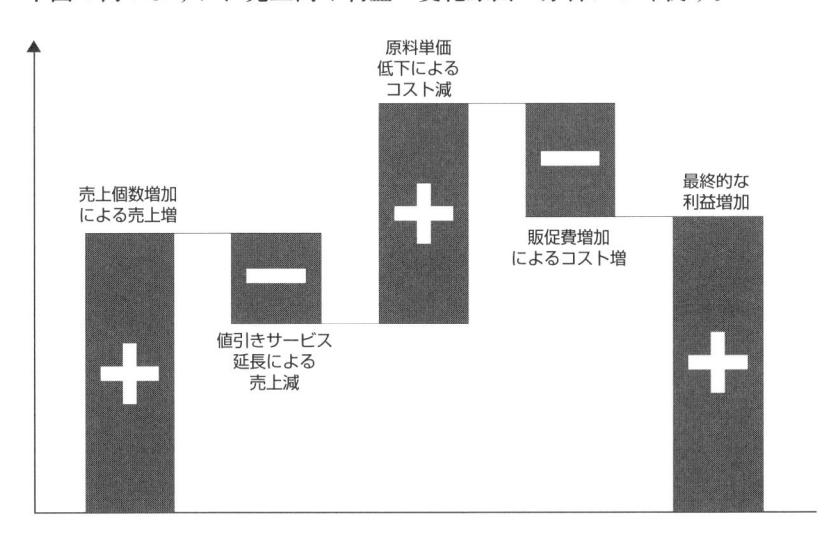

❸ヒストグラム（棒グラフを使う）

　売上高や点数など個別のデータの分布を示すのによく使われるのが、下図に示す**ヒストグラム**だ。これも棒グラフの一種である。ヒストグラムからは、"集中している、分散している、二極分化している"の3つのメッセージが得られる。

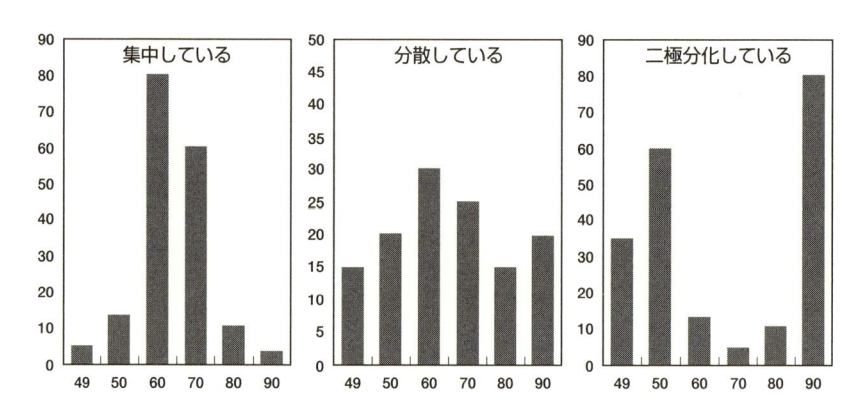

　ちなみに統計的に意味がある分析をするには、データ数は最低20は必要だ。それより少ないデータ数で結論を導くのは、ちょっと無謀だろう。また、経験的には50個以上のデータがそろえば、あとはさらにデータを集めても、分布の形はほとんど変わらない。

　なお、統計でよく使われる平均値や標準偏差は、正規分布を想定した場合にのみ意味がある。ビジネスの場合は、データがきれいに正規分布の形になることはあまりなく、統計値をそのまま使っても意味がない。まずはヒストグラムを書いて、実際の分布の形を確認しよう。

　ただし、ヒストグラムは変数が一つのグラフなので、Why So? のメッセージにつながらないことも多い。できれば変数軸を一つ増やした散布図（次ページ参照）を使って、他の変数との因果関係を調べたい。

第5章●実戦テクニック2：仮説を実際に検証してみる

❹相関分析（散布図を使う）

散布図は、個別のデータを縦軸と横軸にデータをプロットするグラフである。2つの変数の間に何らかの因果関係がないか、下図のように散布図にプロットして調べるのが相関分析だ。散布図から読み取るメッセージは"相関がある、相関がない"の2つだ。相関といっても直線でない場合もある。

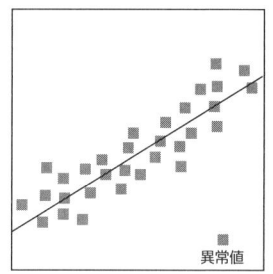

（直線的な）相関がある　　（二次曲線的な）相関がある　　相関がない

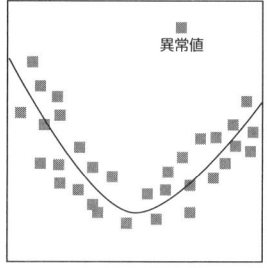

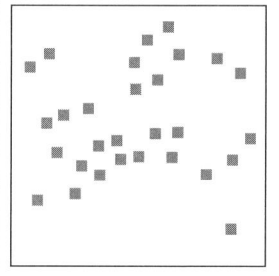

変数の間に相関関係があれば、裏に何らかのロジックがあるはずだ。それを掘り下げていこう。また、相関があるはずなのにない場合、相関から外れたデータが多い場合にも、その原因を掘り下げよう。

なお、ビジネスのデータは例外値が多いため、データから直接相関係数やさまざまな統計数値を計算しても、ほとんど役に立たない。エクセルで相関係数を計算するよりも、グラフを目で見て相関を確かめるほうが確実だ。

❺セグメント分析（散布図を使う）

個々のデータを散布図にプロットして何らかの固まりができたら、そのデータには「**セグメント**」（＝似通った属性を持つ集団）があると考えることができる。

たとえば、携帯電話の使用料金を通話料とパケット料金でプロットしセグメントができた例が下図左側、セールスパーソンの業績を訪問回数と成約率でプロットしてセグメントができた例が下図右側だ。

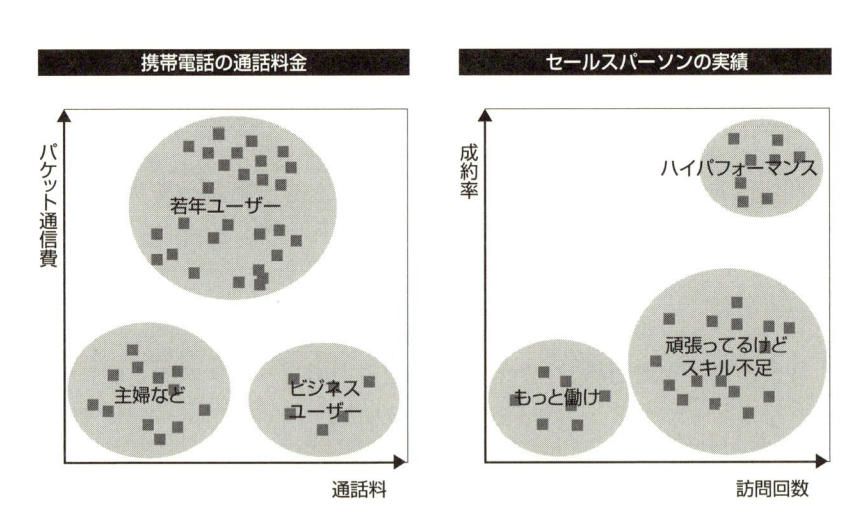

携帯電話の通話料金

縦軸：パケット通信費／横軸：通話料
- 若年ユーザー
- 主婦など
- ビジネスユーザー

セールスパーソンの実績

縦軸：成約率／横軸：訪問回数
- ハイパフォーマンス
- もっと働け
- 頑張ってるけどスキル不足

セグメントがある場合、それぞれのセグメントの特性に応じて違った打ち手を考える必要がある。

たとえば、上図左側からは同じ携帯電話でも若者とビジネスユーザーの使い方は相当異なってることがわかる。もっと携帯電話を使ってもらう方法を考えるとすると、アプローチは相当異なるはずだ。

同じく、上図右側のセールスパーソンの場合、右下のセグメントに"もっとガンバレ"とハッパをかけても仕方ない。スキルを上げて成約率を高めることが必要だ。しかし左下のセグメントには、まずは叱り飛ばして顧客訪問をさせることが先決だろう。

Column
グラフを描くコツ

①グラフは手書きで描こう

　戦略思考でグラフを描くのはWhy So?とSo What？を考えるのが目的だ。だから、グラフは手書きで描こう。手を動かしながらいろいろ考えることが、新しい発見につながることが多いのだ。

　また、方眼紙や定規は使わないこと。メッセージを出すのに精度は必要ないし、描く作業自体に集中・没頭しても意味はない。A4の5ミリ罫用紙にフリーハンドでグラフを描きながら、いろいろ考えを巡らそう。それに対し、エクセルを使うとどんなにグラフを大量生産しても、なぜかあとの発見にまるでつながらない。右脳が活性化されないからだろう。PCが得意な人でもこれは同じだ。

　グラフからメッセージを読み取ったら、どんどんグラフに書き込んでいこう。見て考えるだけでは忘れてしまう。実際に書き込んだメッセージを見直すことが、後々の新発見につながることが多い。

　たくさんの手書きのグラフでまず考えてみよう。最後に報告書にするときには、その中からキーとなる数枚を選んで、エクセルでキレイに作り直せばいいのだ。

②円グラフと影付きグラフは作るな

　円グラフは構成比を示すグラフだ。それなら棒グラフを使おう。円グラフは単純に場所を取るし、棒グラフなら横に並べてメッセージも導けるが円グラフでは難しいからだ。

　また、エクセルにはキレイな影付きグラフを作成する機能があるが、メッセージを読むには邪魔にしかならないので使ってはいけない。それと、グラフの下端は0に置こう。目盛りの一部分だけを示すグラフは、間違ったメッセージを読み取りがちだからだ。

●伊州屋の場合は……

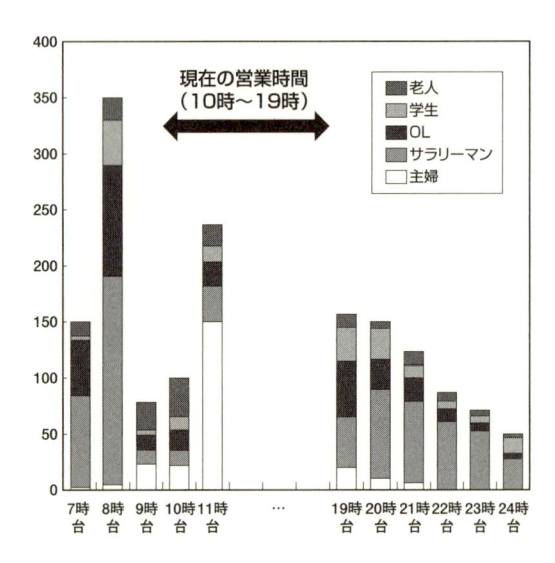

ここでは、営業時間延長の仮説を検証してみよう。まずは駅前店の店前を通行する人の数を実際に数えてみる。時間帯別のヒストグラムを描くと右図のようになったとする。以下、仮説とファクトを区別しながら、このグラフからいえることを考えてみよう。

- 通行者数の多いのは朝の8時台（ファクト）。ただし出勤途上でスーパーで買い物する人が多いとは考えにくい（仮説）。
- 主婦の通行量は、ほとんどが11時から夕方18時まで。今の開店時間10時～19時でこれは全部カバーしている（ファクト）。
- サラリーマンの多くが帰途につくのは20時以後。これは顧客としてまったく取り込めていない。またOLも19時以降に帰る人が多く、取りこぼしている（ファクト）。営業時間を延長すればこの客層が取り込めるのではないか（仮説）。

そうすると新たな疑問がいろいろとわいてくる。たとえば、帰宅途中のサラリーマンが実際にコンビニに寄って買い物をするかどうかだが、これも調べてみよう。営業妨害にならないようにちょっと離れたところから観察しよう。若い（たぶん独身の）サラリーマンについて調べた結果が、たとえば、次ページのグラフになったとしよう。

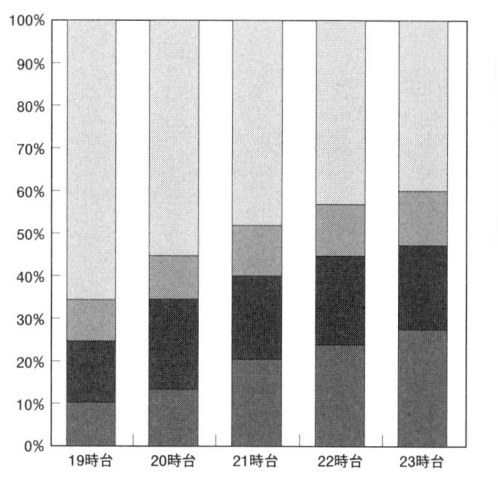

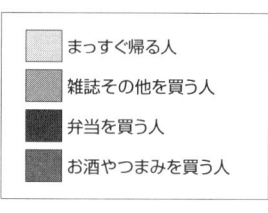

第5章●実戦テクニック2：仮説を実際に検証してみる

(グラフ：時間帯別の行動割合 — 19時台／20時台／21時台／22時台／23時台。凡例：まっすぐ帰る人、雑誌その他を買う人、弁当を買う人、お酒やつまみを買う人)

　上のグラフから、若いサラリーマンの約3分の1は、帰りがけにコンビニでお酒や食べものを買い、その率は夜遅くなるほど高くなることがわかる（ファクト）。

　そうすると、営業時間を延長して、コンビニでは提供できない質の高い弁当や酒のつまみを提供するのも、ビジネスとして成り立つ可能性も十分ありそうだ（仮説）。

　あとは本当にビジネスとして成り立つかの見極めのために、たとえば次のことを検証していこう。

- ＯＬや中年サラリーマンは取り込めないか。今コンビニに取られている客を、たとえば半分取り込めるとすると、どれだけの売上が期待できるか。彼らが喜ぶのはどんな商品だろう。
- 電気代がもったいないからお酒と弁当とつまみだけのブースを作ろう。そのときの必要投資額と回収期間はどのくらいか。
- 早朝も営業して、たとえばクリーニングを出勤時に出して帰宅時には受け取れる、などのサービスはどうだろう。

　そして、新しく進化した仮説が十分に検証された時点で、結論がＧＯなら、それを実行しよう。

結論はピラミッド・スタイルで伝えろ

●イシューツリーをピラミッドで組立て直す

　第1章46ページの戦略思考の全体図をもう一度見てみよう。戦略思考の結論は、基本的にはイシューツリーの論点分解の逆の順番でロジックを組み上げたものだ。この結論を、ロジカルに構成し表現するために使うツールが、ピラミッド・スタイルだ。

　ピラミッド・スタイル（以下、ピラミッド）は普通、下図のように結論を頂点にして書く。①ツリーをMECEに構成する、②論点の結論をきちんとファクトで検証する、を守ってつくろう。

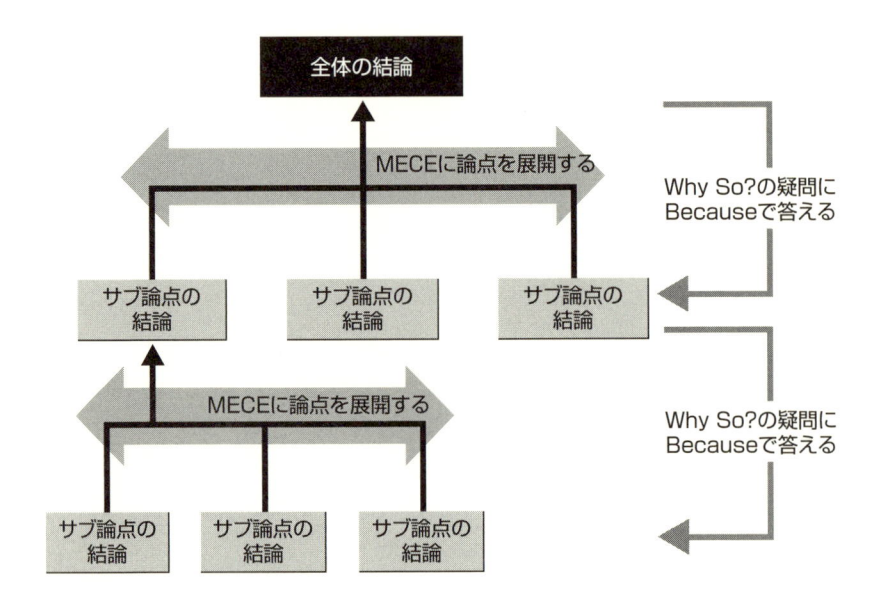

```
                    全体の結論
                       ↑
    ←――――― MECEに論点を展開する ―――――→      Why So?の疑問に
                                              Becauseで答える
  サブ論点の      サブ論点の       サブ論点の
    結論           結論            結論
     ↑
  ←――― MECEに論点を展開する ―――→              Why So?の疑問に
                                              Becauseで答える
  サブ論点の   サブ論点の   サブ論点の
    結論        結論        結論
```

●全体のロジックと結論を最初に伝えろ

　日本の会社での報告の多くが、延々経過報告が続き、最後の最後で結論を出す、「起・結・承・転」のストーリー展開となっている。それに対して、ピラミッドはいわば「起・結（・承・転）」だ。聞き手の興味・関心は"結局どうなんだ"の一点だ。これを最初に説明するピラミッドは、聞き手の立場に立った説明だ。

　ピラミッドは、最初のうちはかなり違和感があると思う。しかし実際に使ってみると、明快で説得力がある。そして、何より自分の頭もクリアにする方法だと実感できるはずだ。

　ピラミッドを使った文書やレポートの書き方、またプレゼンテーション方法の参考書はたくさん出ている。前出の『ロジカル・シンキング』と『プロフェッショナル・プレゼンテーション』は、とくにお勧めできる。

　ピラミッドは必ずしも図で表現する必要はない。たとえば、インデント（＝段組）をつけた文章でも下のようにロジックの構造は明確に表現できる。短いメールや報告書にはすぐに役立つ方法だ。どんなフォーマットにするかは、あなたの会社の習慣に合わせて柔軟に対応すればいい。

- 全体の結論
  - サブ論点1の結論
    - サブ論点1．1の結論
      - サブ論点1．1の理由
    - サブ論点1．2の結論
      - サブ論点1．2の理由
  - サブ論点2の結論
    - ……（以下省略）

　ここでは、簡単な実例を挙げてみよう。まずは次のページの報告書を読んでほしい。あなたもよく見る報告書のスタイルではなかろうか。

商品Aに関してとるべき施策の検討報告

1〜10ページ
商品Aの市場を調査しました。商品Aの市場は年率3％で成長します。5年ほど前は10％近い成長をしていたので、次第に市場は飽和しつつあると考えます。

11〜20ページ
商品Aの顧客満足度を調査した結果、当社の製品は満足度が十分高いことがわかりました。しかしながら、競合他社も同程度の満足度を記録しています。

21〜30ページ
当社の納入先は、大手ＸＸ製鉄が最大手で75％を占めています。続いて10％で大手のＸＸ製鋼ですが、これもＸＸ製鉄の系列会社です。さらに、独立系のＸＸ電炉とＸＸ鉄鋼が同率の4％で続きます。

31〜40ページ
ＸＸ製鉄系の大手鉄鋼会社は、価格に対する管理が厳しく、値上げ交渉は絶望的です。今までにも、値上げの依頼をしてきたわけですが、逆に常に値下げの結果に終わっています。

41〜50ページ
競合Ｃ社はＸＸ金属と歴史的なつながりが深く、納入のほぼ全量がその系列と考えられます。そこに食い込むのはほぼ不可能です。

51〜60ページ
商品Aの原価内訳は購買コストが10％、加工コストが80％、物流経費が5％です。とくに加工コストの削減に向け、さまざまな検討をしました。

61〜70ページ
加工をＥＭＳにアウトソーシングした場合、（略）

71〜80ページ
加工に最新機器を投入した場合、（略）

81〜90ページ
加工プロセスを改善した場合、（略）

91〜100ページ
生産拠点の移管を実施した場合、（中略）20％のコスト削減効果が期待でき、また投資も許容範囲内でリスクも管理可能です。

101〜110ページ
購買コストの削減を検討しましたが、（略）

111ページ
結果的には、生産拠点の移管が最もコスト削減効果が大きいと思われます。したがって、生産拠点の移管が、商品Aにより得られる利益を増加するための、最善の打ち手と考えます。

やっと結論

第5章●実戦テクニック2：仮説を実際に検証してみる

　では、前ページの報告書を延々説明される聞き手の立場になってみよう。人間の集中力はせいぜい最初の15分が限度だ。そのあとの説明は、ほとんど頭に入らない。つまり最初の15分の間に全体のロジックが見えないと、聞く上司は迷子になってしまうわけだ。

　その結果"もう少し検討しなさい"とか、説明しただけ損したようなことを言われたり、"価格交渉をもう少し頑張れないのか"とか的外れな指示を受けたりする。結論を納得させるには、これでは追い込みが足りない。

　左の報告書を見ただけではよくわからないが、実は報告者の頭の中には、実は明快なロジックがある。報告者のロジックをピラミッドにしてみよう。これを報告書の1枚目につければ、報告書全体がグッと引き締まることがわかるだろうか。このロジックに反論できなければ、聞く人も生産拠点の統合を本気で検討せざるを得ない。

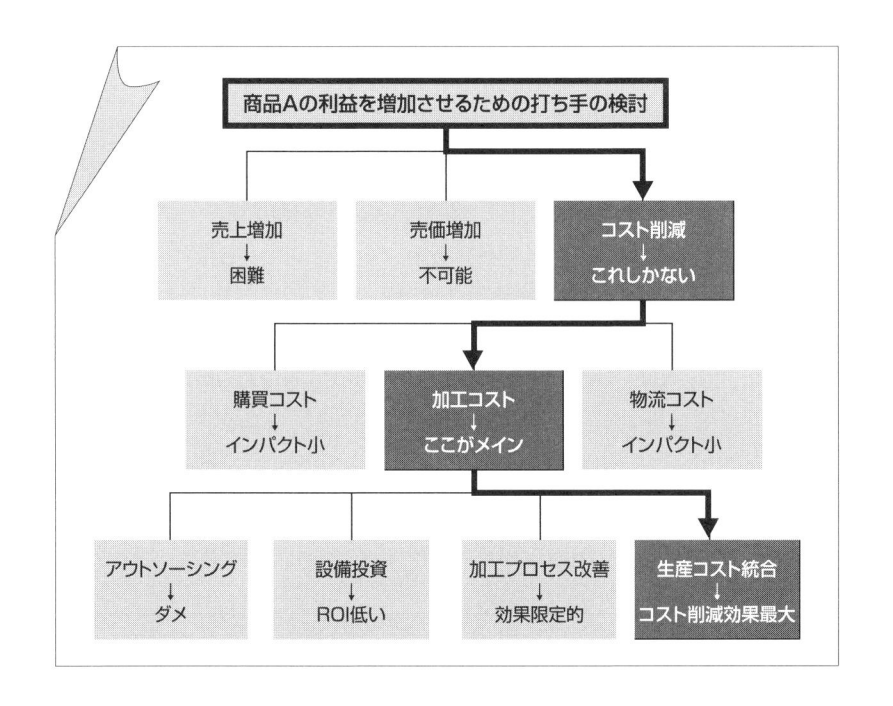

商品Aの利益を増加させるための打ち手の検討

- 売上増加 → 困難
- 売価増加 → 不可能
- コスト削減 → これしかない
  - 購買コスト → インパクト小
  - 加工コスト → ここがメイン
    - アウトソーシング → ダメ
    - 設備投資 → ROI低い
    - 加工プロセス改善 → 効果限定的
    - 生産コスト統合 → コスト削減効果最大
  - 物流コスト → インパクト小

●実戦にすぐ移せる解決策を作れ

　戦略思考で作る解決策（＝結論）は動くためのものだ。結論ができたら、それは「紙」まで十分に落とし込んであるか、明日からでも動けるものか、もう一度確認しよう。

　下に結論のチェック・ポイントを挙げる。あなたの作った結論が、これらの質問に答えているだろうか？

- まずは以下の５Ｗ２Ｈに簡潔に答えられるだろうか？
    - Why：なぜこの結論を実施するのか？
    - What：一言で言って何をするのか？
    - Where：どの市場セグメントを対象にするのだろうか？
    - Who：どんな組織が担当し、誰が最終責任を負うのか？
    - When：どんなスケジュールで展開するのか？
    - How：どんなビジネスモデルまたは実行プロセスとなるのか？
    - How Much：結果としていくらの収益を達成するのか？
- あなたの解決策のトンガリはどこにあるか？
    - たとえば新製品ならば、どこで差別化するのか？　たとえば、製品自体の新規性、優れた品質、迅速で充実した顧客サービス、奇抜なマーケティング、価格競争力、低コスト・オペレーションなど。
    - 顧客のどんな状況における、どんなニーズを満たすのだろうか？　顧客は何が嬉しいのだろうか？
- 投資のGo/No Goを決める以下の質問に答えられるだろうか？
    - いつ頃どの程度の投資を回収できるだろうか？
    - たとえば競合技術の出現など、さまざまなリスクを想定した"コンティジェンシー・プラン"は十分練られているだろうか？
    - 事案がうまくいかなかった場合、どのタイミングで事業に見切りをつけるのかを決めているだろうか？

●そして、解決策を実践せよ

　解決策がまとまり、報告のプレゼンテーションもうまくいった。社長（または事業部長など）も"よし、これでいこう"と決断した。

　そうしたら、あとは結論を実行するのみだ。戦略思考では「紙」の実行プランまで十分に検討したはずだ。すぐにでも実行に取りかかろう。

　解決策の実行は息の長い仕事だ。現場のキーパーソンを説得し、実際に組織を動かしていく。新しい組織を作り、人事異動を発令する必要があるかもしれない。とくにメンバーの選定は、プロジェクトの成否を直接左右する最も大事な案件だ。人を出す部門との調整も必要だろう。

　技術開発や設備投資が必要な場合は、開発計画やプロジェクト管理も必要になる。

　どんなに詰めても予想外の問題は出てくる。事業環境が変わったら、それにも柔軟に対処しなければならない。

　また、新しい施策には軋轢はつきものだ。わけのわからないことをねじ込んでくる人もいるだろう。様子見の宦官ともうまくお付き合いしながら、次第に味方に引き込んでおかなければならない。

　解決策を作ったあなたには、売上責任や収益責任（の一端）もかかってくるはずだ（もし計画を作る責任者と実行責任者が別なら、組織としての問題は大きい）。

　解決策を作る仕事よりもはるかにストレスがかかるし、エネルギーもいる仕事だ。その半面、成し遂げたときの充実感もより大きい。もしも途中でくじけそうになったら、課題の目的と動機をもう一度確認し、頑張ってほしい。

Tool Bank B

仮説検証で広く一般的に用いられるグラフ（＝フレームワーク）を紹介する。財務や生産管理などの専門領域のツールは、その分野の本を参考にしてほしい。

使える場面の多さと切れ味は（経験値として）示した。

	使える場面	切れ味
変化分析の応用		
❶ トレンド分析	＋＋＋	＋＋
比較分析の応用		
❷ シナリオ分析	＋＋＋	＋＋
❸ パレート分析	＋	＋＋
❹ 勝敗分析（シェア分析）	＋	＋＋
❺ 漏れ分析	＋＋	＋＋
❻ ベンチマーキング	＋	＋
❼ プロセス時間分析	＋	＋＋
ヒストグラムの応用		
❽ ピーク分析	＋	＋
相関分析の応用		
❾ クリティカル・マス分析	＋	＋＋
セグメント分析の応用		
❿ プロダクト・ポートフォリオ・マトリクス	＋	＋＋＋
財務分析（おまけ）		
⓫ 損益分岐点分析	＋＋	＋＋

第5章●実戦テクニック2：仮説を実際に検証してみる・ツール編B

ツール編B：仮説検証ツール

なお、4章のツール編Aと同様に、ツールについての例題を、適宜、設けている（一部を除き解答例は示していない。自分の頭で考えること）。ツールの考え方がわかったら、ぜひトライしてほしい。

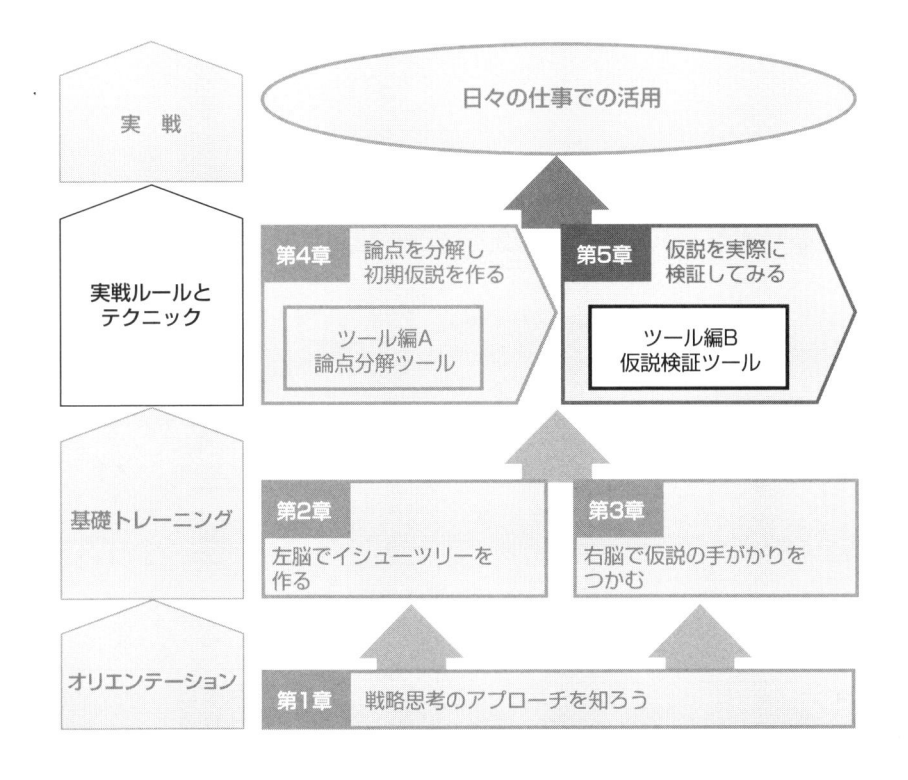

実戦	日々の仕事での活用	
実戦ルールとテクニック	第4章 論点を分解し初期仮説を作る / ツール編A 論点分解ツール	第5章 仮説を実際に検証してみる / ツール編B 仮説検証ツール
基礎トレーニング	第2章 左脳でイシューツリーを作る	第3章 右脳で仮説の手がかりをつかむ
オリエンテーション	第1章 戦略思考のアプローチを知ろう	

❶ トレンド分析：
　変化の原因を見抜け

　トレンド分析は、過去の変化の原因を読み取り、未来を予測するために使う。横軸は時間だ。縦軸は、売上高・営業訪問回数・不良品率など何でもよい。

　トレンド分析で最も大切なことは、トレンドを動かす背景のロジックを読み取ることだ。たとえば下のグラフを見てみよう。トレンドとしては過去3年間減少傾向にあるが、「だから来年も減少します」なんて憶測はバクチと同じだ。グラフを描いただけでは、このあと同様に減少するのか、Ｖ字回復するのか、急落するのかわからない。背景のロジックを読み取ろう。

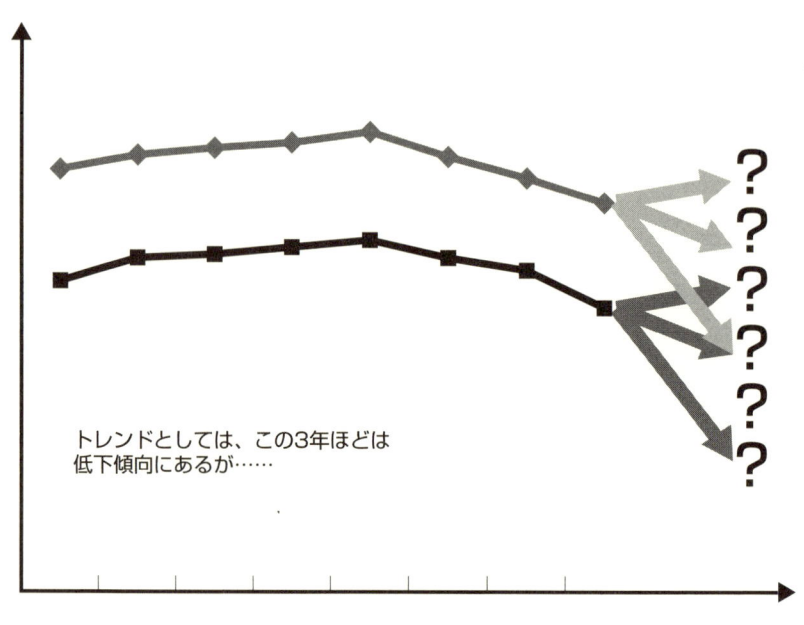

トレンドとしては、この3年ほどは低下傾向にあるが……

1994　1995　1996　1997　1998　1999　2000　2001

トレンドを動かすロジックには、自社内の要因（例：熟練度の向上による不良品率低下）や競合の要因（例：競合の品質向上による自社の市場シェアの低下）のほかに、経済や技術動向などのマクロ要因もある。たとえば下のようなものだ。

- **マクロ経済的なトレンド**
  - 国内人口動態：若年人口の減少と高齢者の増加、都市部への人口回帰、高齢者の富裕化、など
  - 国際的な動向：米ソ対立から米国一局集中へ。生産および消費拠点としての中国の急速な台頭、など
  - 経済ファンダメンタルス：為替レベルの動向、公共投資の抑制、若年失業率の上昇、など
- **産業・業界レベルのトレンド**
  - 半導体技術の進歩（ムーアの法則）、ブロードバンドの普及、
  - 燃料電池の実用化、環境保護技術の進歩、遺伝子技術の進歩、など
- **個人の嗜好や文化のトレンド**
  - 携帯電話の一般化、経済成長より環境の重視、癒し型の自由時間の過ごし方の定着、本物志向の温泉の人気、など

自社要因や競合要因のトレンドなら努力で対処する余地もあるが、マクロ要因のトレンドには対抗できない。マクロ要因が変わりつつあるとき、過去のマクロ要因の上で成り立っていた成功体験を追い求めるのは愚かだ。

たとえば、人口が増える社会と、近い将来、日本のように減っていく社会とでは、社会の前提条件は相当、異なるはずだ。今まで人口増・経済発展の前提で成り立っていた産業が今後衰退し、今までになかった新しい産業やサービスが発展することも視野に入れる必要がありそうだ。

●愚かなトレンド分析の例

　未来を自分の都合いいように読み替えてはいけない。

　悪い例として、下図にある厚生省（当時）の人口問題研究所の出した人口推計を示す。この予測は現在の社会保険料率のつじつまを合わせるため、強引に出生率が"上がること"にしたとしか思えない。実際に、2001年度の合計特殊出生率は過去最低の1.33を記録した。

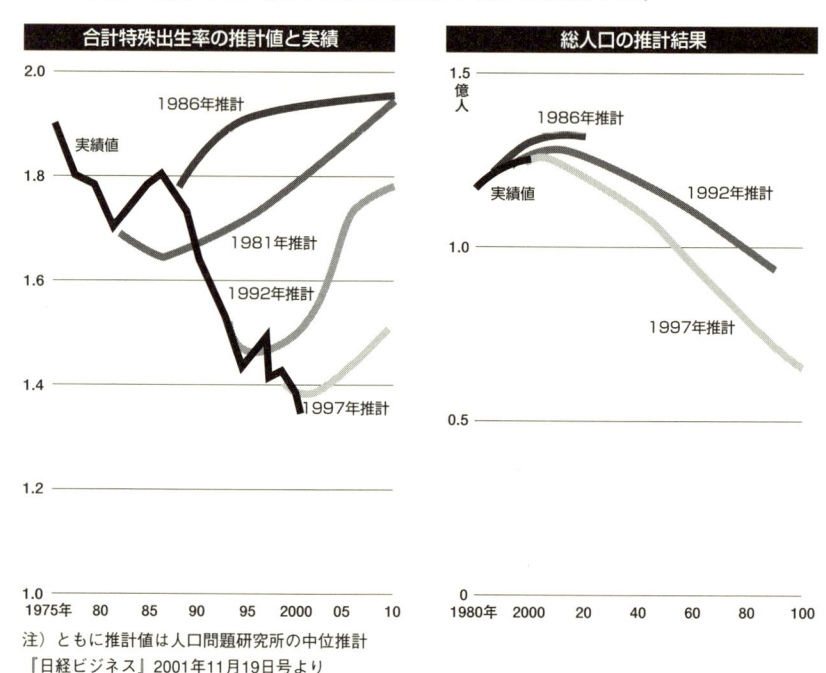

合計特殊出生率の推計値と実績

（1986年推計、実績値、1981年推計、1992年推計、1997年推計）

総人口の推計結果

（1986年推計、実績値、1992年推計、1997年推計）

注）ともに推計値は人口問題研究所の中位推計
『日経ビジネス』2001年11月19日号より

　上図のように、業績低落が続く中、毎回"来期からは必ず上向きに転じます"と予想するのを、アイスホッケーのスティックの形にたとえて、"ホッケースティック型計画"という。頑張れば達成できるという精神論か、何もしなくても状況はそのうち改善するという身勝手かつ甘い期待の産物だ。こんな大本営発表をしてはいけない。

第5章●実戦テクニック2：仮説を実際に検証してみる・ツール編B

●例題●

下に掲げたグラフは、国内の音楽CDの売上である。
①このグラフからどんな原因が仮説として考えられるか。
②その仮説が正しかった場合、どんな対策を取るべきか。
③その仮説をどのように検証できるだろうか。

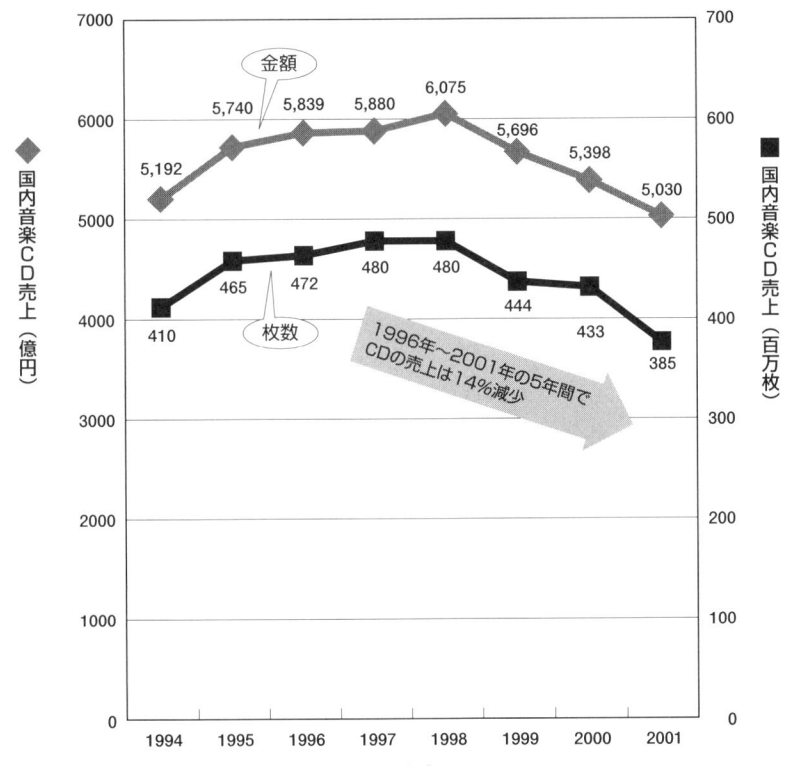

国内音楽CD売上（億円）／国内音楽CD売上（百万枚）

年	金額（億円）	枚数（百万枚）
1994	5,192	410
1995	5,740	465
1996	5,839	472
1997	5,880	480
1998	6,075	480
1999	5,696	444
2000	5,398	433
2001	5,030	385

1996年〜2001年の5年間でCDの売上は14%減少

（社）日本レコード協会「日本のレコード産業」より作成
数値はCD以外にもテープやアナログ盤を含めたオーディオレコード全体

次のページの解答例を見る前にきちんと自分の頭で考えること。

●解答例●

①原因仮説

　音楽CDの売上が減少している原因には、たとえば次のような仮説が考えられるだろう。それぞれ一見、もっともに見える。
　（1）インターネットからの不正コピーや、CDをレンタルしてCD-Rに不正にコピーしてしまうからだ。
　（2）音楽の作り方が売れ筋に集中する安全志向になってきており、音楽自体の魅力が減っているからだ。
　（3）若者は携帯電話にお金を使うようになり、音楽CDに回す余裕が少なくなっている、また音楽シーンも、CDから着メロなど携帯へ流れているからだ。
　（4）そもそも音楽のメインターゲットである、青年層の人口が減っているからだ。

②取るべき対策

　しかし、どの原因仮説が正しいかにより、取るべき対策は以下のようにまったく異なる。原因に関係ない間違った対策など、いくら一生懸命に追っても仕方ない。まずは原因仮説を検証する（＝どの原因が正しいかを突きとめる）ことが有効な対策につながる。
　（1）コピーが主な原因なら、違法サイトを徹底的に取り締まり、コピー防止CDに切り替えるべき。
　（2）音楽自体の魅力がなくなっているならば、音楽自体の魅力を増やし、新たなファン層を掘り起こしていくべき。
　（3）今までCDに使っていたお金が携帯電話に流れているなら、着メロや着うたを使って携帯からCDを買える仕組みを考えるべき。
　（4）青年層の人口が減っているなら、中年層への音楽プロモーションを拡大すべき。

③仮説の検証
　（社）日本レコード協会（以下RIAJ）のホームページなどから簡単に入手できる範囲のデータで、ごく軽く原因仮説を検証してみよう。

●原因仮説（1）の検証　コピーはどの程度広まっているか？
　RIAJの「音楽コンテンツ個人録音およびそれに関わるCD-R等の利用実態調査」（2002年に計1000人に調査）によると、
- CD-Rへの録音経験者は全数の29％で急速に増加中
- CD-R出荷量約5億枚（2002年）のうち、約半数の2.4億枚が音楽の複製用に使われていると推定される
- コピー音源は、新品CDが34％、レンタルCDが40％、友人知人に借りたのが25％
- CD-Rを利用してから音楽CD購入が減った人は7％、増えた人は5％。変化なしが半数以上の55％

　コピー数を見ると、すごいインパクトだ。CDの年間売上枚数の半分に達する。ただしちょっと意外だが、CD-Rの利用が直接的にCDの購買数減少に直結しているわけでもなさそうだ。違法複製を防ぐコピープロテクトは必須だが、だからといって、CD-RがCD売上減の犯人とは断定できない。

　また、ネット上の不正コピーについて、同じくRIAJの「ファイル交換ソフト利用実態調査」（2002年に計約3万人に調査）によると、
- ファイル交換ソフトの利用者はネット人口の約3％にあたる約70万
- 音楽ファイルのダウンロード数は一人平均75本

　話題になった割には全体の3％しか使っていないし、交換数も大した量ではない。利用者といっても、ヘビーユーザー（＝違法）以外、大半の人は経験しただけでほとんど使っていないと想像できる。ネット上の違法コピーはキチンと取り締まるべきだ。しかし、取締りを強化すれば再びCD販売量が回復するわけでもなさそうだ。

●原因仮説（2）の検証　音楽の魅力が少なくなっているのか？

　"最近は似たような（＝安全路線の）音楽ばかりが大がかりにプロモーションされるが、その他の音楽は売れない。音楽という世界の多様な魅力が乏しくなっている"という人も多い。本当だろうか？

　ミリオンヒットとなったCD数の推移を下図に見てみよう。たしかにシングルもアルバムも減っている。"同じ路線が飽きられている"という説も一理ある。アルバムはシングルより頑張っているが、1999年をピークにその後、急激に落ち込んでいる。

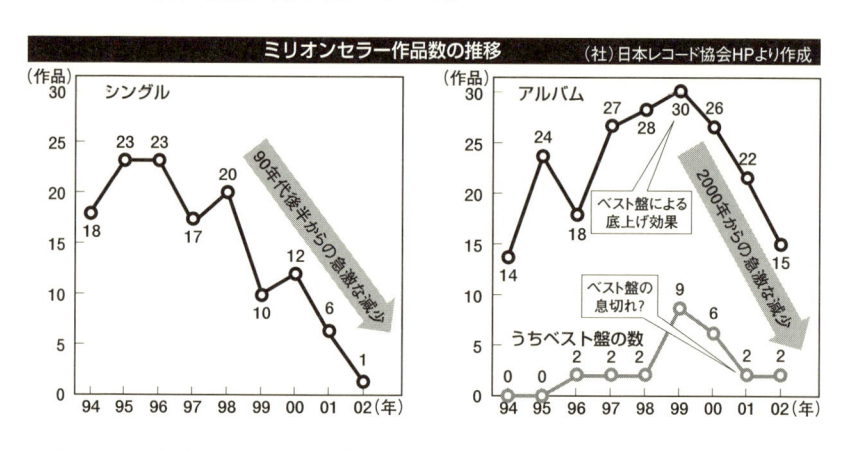

ミリオンセラー作品数の推移　（社）日本レコード協会HPより作成

シングル（作品）
- 94: 18
- 95: 23
- 96: 23
- 97: 17
- 98: 20
- 99: 10
- 00: 12
- 01: 6
- 02: 1

90年代半ばからの急激な減少

アルバム（作品）
- 94: 14
- 95: 24
- 96: 18
- 97: 27
- 98: 28
- 99: 30
- 00: 26
- 01: 22
- 02: 15

ベスト盤による底上げ効果

2000年からの急激な減少

うちベスト盤の数
- 94: 0
- 95: 0
- 96: 2
- 97: 2
- 98: 2
- 99: 9
- 00: 6
- 01: 2
- 02: 2

ベスト盤の息切れ？

　しかし、本当のところは（これだけでは）わからない。シングルの販売数が減っているのは、メインユーザーの中高生が友達同士でMDやCD-Rを交換しているからなのかもしれない。

　ただ一般論としていえば、コンテンツは裾野の広がりがないと魅力はどんどん薄れていく。ハリウッドなど、何千個のシナリオの中からやっと一つの作品が作られる。しかし、落選したシナリオ作家も次回の栄光を夢見て挑戦できる仕組みがある。コンテンツの魅力はその多様性だ。売れ筋の安全確実な路線を追い、売れない裾野部分のコンテンツの育成を怠るのは、長い目で見るとコンテンツの多様性を損ない、産業全体の衰退を招きかねない。

第5章●実戦テクニック2：仮説を実際に検証してみる・ツール編B

●原因仮説（3）の検証　携帯電話にお金が流れてＣＤが売れないのか？

RIAJの「2002年度・音楽メディアユーザー実態調査」から、CDの過去半年間の購買枚数を見てみよう。調査時点によっても変わると思うが、2002年は男子大学生の購買枚数が群を抜いている（下図参照）。

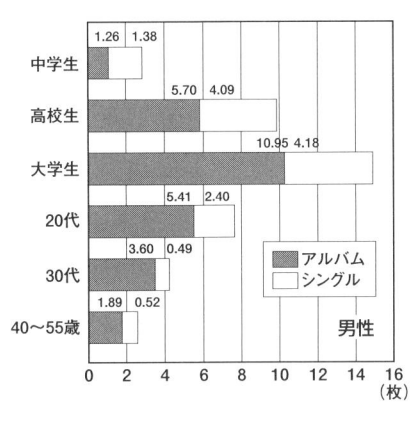

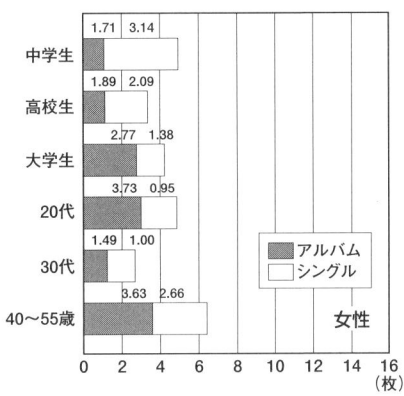

また右図に示したのは、大学生の電話使用料金の推移だ。携帯電話の普及に伴い、1998年から2000年の2年だけでも電話料金は男子学生で毎月2,700円、女子大生で550円以上も増加している（社会人の料金推移は入手できなかった）。

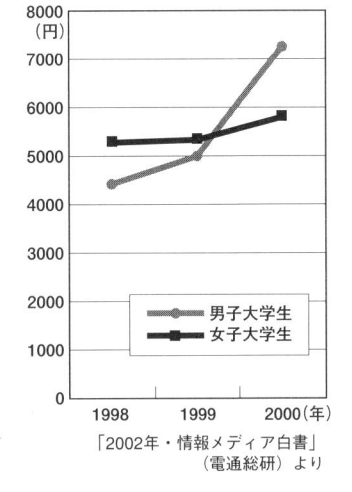

電話料金の増加分の半分を、音楽CD購入の手控えで賄うとすると、男子学生で年に10枚、女子学生で年2枚の購入数減少となる（CD1枚1,500円と想定）。

これらファクトから推測するに、若年層の携帯電話の通話料の増加が、この期間のCD販売を直撃したことは間違いなさそうだ。ただし、携帯電話の普及は2001年にはほぼ飽和しており、また、パケット料金の値下げもあり、今後さらに大きなインパクトを与える可能性は低いといえる。

●原因仮説（4）の検証　音楽をよく聞く青年層の人口が減っているからか？

　RIAJのデータから年齢別のCD市場を下図に見てみよう。音楽市場の中心は、若くてそこそこお金のある20代だとわかる。30代以上になると、CDに対する出費はガクンと少なくなる。

音楽市場の推定マーケットシェア（2000年）

中高生	大学生	20代	30代	40〜55歳
9.3%	9.4%	44.7%	14.7%	21.8%

※RIAJ「2002年音楽メディアユーザー実態調査」より、東京30km圏内の1,000サンプル数の調査。

※年度による変化があるので、最も平均的と思われる2000年度のデータを使った。

　次に20代の人口変化を右図に見てみよう。たしかに、20代人口は次第に減っている。ただしその変化は、CD全体の売上減少を説明できるほどではなく、過去のCD販売の減少の原因として若年人口の減少は限定的だろう。ただし将来の若年人口の減少はより急激であり、将来CD売上を脅かす可能性は高い。

国内の20代人口（千人）

年	25歳以上	25歳未満
1995	8,788	9,895
1996	9,315	9,815
1997	9,499	9,583
1998	9,773	9,260
1999	9,895	8,890
2000	9,790	8,421
2001	9,703	8,201
2002	9,431	8,012

1998年から2001年に8.0％の人口減少

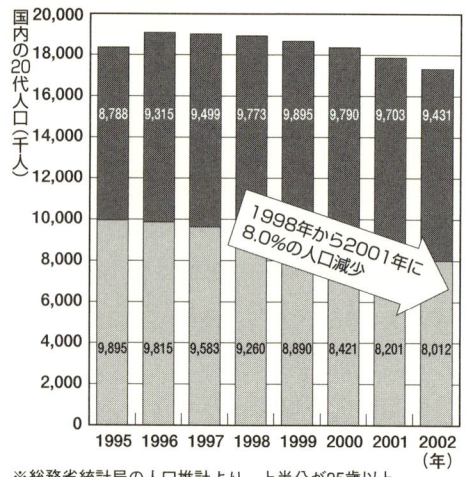

※総務省統計局の人口推計より。上半分が25歳以上、下半分は25歳未満の人口。

　なお、CD販売における40〜55歳のシェアは、1998年には20％だったのが2002年には29％に上昇している（RIAJデータ）。CDユーザーの準主役として中高年が次第に重要になっていることは間違いなさそうだ。問題はCDショップに立ち寄る機会の少ない中高年層に、どうやってCDをプロモーションしていくか、ということになるだろう。

●結局どうすればいいのか？

　ここまでの簡単な検証作業から読み取れることは"音楽メディアのシフト"だろう。音楽ソフト流通の主役がレコード盤からCDに変化したように、私的音楽複製の主役はテープからMD、そして今はより便利なCD-Rに変わってきているようだ。また、同じ時期に若者の接するメディアとして携帯電話の地位が急激に上がってきた。1998～2001年の間、CDはその割を食ったといえる。

　その一方で、2001年には出現していなかった携帯電話の着メロが、2002年には1,000億円以上の市場として急成長している。つまり急激に普及した携帯電話が、新しい音楽メディアとしての役割を担いつつあるのだ。

　音楽産業が取るべき道は明らかだろう。新しいメディアの上でビジネスを展開することだ。携帯だけに限らない。実質2001年に登場し、2003年3月には700万世帯以上へと急速に普及したADSLなどブロードバンドも、音楽メディアとして積極的に活用すべきだろう。音楽のダウンロード配信以外にも、チャンネル数無制限のブローバンド・ラジオなど、新しいビジネスチャンスはいくらでもありそうだ。

　またブロードバンドのメインのユーザーは30～40代だ。昔は音楽が好きだったが、今はCD店への足が遠のいてるその世代にアピールする最適なメディアとして、ブロードバンドはいろいろ期待できそうだ。

　その一方で、CDの販売数の減少はしばらく続きそうだ。CD販売店など旧来型のパッケージ・メディアの事業者は、この環境変化でビジネスモデルの転換を迫られるかもしれない。

　上記の説はあくまで私の個人的な解釈であり、簡単に入手できるファクトのみに基づいた分析であることを、ご承知願いたい。

❷ シナリオ分析：
　どの打ち手を取るべきか？

　シナリオ分析は、複数の打ち手が考えられるときに、どの打ち手を取るべきか判断するのに使う。複数の打ち手のアウトプットを比較する、比較分析の応用例といえる。

　たとえば、新商品の販売方法を検討すれば、仮説はいくつも出るだろう。どの仮説がベストかを判断するには、仮説ごとに売価や販売数量、また投資金額などの条件を考えて、どれが一番売れるか、または儲かるか（＝リターンが多いか）を比べればよい。これを流れにすると、次のようになる。

- 販売方法などの仮説（＝**シナリオ**）をいくつか作り、シナリオごとに商品価格などのパラメータを設定する。
- パラメータをエクセルの収益計算モデルなどに入れて、予想売上高や予想利益などのアウトプットを出す。
- アウトプットを評価し、最も優れたシナリオを選ぶ。

シナリオ	パラメータ				→ モデル →	アウトプット		評価
	販売個数	販売単価	チャネル手数料率	販促費		売上高	利益	
テレビ・雑誌のマス・メディアに広告を出しまくって売る								
口コミ重視で作戦を立てる								
ヤフーのバナーに広告を載せネット中心に展開する								
量販店チャネルの重視								

第5章●実戦テクニック2：仮説を実際に検証してみる・ツール編B

　モデルは誰が作っても同じはずだ。シナリオ分析の勝負どころは、いかに現実的なシナリオを作るかにある。とくにシナリオ作りの基本となる販売数量・単価・コストは、現実感のある数字か複数の角度から確かめたい。シナリオを評価するには回収期間法、IRR、NPVなどの方法がある（246ページからのコラム参照）。

　シナリオ分析では、いろいろな状況を整理したシナリオを作ろう。たとえば、売上個数倍増／半減シナリオ、売価増／減シナリオ、投資額増／減シナリオなどだ。このようにパラメータをいろいろ変えて検討するうちに、たとえば、

- 販売数量が増えても意外に利益に貢献しない。それよりこの外注加工コストを1割減らすと、15％も利益が増える
- 売価を○○円以下に下げると、どう頑張って売っても利益を出すのは苦しい

など、このビジネスの成功には何が大切なのかが見えてくる。

　このように個々のパラメータを変えると、どのくらい利益に影響するかを調べるのを**感度分析**という。売上個数、販売価格、変動費率、減価償却などさまざまなパラメータの中で、感度が高いパラメータが、事業の利益を最も直接的に左右する**キードライバー**だ。シナリオを決めて実際にビジネスを走らせるときは、このキードライバーにはこだわろう。

　なお、10年近い長期シナリオになると、成長率や物価上昇率などのいわゆる複利で効いてくる数字が意外と大切だ。ここを0.1％変えると、シナリオがひっくり返ってしまうこともよくある。こういう小さな数字の設定にも気をつけよう。

シナリオを検討するときは、シナリオごとに**標準ケース**と、リスクを織り込んだ**悲観ケース**を両方検討する。たとえば、右図のシナリオでは、施策が成功しても利益は大して変わらないが、失敗すると大損する。失敗する確率が1％程度ならともかく、3割くらいあるとしたら、普通はやらないだろう。標準的なケースのみを想定してGOを出すのはとても危険だ。

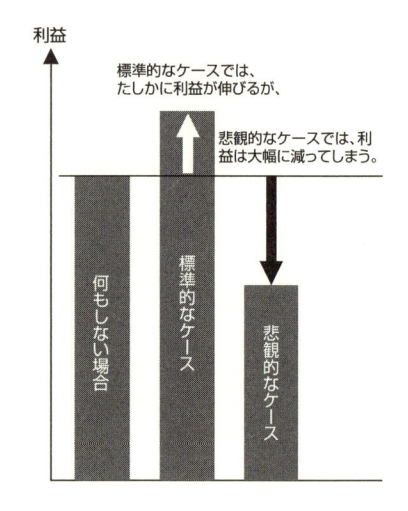

利益

標準的なケースでは、たしかに利益が伸びるが、

悲観的なケースでは、利益は大幅に減ってしまう。

何もしない場合／標準的なケース／悲観的なケース

　普通は、標準的なケースと悲観的なケースの2つを比較すれば十分に用が足りる。

　もし、リスクをもっと精密に分析したければ、"期待値分析"や"リアルオプション"が使える。期待値分析は、シナリオで最終的に得られるリターンのパターンとその発生確率を積算して、シナリオ全体のリターンの期待値を計算する。リアルオプションは、リスクの発生に応じて、そのあとに取るべきシナリオを変えていきながら、最終的なリターンを計算する。ともに、過去の客観的なデータがそろった金融や研究開発の分野では使い道のあるツールだ。

● 例題 ●

　あなたは某中堅汎用品電気部材メーカーの企画担当だ。今日の経営会議では、製品Pに関する施策について4人の部長が意見を述べている。
　各案を同じ土俵で比較するために、どのような資料を作ればいいか？
　あなたならどのような施策を取るだろうか、そしてそれはなぜか？

第5章●実戦テクニック2：仮説を実際に検証してみる・ツール編B

- 営業部長A氏　積極廉売戦略
  - 製品Pの消費者は値段に敏感だ。値段を安くすればものすごく販売数が増える。マーケティング調査の結果では、値段を1割下げるだけで、どんなに少なく見積もっても2割、おそらく4割も売上が伸びる。来期は値段を下げてでも打って出たい。
- 財務部長B氏　調達費削減戦略
  - 製品Pでは2割の調達スト削減は十分に可能、最悪でも1割は値引きさせる。たしかに既存取引先への販売が減少する懸念もあるが、売上の落ちはせいぜい1割だ。当社はコスト削減に最優先に取り組むべきだ。
- 研究開発部長C氏　高品質化戦略
  - 製品Pを品質向上させれば、25％高い値付けのできる一つ上のセグメントに訴求することができる。ただし、開発予算として年間1億円の積増しが必要（販管費に計上する）。販売台数は現状維持を狙う。場合によっては15％程減るかもしれないが、価格でカバーできる。ブランド維持のためにも高品質化戦略を取るべきだ。なお製造材料は、値段にして約1割高い高級品が必要となる。
- 製造部長D氏　生産性改善戦略
  - 生産ラインの改善により生産性を確実に2倍以上にすることができる。ただし3.5億〜4億円の新規設備投資が必要（設備投資は5年の定額償却ベースで販管費に計上する）。生産性を地道に上げることで収益性を改善したい。

製品Pの収益構造（来期予算ベース）は、以下のとおり。
  - 販売数は年間10万台、売価は1台6,000円。
  - 1台当り部品購買単価は2,200円、部品以外の製造原価は1,600円。
  - 販管費（製品Pに直接関連する経費を計上。減価償却等も含む）は、年間150百万円。

Column
シナリオの評価モデル

　複数のシナリオを評価するにはリターン、つまり"……で、いくら儲かるの？"という指標が最も多く使われる。このためには、事業が生み出すフリーキャッシュフロー（FCF＝営業CF＋投資CF）を見る必要がある。

　新しい事業のFCFは、だいたい右図のようになる。最初は投資が必要なためFCFはマイナスだが、事業利益が上がり始めるとFCFはプラスに転じる。しかし数年後には競争力も落ち、次第にFCFのプラス分は少なくなる。

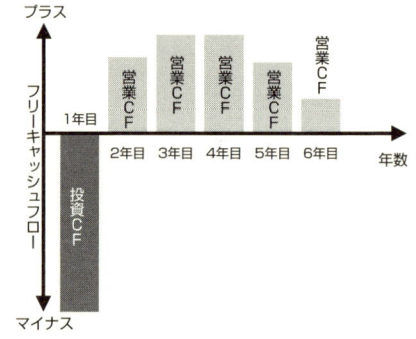

　この事業モデルを評価するには、①回収年数法、②IRR、③NPVの3つの方法がある。

①回収年数法

　初年度のFCFのマイナスを何年目でチャラにできるか、を計算する。たとえば、当初100万円の投資が毎年20万円の営業CFを産み出すならば回収年数は5年だ。複数の投資案件があるなら、当然、回収年数が短い投資をすべきだろう。普通は2～5年くらいの回収期間が目安だ。この方法は簡単だが、割引率を勘案しない欠点がある。

②IRR

　Internal Return Rate（内部還元利率）。つまり、投資したのと同じ金額を銀行に預金したとしたら、どのくらいの利率で回したことと同じかで比較する方法だ。当然、換算利率が高い投資が優先する。

　ちなみにIRRの足切り基準をハードルレートという。IRRがそれ以

下ならば投資を承認しない、という数値だ。5～10%を設定することが多い。この方法は利回りに関する客観的な比較ができるのが利点だが、どうしても投資額の少ないクイック・フィックス的な案件が有利になってしまう欠点がある。

③NPV

Net Present Value（現在価値）。つまり、この事業は今のお金にするといくらになるか、という数値を比較する。たとえば、最初100万円の投資が必要だが、翌年度より2年間に60万円ずつFCFが稼げる事業があるとする。単純に考えればこの事業の現在価値は、

NPV＝－100万＋60万×2回＝20万円

つまり、"事業をするべき"という結論だ。ただし、将来のお金の価値は今の価値より少ないので、その分を割引く必要がある。ここで割引率（1年先のお金の価値が減る割合）を15%とすると、

NPV＝－100万＋60万／（1＋15%）＋60万／（1＋15%）^{2}＝－2.5万円

つまり、"事業はやらないほうがいい"という結論になる。

回収期間が長くなると、割引率の1%の差は結果を逆転する大きな影響力をもつ。恣意的に設定しないようにしたい。

妥当な割引率を計算する方法としてWACC（加重平均資本コスト）がよく使われる。通常、リスクの小さい事業には（昨今の低金利環境では）3～8%程度の控えめな割引率を、失敗の可能性が高いリスクの大きな事業には20～30%程度の大きな割引率を適用する。

どの方法も一長一短があるが、まずIRRで案件の足切りをしたあと、NPVで事業の成長を助ける案件を選ぶ、という方法が一般的だ。

なお、FCFでなく結果としての利益で評価する方法もある。たとえば、事業による5年後の累積利益を比較する方法だ。現実の世界では最もよく使われる方法だろう。

❸ パレート分析：
優良顧客を囲い込め

　パレート分析は、全体の2割が結果の8割を占めるという、いわゆる"8：2の法則"だ。19世紀の経済学者パレート氏が資産分布を研究して発見した。フォーカスすべきセグメントの特定に威力を発揮する。

　日本での2000年の国内勤労者世帯の残高別の世帯数構成と預金残高構成を下の2つの棒グラフで見てみよう。全世帯の1割しかいない3,000万円以上の預金のある世帯が人口が、全残高の約4割を占めている。

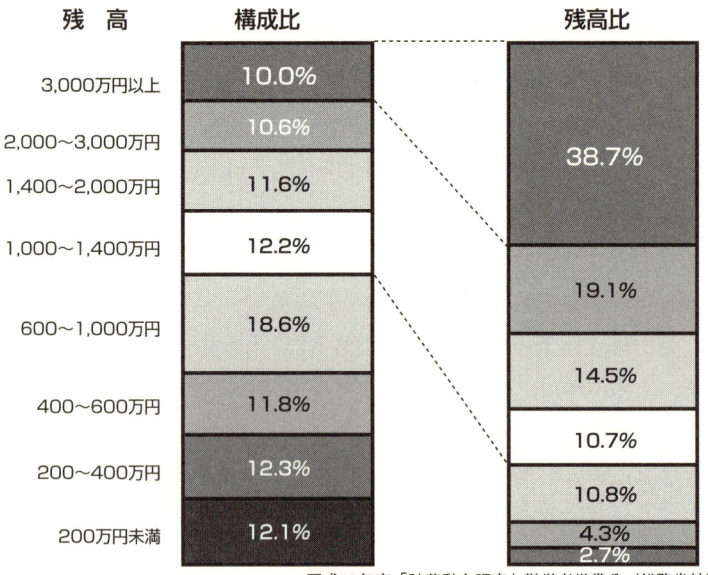

残　高	構成比	残高比
3,000万円以上	10.0%	38.7%
2,000〜3,000万円	10.6%	
1,400〜2,000万円	11.6%	
1,000〜1,400万円	12.2%	19.1%
600〜1,000万円	18.6%	14.5%
400〜600万円	11.8%	10.7%
200〜400万円	12.3%	10.8%
200万円未満	12.1%	4.3%
		2.7%

平成12年度「貯蓄動向調査」勤労者世帯分（総務省統計局）より

　このデータをヒストグラムでも見てみよう。
　次ページグラフの人数構成比を見ると、貯金の少ない人もお金持ちも同じような数がいて1億総中流という気がするが、残高比で見てみるとやはりお金持ちにお金が集中している。高額商品販売でフォーカスすべきは、当然このお金を持っている人たちだ。

第5章●実戦テクニック2：仮説を実際に検証してみる・ツール編B

このような分布をしている場合、平均値や標準偏差は役に立たない。日本の世帯平均貯蓄額は約1,356万円だが、大半の世帯はそれよりずっと貯蓄は少ない。"平均値"の人など、現実にはいないのだ。

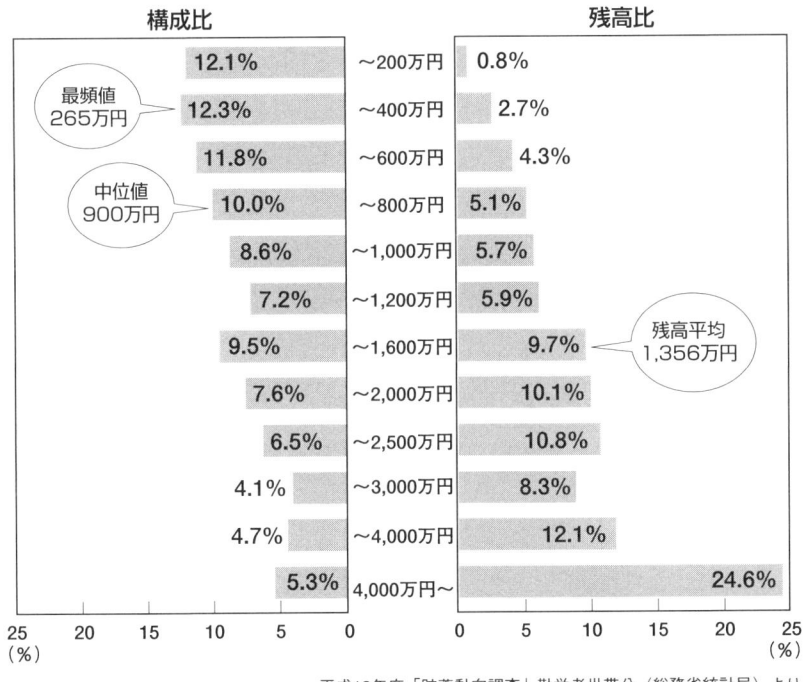

	構成比		残高比
最頻値 265万円	12.1%	～200万円	0.8%
	12.3%	～400万円	2.7%
	11.8%	～600万円	4.3%
中位値 900万円	10.0%	～800万円	5.1%
	8.6%	～1,000万円	5.7%
	7.2%	～1,200万円	5.9%
	9.5%	～1,600万円	9.7%
	7.6%	～2,000万円	10.1%
	6.5%	～2,500万円	10.8%
	4.1%	～3,000万円	8.3%
	4.7%	～4,000万円	12.1%
	5.3%	4,000万円～	24.6%

残高平均 1,356万円

平成12年度「貯蓄動向調査」勤労者世帯分（総務省統計局）より

この"8：2の法則"は、以下のようにさまざまな分野に使える。
- 2割の売れ筋商品が、全体の8割の売上を占める
- 2割のリピート顧客が、全体の8割の売上を占める
- 2割の高収益商品が、全体の8割の利益を稼ぎ出す
- 欠陥全体の2割を改善すれば、クレームの8割が解決する
- 営業員の2割が、全体の8割の売上をあげる
- 全体の2割の社員が、会社の8割の仕事をしている
- 課題の2割を解決すれば、8割解決したのと同じだ

このように、パレート分析はいろいろな場面に適用できそうだ。

パレート分析のもう一つのパターンは、横軸・縦軸とも指標累計値をとった積み重ねグラフだ。たとえば、銀行の個人顧客の収益性を、顧客セグメント別にプロットしたものが下の図だ。横軸は口座数の累計を、縦軸はセグメント全体の限界利益を示す。グラフのセグメントは利益率の高い順に（つまり縦長の順に）並べたものだ。なお、BとFは赤字を垂れ流している顧客セグメントだ。

　打つべき手は明らかだ。セグメントCとDは優遇金利などで囲い込み、セグメントEとAはクロスセルなどで収益性を強化すべきだ。BやFは手数料の大幅アップなどで元を取る。離れてくれるならば、むしろありがたい。このようにパレート分析により、フォーカスすべきセグメントを明確にできることがわかるだろう。

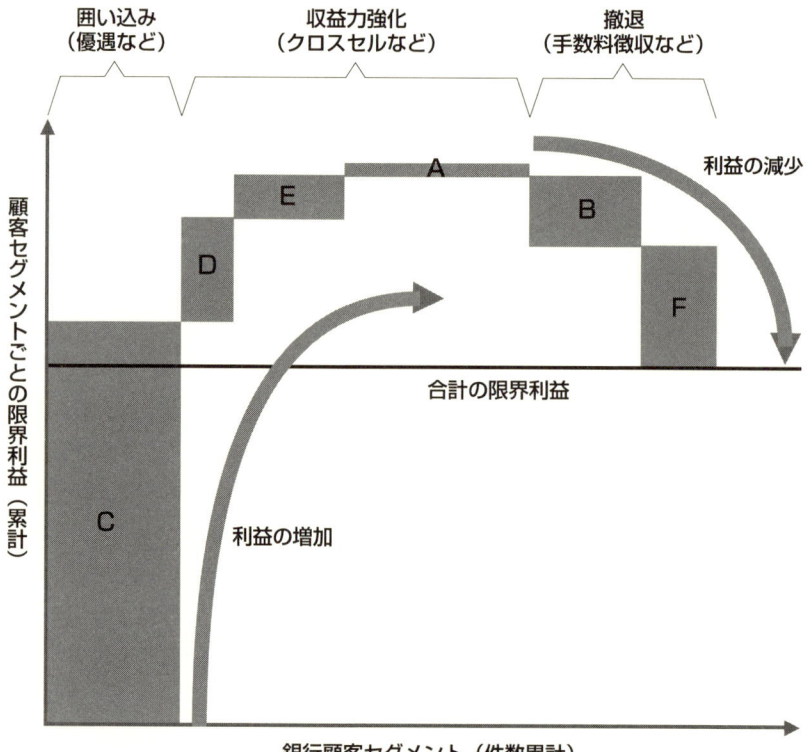

第5章●実戦テクニック2：仮説を実際に検証してみる・ツール編B

さて、2割のヘビーユーザーが全体売上の8割を占めているとしよう。すると、ヘビーユーザー1人当りの売上は、その他一般ユーザーに比べて、

（売上80％÷構成20％）÷（売上20％÷構成80％）＝16

と、実に16倍だ。

ヘビーユーザーと一般ユーザーを平等に扱うことはない。ヘビーユーザーは利益の源泉だ。彼らの満足度を最優先で高めよう。顧客に関する8：2の法則の本質とは"優良顧客を囲い込め"なのだ。

典型的な施策がマイレージだ。国内線でANAかJALかを選ぶとき、マイレージのメインに固定しがちだ。表面的には10％近い価格還元だが、空席の提供なので原価はゼロ。

さらに、マイレージを多量にためている人の多くは、会社経費の正規料金で乗る上客だ。彼らをキチンとつなぎ止められればマイレージを多少、大盤振る舞いしても元は取れる。

また、家電量販店などのポイントカードによる囲い込みもこの戦略に沿っている。ポイントがたくさんたまると、なかなか他の店には足が向かなくなる。ポイントをためたくて、そんなに必要ではない商品をつい買ってしまうこともあるだろう。また表面的な価格を多少上げられるので、無理な価格競争に巻き込まれることを避けることができる。

同じく商品に関する8：2の法則の本質とは"稼ぎ頭の商品の競争力を守れ"だ。8割の利益を稼ぐ主力商品が競合との安値競争などに巻き込まれたら、利益の大半が吹き飛んでしまいかねない。差別化できる特色を打ち出すか、または値下げ競争に打ち勝つだけのコスト競争力をつける必要がある。

なお、課題解決に関する8：2の法則の本質は、"本質的な課題に集中せよ"ということだ。これは、これまで説明してきたとおりである。

❹ 勝敗分析（シェア分析）：市場リーチ率か勝率か

　市場シェアとは、リーチ率（市場全体にどれだけ認知されているか・営業活動をかけているか）と、勝率（リーチした顧客に対し競合にどれだけ勝っているか）の掛け算だ。勝敗分析（シェア分析）は、市場シェアを上げるためにリーチ率と勝率のどちらを優先すべきかを明らかにする。

　たとえば、以下の状況で市場シェアを向上するには、リーチ率と勝率のどちらを優先すべきだろうか？

- 競合は1社のみ
- 市場シェアは50％：50％で互角
- 市場リーチは、当社が60％、競合が90％

　下の図を見ながら考えていこう。

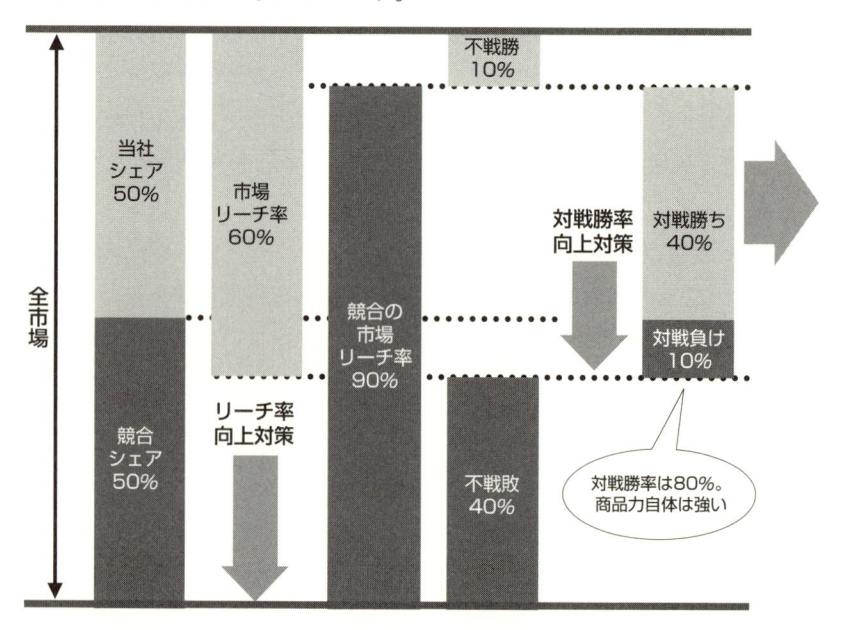

（図）全市場

- 当社シェア 50％
- 競合シェア 50％
- 市場リーチ率 60％
- リーチ率向上対策
- 競合の市場リーチ率 90％
- 不戦敗 40％
- 不戦勝 10％
- 対戦勝率向上対策
- 対戦勝ち 40％
- 対戦負け 10％
- 対戦勝率は80％。商品力自体は強い

第5章●実戦テクニック2：仮説を実際に検証してみる・ツール編B

　まず、シェアと市場リーチ率をグラフに置いてみよう。お互いの不戦勝不戦敗の領域以外が、営業で競合しているフィールドだ。市場シェアの結果から、対戦勝率は80％だとわかる。

　リーチ率か対戦勝率をどちらを上げるか問われたら、リーチ率だろう。対戦勝率80％を90％にしてもシェアは5％しか上がらない。しかしリーチ率を広げればシェア80％も望める。

　この例は最も単純な例だ。実際の分析場面では、たとえば販売チャネル、顧客セグメント、商品セグメント、競合相手別に分析するのが効果的だ。下の例に示すように、単純に売上高の集計数値だけ見てもわからない事実が、いろいろ明らかになるはずだ。

- ●顧客セグメント別の分析例
  - ファクト：既存顧客で圧倒的に強いが、新規顧客の勝率はぜんぜんダメ。
  - 仮説：　商品のよさをうまく顧客に伝え切れていないのでは。
- ●チャネル別の分析例
  - ファクト：系列直営店はまあまあだが、系列外のリーチ率は非常に低い。
  - 仮説：　系列外の顧客をしっかりと開拓しなければ……。
- ●商品セグメント別の分析例
  - ファクト：高価なバージョンはリーチ率は高くないが勝率が高い。
  - 仮説：　廉価版にばかり力を入れていたが、こっちにも注目しよう。
- ●競合相手別の分析例
  - ファクト：競合BとCには勝率が高いが、競合Aには負けている。
  - 仮説：　Aに対抗すべく廉価版製品の投入を検討しよう。

●例題●

　あなたの会社は中小企業にコピー機を設置する代理店だ。域内の同業の代理店は他に2社あり、競合することも多い。今ではどんな中小企業でもコピー機は入っており、新規開拓の主眼はカラー機の導入やネットワーク・プリンタ販売に移っている。

　あなたは今、担当地域内の中小運送会社を重点的に攻めようと思っている。ほぼすべての会社に（安い）コピー機とPC用プリンタは入っているだろうが、ネットワーク・プリンタはまだほとんど導入されていないと考えられる。また、カラーコピー機のニーズはほとんどない。他に競合は2社あるが、ほぼ同時期に安いネットワーク・プリンタを売り出したので、これから競争はほぼ同条件で始まると思ってよい。

　ターゲット・リストとして帝国データバンクから従業員数15名以下の運送会社の情報を打ち出し、今までの商戦（＝安いコピー機を売る商戦）でわかっている顧客をリストアップしてみた。おそらく他の2社も、今までと同じ戦略でくるはずだ。

　今までの商戦を分析し、今回はどのようなアプローチを取るべきか考えなさい。

●表の見方
・アプローチ先は、前回の商戦であなたの会社がアプローチした先
・当社顧客は、その結果コピー機の顧客になった先
・A社・B社と競合は、その商戦でA社・B社と競合になった先

●ヒント
　顧客全体に対してシェア分析をしてもメッセージは見えてこない。まずは顧客をセグメント化して考えよう。2段階の軸で顧客をうまくセグメントすると、メッセージがクリアに見えてくるはずだ。

第5章●実戦テクニック2：仮説を実際に検証してみる・ツール編B

社名	地区	従業員数	アプローチ先	弊社顧客	A社と競合	B社と競合
Aトラック	西地区	6	●	●	●	
B運送	北地区	4				
Cトラック	東地区	15	●			●
D運送	東地区	6	●	●	●	
E運輸	南地区	9	●	●	●	
F配送	東地区	12	●			●
G配送	西地区	4				
Hトラック	北地区	4				
I運送	東地区	8	●	●	●	
Jトラック	西地区	5	●	●	●	
K運送	西地区	12	●	●	●	
L運輸	西地区	7				
M配送	南地区	13	●	●		●
N配送	西地区	6	●	●	●	
Pトラック	西地区	8	●		●	
Q便	北地区	5				
R運輸	北地区	6	●		●	
S運輸	北地区	14				
T配達	北地区	7	●			
U運輸	南地区	4	●	●	●	●
V運送	南地区	3				
W配達	西地区	11	●	●	●	
X配送	北地区	8				
Y配送	東地区	5				
Z便	西地区	15	●	●	●	
a便	西地区	4				
b運輸	西地区	5				
c運輸	東地区	4	●	●	●	
dトラック	北地区	3	●	●	●	
e便	南地区	7	●	●		●
f運輸	北地区	5				
gトラック	北地区	13	●			●
h便	北地区	10	●			●
i配達	南地区	5				
j運輸	北地区	3				

255

❺ 漏れ分析：
どこを押さえて漏れを防ぐか

　漏れ分析とは、横軸にプロセスの各段階を、縦軸に残高数をとった棒グラフだ。プロセスの各段階で、顧客やお金がどのくらい"漏れ"ているかを押さえることで、利益や顧客の流出を防ぐことを考える。

　たとえば、インターネット販売の例を考えてみよう。ページのヒット数は1日3万件とそこそこあるものの、実際の購買に至った顧客は3人しかいないとする。わりと特殊な商品で、興味のない人はそもそもあまりアクセスしない。また、商品の競争力が劣るわけではないならば、どこに問題があるのだろう。

　これを探るには、下図のようにウォーターフォール・チャートを描いて、プロセスのどこで顧客が"漏れ"ているかを調べよう。

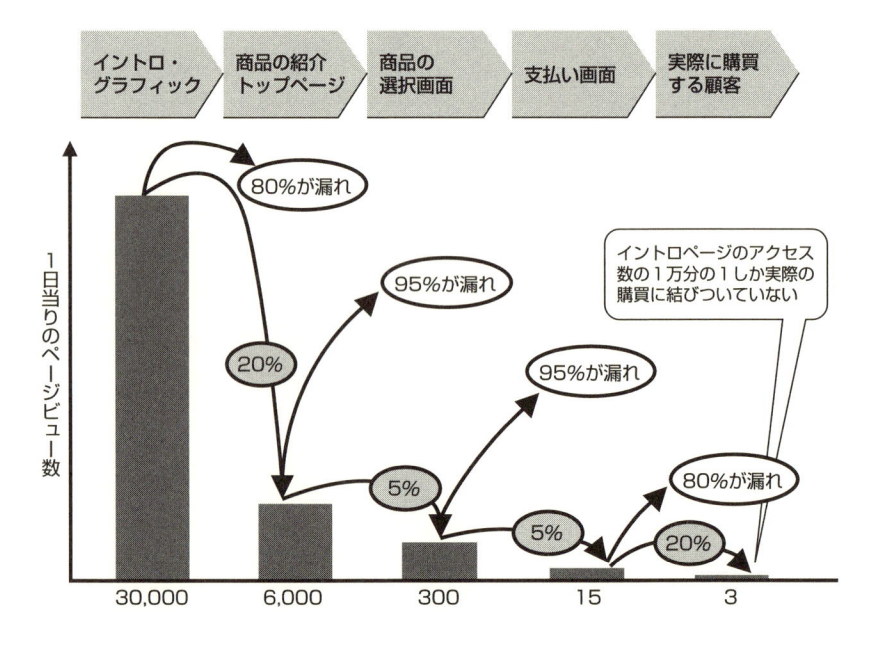

第5章●実戦テクニック2：仮説を実際に検証してみる・ツール編B

漏れ分析のグラフを見れば、以下のような改善の仮説も出てくる。

> ● イントログラフィックの省略
>   イントロで80％の人が脱落している。重たいグラフィックや関係なさそうなメッセージでせっかく訪問した人を帰しているのだろう。イントロを省略するだけで最初の80％の漏れはなくなる。
> ● 支払方法を簡単なものにする
>   実際に商品を選択してもパスワードなどの登録が面倒でやめてしまってるのではないか。実際に私個人の場合では、9割方のケースで登録が面倒で買い物をやめる。ここを改善すれば最後の80％の漏れは相当改善するはずだ。
>   商品紹介・選択ページの細かな改善の余地もありそうだが、この2つの改善だけでも購買数を1/20％×1/20％＝25倍にできそうだ。

漏れ分析が有効なケースとして、ほかには下の例がある。論点分解ツールのプロセス分解と組み合わせるとパワフルに使える。

> ● 利益の逸失
>   売上高として入ってくるお金が、さまざまなコストとして"漏れ"たあと利益として残るまで、さらに税金を抜かれて最終利益になるまで、どこの"漏れ"が最も大きいか分析する。
> ● セールス、マーケティング
>   見込み顧客に最初にコンタクトしてから契約に至るまで、どのタイミングで最も"漏れ"てしまうのか分析する。
> ● 工程歩留まり
>   原材料が入荷して、それを加工して顧客の手元に届けるまでに、製品ラインや物流工程のどこの段階で不良品や長期在庫品として"漏れ"てしまうのかを分析する。

❻ ベンチマーキング：
改善箇所を洗い出せ

　ベンチマーキングとは、横軸に自社と競合もしくは自社の各部門をとり、縦軸にとった経営指標と比べる棒グラフだ。経営改善の問題点抽出やセールスパーソンの動機付け、また業務モニタリングによく使う。セールスパーソンの営業成績を壁に貼り出している会社も多いと思うが、それもベンチマーキングの一種だ。

　たとえば、下図は営業員一人当りの売上を支店別に比べたベンチマーキングの例だ。

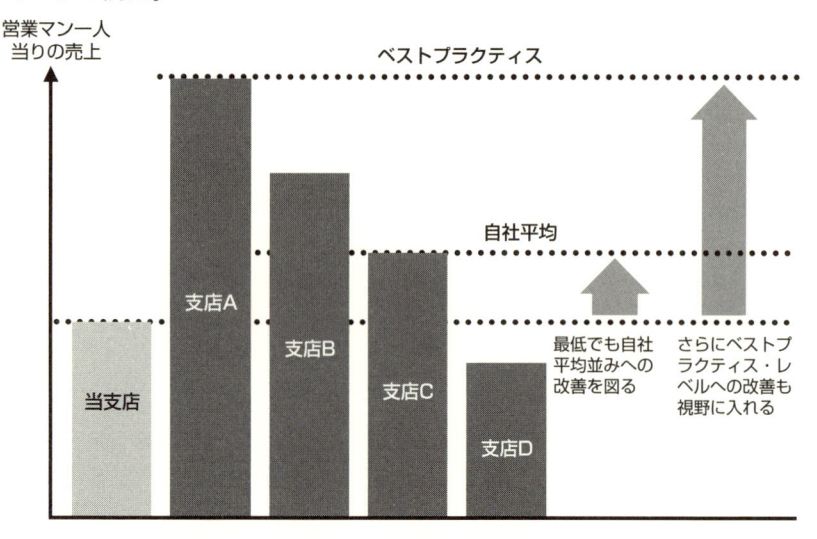

縦軸: 営業マン一人当りの売上
横軸（左から右）: 当支店、支店A、支店B、支店C、支店D
水平線: ベストプラクティス（上）、自社平均（中）
矢印注記: 「最低でも自社平均並みへの改善を図る」「さらにベストプラクティス・レベルへの改善も視野に入れる」

　これを見た支店長は"何やってんだ。最低でも業界平均にはいけ！さらにベストプラクティスのＡ社を目指せ！"となるのが普通だろう。しかし、ベンチマーキングの数値改善ばかりが一人歩きするのはとても危険だ。ベンチマーキングは、まずは改善箇所を突き止めるために使うのが正しい使い方だからだ。原因を潰さないまま数値ばかり追っても、どこかにシワ寄せがくる。

第5章●実戦テクニック2：仮説を実際に検証してみる・ツール編B

さて、ベンチマーキングで使う指標はさまざまだ。経営で使う数値から現場で使う数値まで、たとえば、以下のようになる。

- 経営レベル：ROA、売上高、経常利益率、株価、顧客満足度
- 管理レベル：製品別粗利、工場別返品率、支店別一人当り売上高、特許取得件数
- 現場レベル：工程ごと不良品発生率、営業個人別訪問件数、担当者別コールセンター処理件数

ベンチマーキングの指標は比べて意味のあるものにする必要がある。たとえば、支店別の売上高絶対値を比べても（普通は）何の意味もない。比較すべき数値は"売上高／支店営業員数"などだろう。

ベンチマーキングの指標すべてでトップとなるのは無理だ。そんなことを目指すのは、何も考えていない証拠だ。

しかし、自社の強みと考える指標には徹底してこだわろう。勝ちを譲ってはいけない。たとえば、自社の強みが品質の高さにあるなら、顧客満足度や不良品率は競合に負けてはいけない。なぜなら、それが自社の競争力の源泉であり、それが競合より悪いなら、競争力が失われたことになるからだ。

なお、ベンチマーキングで企業を比較する場合、業種はもちろん、顧客セグメントやビジネスシステムが似た企業の間で比較しよう。

たとえば、セブン-イレブンとローソンの比較は意味あるが、同じ小売業でもダイエーと三越を並べてはいけない。笑い話のようだが、現実にはありがちな間違いだ。

●指標の構造化

ベンチマーキングで最も大事なのが、**指標を構造化**することだ。

まずは、ベンチマーキングで最終的に改善したい経営管理の**目標指標**を決める。そして目標指標を順次分解していき、現場レベルで使える**行動指標**に落としていく。そして、分解はできる限り四則演算を使っていこう。最後に行動に直結する指標に落とし込むことが目標だ。

下に示す例では、**ROA（総資産経常利益率）** の向上が最終的な**経営指標**となる。

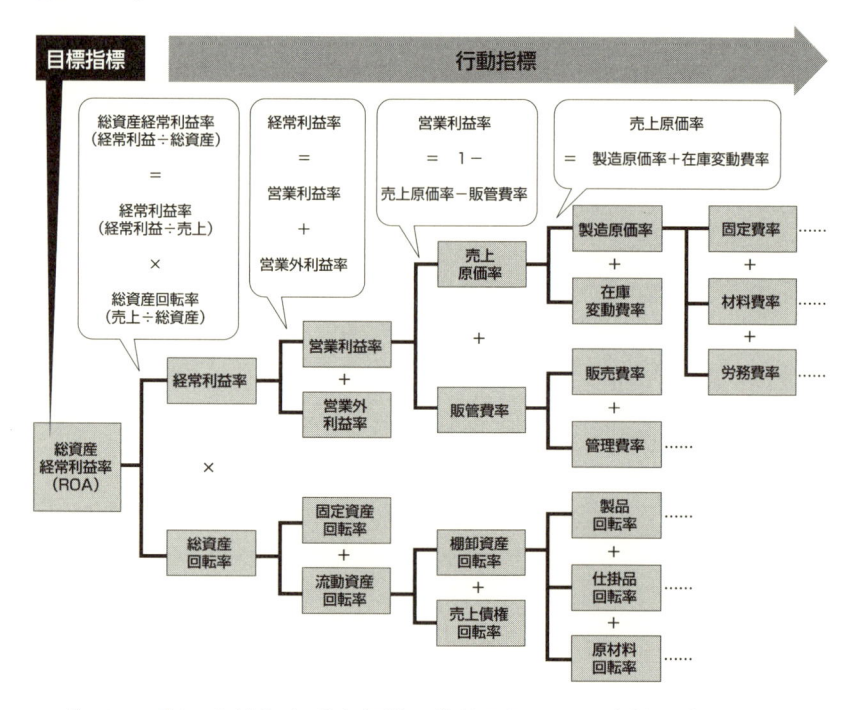

目標指標	→	行動指標			
総資産経常利益率（ROA）	総資産経常利益率（経常利益÷総資産）＝ 経常利益率（経常利益÷売上）× 総資産回転率（売上÷総資産）	経常利益率 ＝ 営業利益率 ＋ 営業外利益率	営業利益率 ＝ 1 − 売上原価率 − 販管費率	売上原価率 ＝ 製造原価率 ＋ 在庫変動費率	
				製造原価率	固定費率 ＋ 材料費率 ＋ 労務費率
				在庫変動費率	
			売上原価率 ＋ 販管費率	販売費率 ＋ 管理費率	……
		総資産回転率	固定資産回転率 ＋ 流動資産回転率	棚卸資産回転率 ＋ 売上債権回転率	製品回転率 ＋ 仕掛品回転率 ＋ 原材料回転率 ……

"ROA10％の必達" などを経営の数値目標にする会社は多いが、それだけいっても、現場レベルで何をすべきかはまったく伝わらない。指標を構造的に分解して、はじめて彼らが自分たちで使える・改善できる指標が見えてくる。

第5章●実戦テクニック2：仮説を実際に検証してみる・ツール編B

　現場レベルの指標を改善することが、会社全体にとってどんなインパクトがあるのか、指標を構造化して示してあげよう。

　なお、行動指標の最後の末端の部分まで、必ずしもMECEや四則演算にはこだわる必要はない。それより現場の指標と経営の指標とのリンクを示すほうが大事だ。

　さて、ベンチマーキングの指標を構造化すれば、ベンチマーキングの結果を追うことにより、改善すべき箇所を絞り込むことができる。

　たとえば、左ページの図で目標指標のROAが未達の場合、経常利益率が悪いか、総資産回転率が悪いかのいずれかだ。

　悪い指標、悪い指標と辿っていけば、下図のように根本の原因になっている行動指標（ここでは材料費率と仕掛品回転率）にたどり着く。この指標を改善すれば、目標指標も改善するはずだ。これなら説得される側も納得できるし、目標も明確だ。

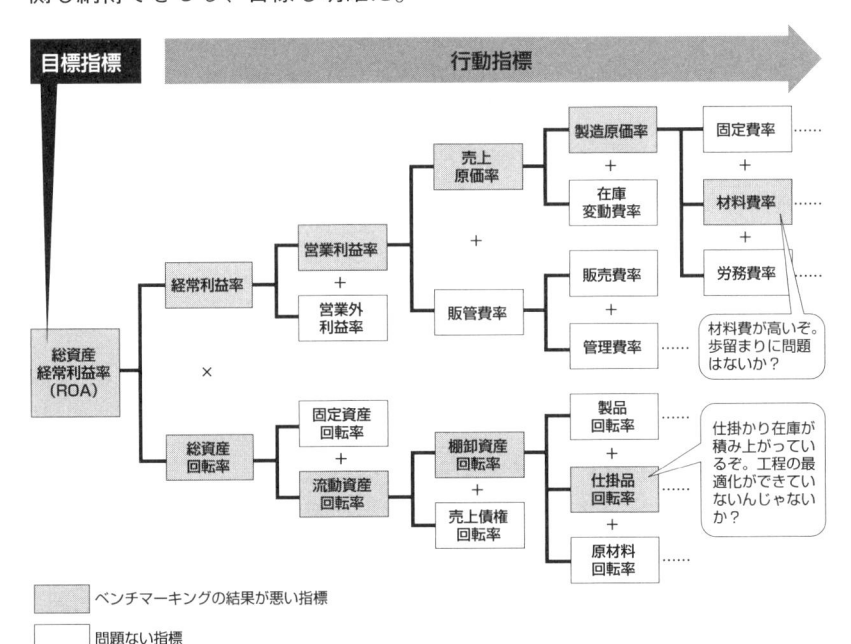

```
目標指標 ──────── 行動指標 ────────→

総資産          経常利益率 ×        営業利益率     売上原価率    製造原価率    固定費率
経常利益率                         ＋              ＋            ＋          ＋
(ROA)                              営業外          販管費率      在庫変動費率  材料費率
                                   利益率                                    ＋
                                                                             労務費率
               総資産回転率         固定資産回転率   棚卸資産回転率  製品回転率
                                   ＋              ＋             ＋
                                   流動資産回転率   売上債権回転率  仕掛品回転率
                                                                  ＋
                                                                  原材料回転率
```

（材料費が高いぞ。歩留まりに問題はないか？）

（仕掛かり在庫が積み上がっているぞ。工程の最適化ができていないんじゃないか？）

■ ベンチマーキングの結果が悪い指標
□ 問題ない指標

指標を構造化しないままベンチマーキングをしてしまうと、膨大な手間をかけてデータを収集しても、エクセルで闇雲にグラフを打ち出すだけになる。そんなグラフをもとに"あれが悪い、これが悪い""いや、こっちはいいです。あっちは悪くない"と議論したところで、何の解決策も見えてこない。最悪の場合、"人が多い！"とか、いきなり結論が出て、納得性のないままリストラが始まったりしてしまう。

● 例題 ●

あなたの会社は、中小診療所向けの小型測定器を販売している。

扱う製品は、簡便な血液分析計など一般的な医療計測機器だ。価格も数十万円レベルで、担当医師や事務局責任者の判断一つで買ってもらえる範囲だ。一つの医療機関で１台あれば、たいていの用は足りる。

あなたの会社の売上は最近伸び悩んでいる。あなたの見るところ、全国にある営業所ごとに、効率面で相当に差があるようだ。あなたは、営業所別の差をきちんとデータに示し、営業所長に"ガツン"と言おうと思っている。

市場はそこそこ伸びており、製品の競争力もあるはずだ。元気な営業所はまだまだ売上は伸びているが、どうも"楽をしている"営業所もありそうだ。

営業員１人当りの担当診療所数は営業所によってそれほど違いはないはずだ。また、中小診療所のニーズや経営規模は、ならしてしまえば地域でそんなに変わらないはずだ。

販売価格は本社が集中的に管理しており、ほぼ全国一律価格で売っている。支店長には割引の権限はない。

どうも営業員の動き方が営業所によって相当違い、それが実績の差に出てくるようだ。また、契約の勝率に結びつく営業員のスキル、つまり

第5章●実戦テクニック2：仮説を実際に検証してみる・ツール編B

見積もり作成の能力や最終的に成約までもっていく能力にも、個人ごとに相当差があるようだ。

しかし営業所長に直接確認しても、いろいろ言い訳するばかりで、なかなか改善しない。"忙しい、忙しい"と言いながら、既存顧客のところにばかり行っているようでは、営業成果は上がらない。訪問回数の改善を指示しても、行きやすいところに行って回数を稼ぐとか、すぐにごまかされてしまう。

各営業所長はそれなりに力があるのだが、どうも今までデータで管理された経験がないので、かなり甘えがあるようだ。ここで"逃げ場のないデータ"を見せれば、今まで気を緩めていた人も、きちんと頑張るはずだとあなたは信じている。

ここであなたなら、どのようにベンチマーキング指標を設計し、営業所長に逃げ場のないデータを示し、"ガツン"と言うか？

なお、ここでの目標指標は"売上高／域内中小診療所数"とする。

●ヒント

ここでは問題がない指標が2個出てくる。これを最初の段階で外してしまえば、あとは簡単になるはず。

❼ プロセス時間分析：
外からの時間に目を向けろ

　プロセス時間分析とは、時間に注目して業務プロセスを改善するためのツールである。業務改善を行なう際には、必ず使われるツールだ。
　この分析をするためには、まず"業務プロセスチャート"を作ろう。これは横軸に時間を、縦軸に関連する人や部門をとり、業務の流れと時間を入れたチャートだ。
　たとえば、銀行の融資業務について業務プロセスチャートを描いていくと下図のようになる。

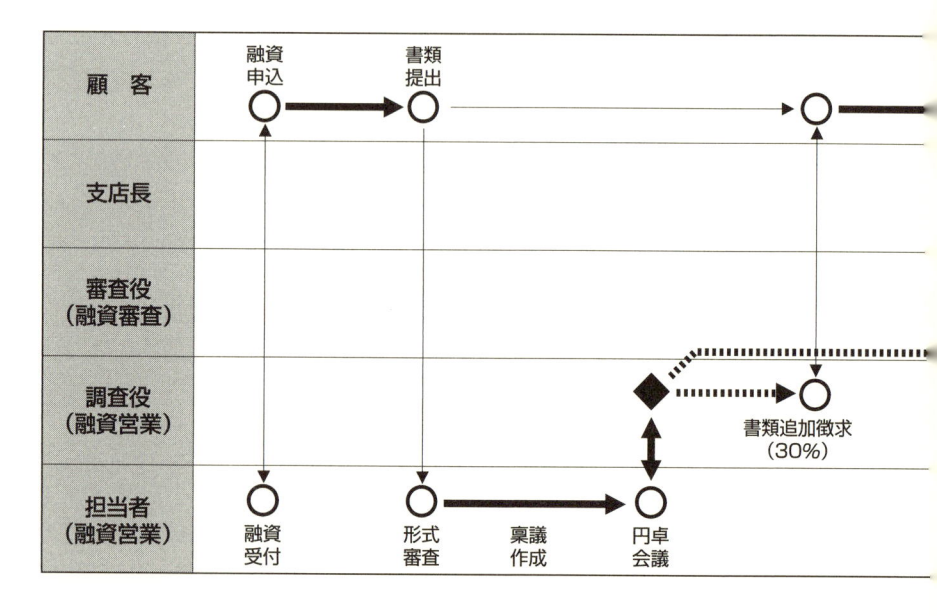

顧　客	融資申込 → 書類提出			○
支店長				
審査役（融資審査）				
調査役（融資営業）			◆ ┅┅ ○ 書類追加徴求（30％）	
担当者（融資営業）	○ 融資受付 → ○ 形式審査 → 稟議作成 → ○ 円卓会議			

凡例）○：連絡・ミーティング　◆：意思決定　▬▬：作業　┅┅：条件分岐　───：待ち時間

第5章●実戦テクニック2：仮説を実際に検証してみる・ツール編B

プロセス時間の調査方法（参考）

　プロセス時間の計測といっても、ホワイトカラーの作業時間を"タイムウォッチで測る"のは現実的でない。並行作業があったり待ち時間や休憩があったりで、まともな答えは出てこない。以下のように外枠から時間を抑えるのが賢い方法だ。

①まず、ヒアリングにより業務プロセス全体を洗い出す。支店によるローカルルールも多いし、人により同じ名前で違う作業内容を指していたりするので注意しよう。作業待ち時間が多いようなら、あらかじめ入れておこう。まずはきれいに個々のプロセスを洗い出し定義しておかないと、あとで何が何だかわからなくなる。
②次に個々の業務プロセスごとに、かけた時間の合計を確認する。週や月全体でザックリと何時間かけたのかを聞けばよい。個別プロセスの作業時間を積み上げて、ほぼ全労働時間になることを確認しよう。
③個々のプロセスの作業量、つまり伝票処理なら何枚伝票を切ったか、を調べる。作業日報や伝票、またITデータなどにあたろう。
④個々の作業プロセスについて、かけた時間を作業量で割れば、個別の作業に必要な時間がわかる。

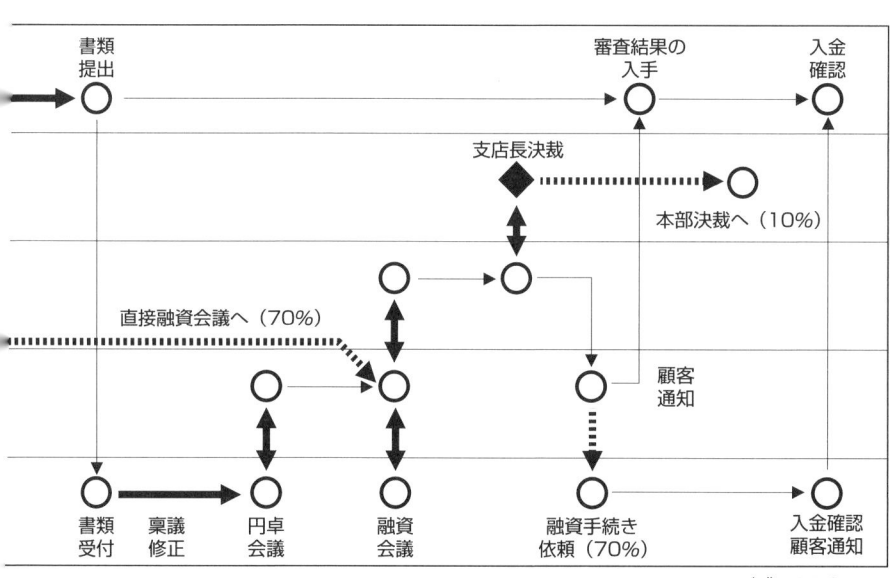

⟶ 時間

出典：A.T.カーニー

●内からの時間分析

　社員の側から業務プロセスにかかる時間を見るのが、"内からの時間分析"だ。社員の業務効率を上げるために使う分析だ。

　たとえば、この融資担当者の平均的な1日の仕事の時間配分を、棒グラフにしたのが下図だとする。グラフ左側が顧客との面談など（それなりに）付加価値のある部分。右側は移動時間や管理業務など付加価値のない（＝仕事をしていない）時間だ。

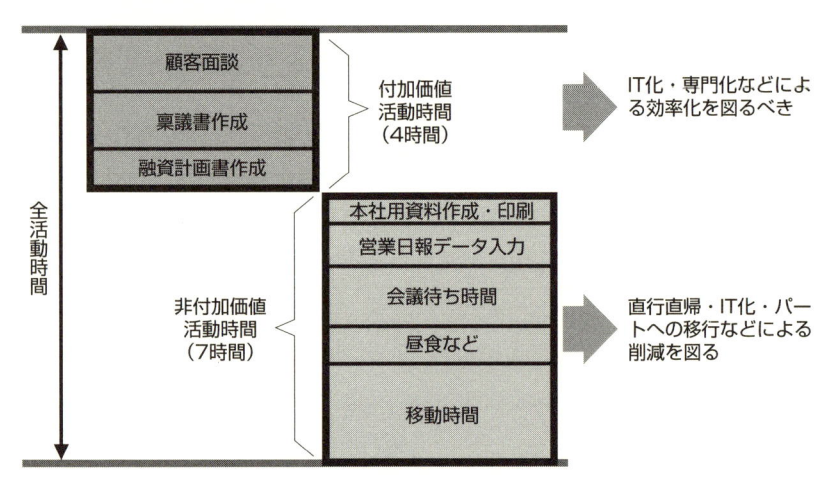

```
全活動時間
├─ 付加価値活動時間（4時間）
│   ├─ 顧客面談
│   ├─ 稟議書作成
│   └─ 融資計画書作成
│   → IT化・専門化などによる効率化を図るべき
└─ 非付加価値活動時間（7時間）
    ├─ 本社用資料作成・印刷
    ├─ 営業日報データ入力
    ├─ 会議待ち時間
    ├─ 昼食など
    └─ 移動時間
    → 直行直帰・IT化・パートへの移行などによる削減を図る
```

　どこまでを"付加価値あり"と認めるかにもよるが、多くの会社では非付加価値時間（＝仕事をしていない時間）が、付加価値時間（仕事をしている時間）より相当長い。まずは、非付加価値時間の削減を考えよう。この例では次のような打ち手が考えられるだろう。

- 最も長い時間を占める移動時間については、朝礼をなくして直行できるようにする。
- 営業日報はモバイルを活用し、移動中の空き時間や帰宅後にも入力できるようにする。
- 本社用資料の作成・印刷作業は、機密の問題がクリアできる先に外注する。

第5章●実戦テクニック2：仮説を実際に検証してみる・ツール編B

　これで非付加価値時間を仮に1時間は削減できるとすると、残業時間が同じなら、付加価値時間を4時間→5時間と、25％アップを期待できる。すでにこのような施策を実施済みの会社も多いだろう。

　加えて、付加価値時間もITを活用することで効率化できる。しかし、それ以上に効果があるのは、そもそも、その仕事の必要性を見直すことだ。
　とくに書類作成は、以前に何かの必要があって作られた書式が、意味がなくなってからも延々と作られ続けているという例が多い。営業日報などは"毎日つけるように"と指示されるものの、その後、まったく利用されない書類の代表例だろう。
　ある銀行で調査をしたところ、上層部に回覧されるものの、まったく利用されていない書類が、全体の7割を占めたという例もある。行員の無駄な仕事量たるや莫大なものだ。しかし、上層部は部下がそんな（無駄な）書類作りのために毎日深夜まで残業しているとは、夢にも思っていなかったらしい。
　無駄な書類の弊害は作業時間だけではない。たとえば、意味のない帳票に稟議の印鑑を押すだけで仕事をした錯覚に陥ったりするのも問題だ。また、重要な情報と無駄な情報と区別がつかないまま上まで延々回覧されていては、正しい意思決定に必要な情報を、見きわめることは難しい。

　書類以外で時間削減が必要なものの代表格は会議だろう。会議の進め方を効率化する方法をいろいろ取り入れるより、まず考えるべきは会議を廃止する、または出席者を絞り込むことだろう。重要な意思決定をするには対面で議論する会議は必要だが、報告事項ならメールで十分だ。儀式みたいな会議に人を大勢引っ張り出すのは無駄以外の何ものでもない。

●外からの時間分析

　顧客の視点から業務プロセスを見るのが、"外からの時間分析"だ。こちらのほうが内からの時間分析よりずっと大切だ。内からの時間分析の視点が業務コストの削減なのに対し、外からの時間分析は、時間短縮＝サービス差別化、の視点だからだ。サービス時間の短縮は競争力の強化に直結する。

　顧客がサービスを受けるまでの時間（**ターンアラウンド・タイム**）を考えよう。下図の例では、顧客が融資を申し込んでから、お金の払込みを受けるまでの時間だ。多くの銀行は平均して2週間ぐらいかかる。

　しかし、銀行内部で実際に顧客のために作業している時間は、せいぜい2～3時間だろう。実際に銀行内部で業務が行なわれている以外の330時間以上は、顧客を単に待たせているだけだ。この改善を何とか考えよう。

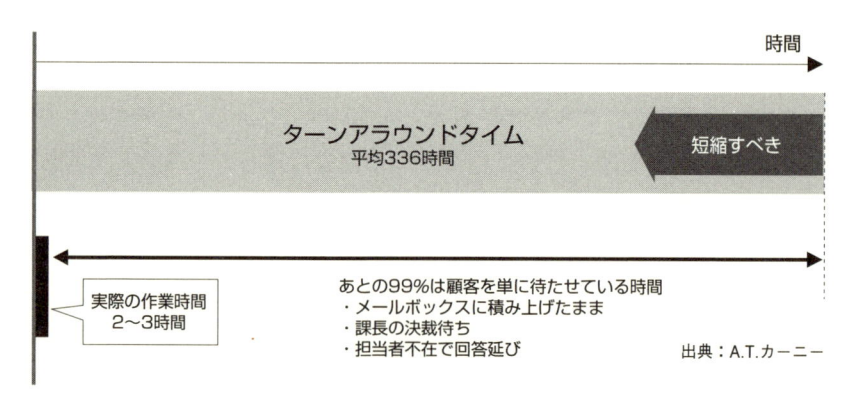

```
                                                                時間
┌─────────────────────────────────────────────────────→

        ┌────────────────────────────────────────┐
        │        ターンアラウンドタイム          │  ←── 短縮すべき
        │           平均336時間                  │
        └────────────────────────────────────────┘

■←──────────────────────────────────────────────→
┌──────────┐   あとの99％は顧客を単に待たせている時間
│実際の作業時間│   ・メールボックスに積み上げたまま
│  2～3時間  │   ・課長の決裁待ち
└──────────┘   ・担当者不在で回答延び
                                           出典：A.T.カーニー
```

　しかし、現実には多くのプロセス時間分析は、内からの時間の視点でしかなされていない。せっかくお金をかけたIT導入も競争力強化に活かされない例が多い。いかに顧客を無視しているかだ。

　たとえば、この銀行が"融資自動審査システム"を導入したとする。ところが業務プロセスが変わらなければ、顧客は相変わらず2週間待たされる。これでは、せっかく導入したITも競争力向上にはまったく活か

第5章●実戦テクニック2：仮説を実際に検証してみる・ツール編B

されない。

せっかくITを導入するなら、抜本的な業務見直しをかけよう。コスト削減だけでなく、ターンアラウンド・タイム短縮の視点を持とう。この点でビジネス・プロセス・リエンジニアリング（BPR）の考え方である、

- 組織の壁を取り払って考える
- 顧客の視点で業務を再設計する
- ITでできることを最大限に活用する

などは、まだまだ有効だ。マイケル・ハマー氏の『リエンジニアリング革命』（日本経済新聞社）を読んでみよう。まだまだ、できることはたくさんあるはずだ。

たとえば、自動審査システムの導入と同時に、プロセスを再設計してみよう。下図のようにプロセスを変更すれば、2週間だったターンアラウンド・タイムを、ほぼ1日まで短縮することができそうだ。これならIT導入は大きな競争力強化につながる。

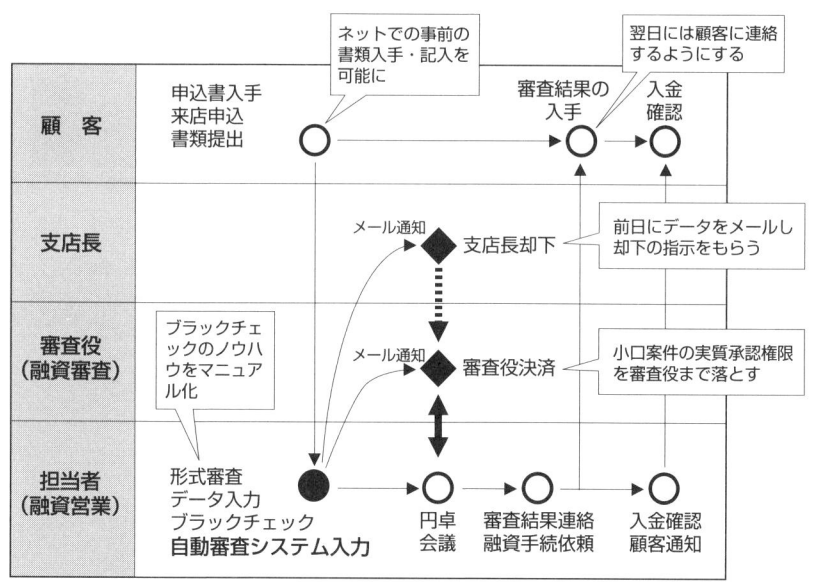

| 顧客 | 申込書入手 来店申込 書類提出 ○ → | | 審査結果の 入手 ○ → | 入金 確認 ○ |

（凡例）●：作業　○：連絡・ミーティング　◆：意思決定　■：作業　|||||：条件分岐　――：待ち時間

出典：A.T.カーニー

- ネットでの事前の書類入手・記入を可能に
- 翌日には顧客に連絡するようにする
- 前日にデータをメールし却下の指示をもらう
- 小口案件の実質承認権限を審査役まで落とす
- ブラックチェックのノウハウをマニュアル化

支店長：メール通知 ◆ 支店長却下
審査役（融資審査）：メール通知 ◆ 審査役決済
担当者（融資営業）：形式審査 データ入力 ブラックチェック **自動審査システム入力** ● → 円卓会議 ○ → 審査結果連絡 融資手続依頼 ○ → 入金確認 顧客通知 ○

❽ ピーク分析：
稼働率を平準化せよ

来店客数などを時間帯別などのヒストグラムに描いたのがピーク分析だ。一定の設備キャパシティがあるビジネスで、資産の稼働効率最大化を検討するために使う。

下の図を見てみよう。横軸が時間帯、縦軸が来店客数・利用客数をプロットした棒グラフだ。

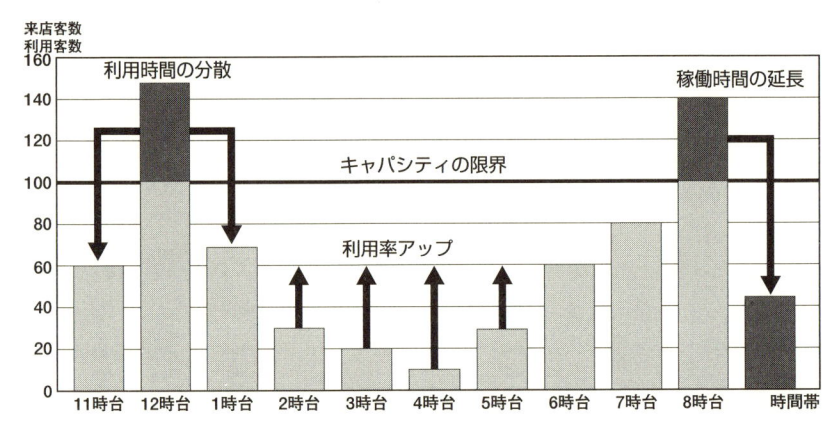

来店客数
利用客数

グラフ内ラベル：利用時間の分散／キャパシティの限界／利用率アップ／稼働時間の延長

横軸：11時台　12時台　1時台　2時台　3時台　4時台　5時台　6時台　7時台　8時台　時間帯

利用量がキャパシティを超えると、待ち行列の滞留（飲食店なら顧客を長時間待せたり、工場なら納期が遅くなったりする）や、機会ロス（飲食店なら、込んでいると来た客も別の店に行ってしまう、工場なら注文が来ても断わってしまう）が起きる。

かといって、キャパシティをあまりに大きく設計しても、せっかく投資した設備が遊んだままになってしまう。

損益分岐点分析の項目（284ページ）でも説明するが、原価に占める固定費の割合が高いビジネスでは、稼働率が損益を左右する最大のキードライバーとなる。稼働率を高く保ちつつ、かつ機会ロスや待ち行列を

第5章●実戦テクニック2：仮説を実際に検証してみる・ツール編B

最小にすることが求められる。そのためには稼働率を平準化する必要がある。

稼働率平準化のために打つべき手は、次の3つだ。

①ピークの利用時間をずらす。割高なピーク料金設定など。
②稼働時間を延長する。
③オフピークの利用をアップする。割安な料金設定や予備金・仕掛品の生産など。

ピーク分析は、次のように幅広い分野で使える。これらはすべて固定費の割合が高い、またはキャパシティに限界量があるビジネスだ。

- 製鉄所高炉や発電所などプラントの稼働率
  固定費型産業の典型だろう。とくに、発電所は24時間均等負荷運転が求められるので、季節と時間帯別に電力料金を大幅に変え、稼働率の平準化を図っている。
- 飛行機、鉄道などの搭乗率・旅館、ホテルの空室率
  飛行機や旅館は稼働率により料金が数倍異なるのはご存じのとおり。これも稼働率平準化が目的だ。
- レストラン
  稼働率で収益が決まるビジネスの代表だ。込んでいる店がおいしい（＝食材にお金をかけられる）のはビジネス面からも正当化できる。居酒屋がランチメニューを始めているのは時間延長の例だろう。
- データセンター
  ネットの世界ではいきなり平常の何百倍ものアクセスが集中することもよくあるが、このためにサーバー能力を拡張するのはあまりに無駄が大きい。コンテンツ・デリバリー・ネットワークなどを活用して、負荷分散する手段も考えよう。

その他、スポーツクラブや銀行なども、この例にあてはまるだろう。

Column
TOC（制約理論）

　ベストセラーになったエリヤフ・ゴールドラット氏の『ザ・ゴール』（ダイヤモンド社）で紹介されているのが制約理論（TOC：Theory of Constraint）だ。キャパシティの利用効率最大化を目指す意味で、ピーク分析の考え方を進化させたものといえる。

　TOCの趣旨は、ボトルネックの工程をフル稼働させ、それ以外の工程はボトルネックのキャパシティに合わせて設計しろ、ということだ。

　下図の上側を見てみよう。ボトルネック以外の工程の稼働率を上げても無駄な在庫を作るだけだ。利益の最大化を図るには、下側のようにボトルネックのキャパシティに合わせて生産を最適化すべきだ。

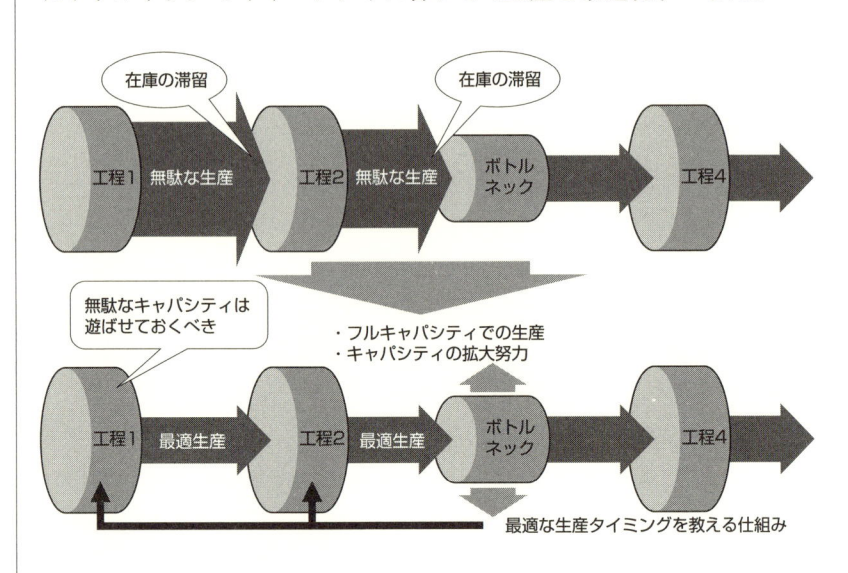

（図：上段）工程1　無駄な生産　→　工程2　無駄な生産　→　ボトルネック　→　工程4
　　　　　　　　　在庫の滞留　　　　　　在庫の滞留

（図：下段）工程1　最適生産　→　工程2　最適生産　→　ボトルネック　→　工程4
　　　　　無駄なキャパシティは遊ばせておくべき
　　　　　・フルキャパシティでの生産
　　　　　・キャパシティの拡大努力
　　　　　最適な生産タイミングを教える仕組み

　ボトルネック以外の工程は（働かせずに）遊ばせておくべき、というのが全体最適化の視点だ。TOCの元祖といえる「トヨタ生産方式」

を作った大野耐一氏は"暇なら遊んでおれ、仕事がないならじっとしていろ"と表現している。

TOCは工場の生産以外にも、物流プロセス、また事務プロセスの設計などにも広く応用できる考え方といえる。

蛇足だが、『ザ・ゴール』には個人的な思い出がある。

私が米国で学生をしていたとき、授業の一環としてGEで企業実習をしたことがあった。そのとき、GEの社員に"日本人の得意な生産管理だったらこの本がお勧めだよ"と紹介されたのが、この『ザ・ゴール』だった。

彼が"おーい、この本を持っているか？"とまわりに声を掛けると、次々に"おー、俺も読んだぞ"と声があがった。そこにいた技術者数十人が全員が読んでいたのだ。米国製造業の復活を肌で感じた一瞬だった。

読んでみると、戦略思考に示唆するところも多い。

まずはじめに、主人公が教授に会う場面で、主人公が"生産性が大幅に向上しました"と言う。すると教授は"それはすごい。で、いくら利益が上がったのかね"と聞く。主人公は実は把握していない。ゴールとすべきは利益であり、個別の工程の生産性ではないのだということを、いきなりガツンと示してくれる。

また、この小説の設定上、主人公が教授に教えを請う機会はきわめて少ない。主人公は否応なしに自分の頭で考えざるを得ない。主人公が教授の言葉を"そうか！"と理解するのは、子供とのハイキングのときだ。しかし、もしも教授が答えを懇切丁寧に教えてくれていたら、結果として主人公は教わったことを使いこなせなかっただろう。自分の頭で考え納得できた解決策しか、結果として役に立たないのだ。

回り道だと感じるかもしれないが、自分の頭で考え理解することの大切さを教えてくれる本でもあった。

❾ クリティカル・マス分析：資源投入を効率化せよ

　資源投入と期待効果の関係から最も効率のよい資源投入のポイントを求める手法が、クリティカル・マス分析だ。

　下図を見てみよう。横軸は投入する経営資源の量（金額や人数）、縦軸にその効果だ。投入資源と期待される効果は必ずしも直線ではない。

　最低限の資源（＝クリティカル・マス）を投入しないと効果は上がらない。だからといって、ジャブジャブと資源を注ぎ込んでも、成果はそれに比例して上がらない。投入資源は少なすぎても、多すぎても非効率だ。下図でアミ掛けの濃い部分が、最も効率のいい資源投入となる領域である。

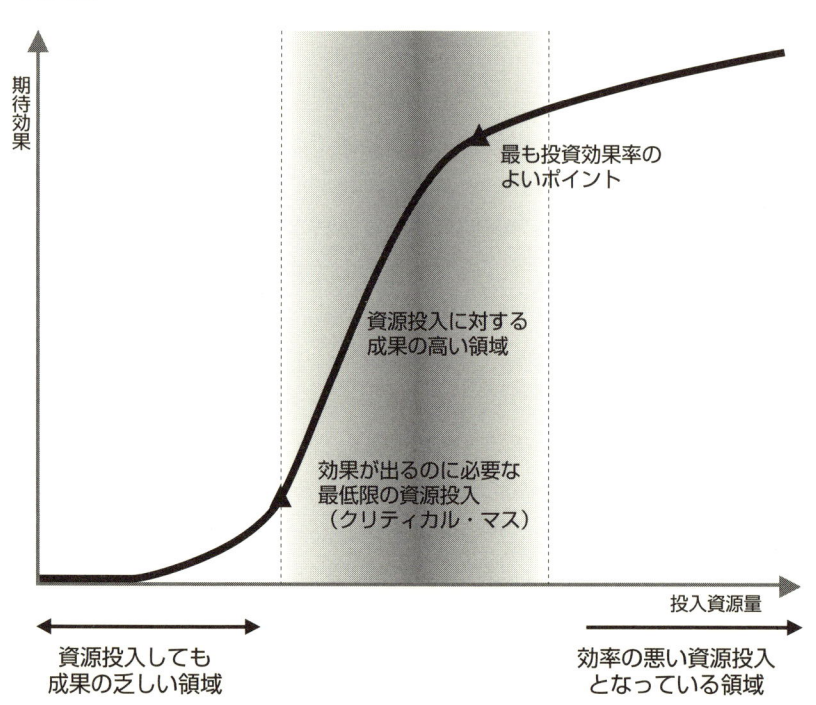

- 縦軸：期待効果
- 横軸：投入資源量
- 最も投資効果率のよいポイント
- 資源投入に対する成果の高い領域
- 効果が出るのに必要な最低限の資源投入（クリティカル・マス）
- 資源投入しても成果の乏しい領域
- 効率の悪い資源投入となっている領域

第5章●実戦テクニック2：仮説を実際に検証してみる・ツール編B

　クリティカル・マスのある例として、セールス活動がある。ある程度専門性が高い商品は、1回、2回の訪問では顧客は買ってくれない。かといって日参したところで、そうそう何個も買ってくれるわけではないだろう。ベストな訪問回数のレンジがあるはずだ。

　訪問回数と売上高をプロットしてみて下図のようになったとしよう。最も効率がよいベストプラクティスは4回の訪問で売るパターンだ。4回の訪問でキチンと売れるように、ベストプラクティスから学ぶべきだ。

　逆に、問題があるのが右下の領域だ。訪問先を間違えていないか、顧客ニーズを外していないか、まともな説明をしていないのか、原因を突き止め適切な対策を打てば、セールス効率はグッとよくなるはずだ。

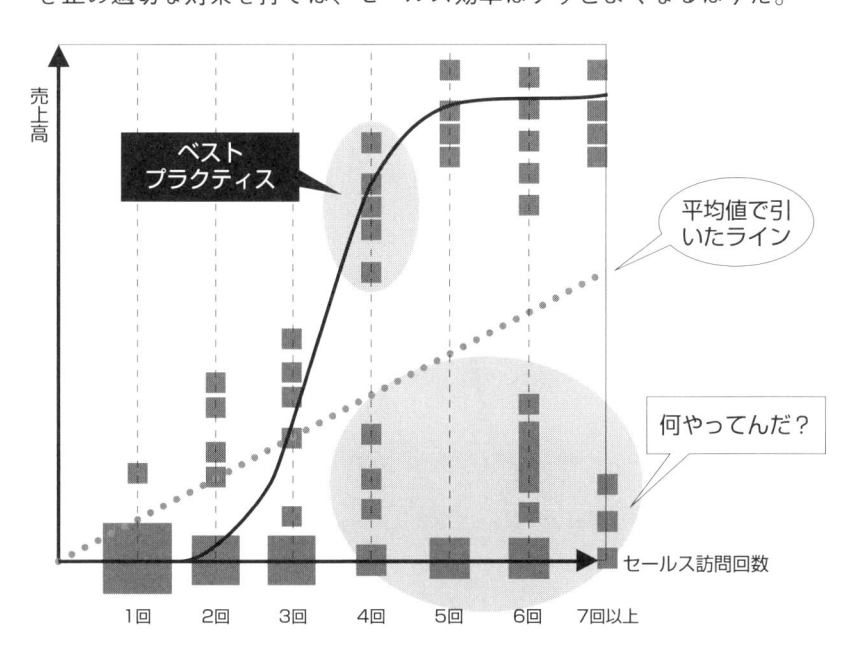

　クリティカル・マス分析で大切なのは、個別のデータを散布図にプロットすることだ。上図の点線のように平均値をプロットしてしまうと、「やっぱり回数と売上は比例するぞ。どんどん客先を回れ」などと、間違った結論を出してしまう。

ほかにも、クリティカル・マスがある例として、広告宣伝や研究開発投資が挙げられる。

　たとえば、高価なテレビ広告を週に1回15秒入れても、ほとんど効果は期待できない。また、大枚はたいて大広告を繰り返しても、必ずしも比例した効果が出るわけではない。最適な広告効果ポイントはそれなりにあるはずだ。これは雑誌広告やDMなどにもあてはまる。

　また、研究開発で仮に1億円の予算がある場合、たとえばクリティカル・マスが500万円あたりにあるなら、100万円の研究投資を100個やっても成果は望めない。それなら、1,000万円の研究を10コやろう。個別の研究予算が多くても当たる保証はないが、全部ハズレよりはずっとマシだ。これはゲームの開発、映画の制作などにもあてはまる。

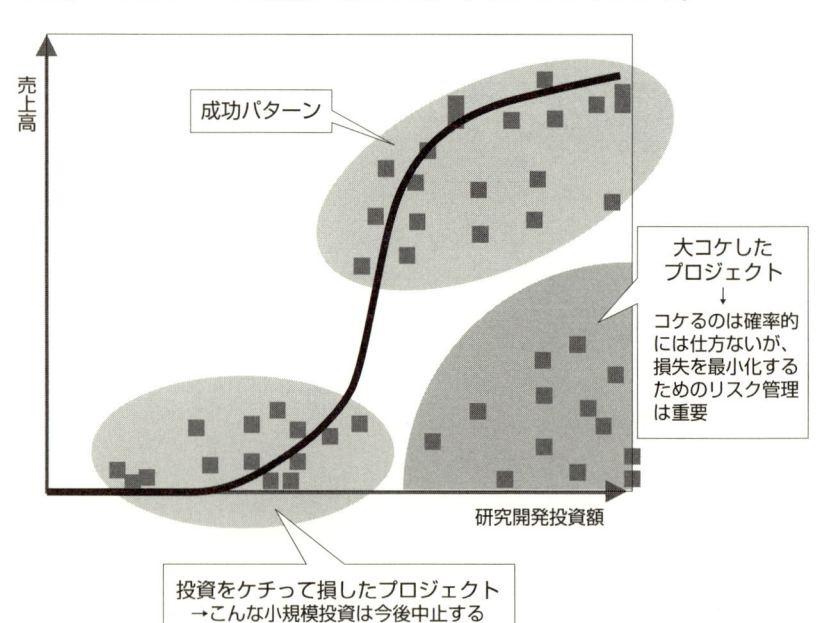

縦軸：売上高　横軸：研究開発投資額

- 成功パターン
- 大コケしたプロジェクト
  → コケるのは確率的には仕方ないが、損失を最小化するためのリスク管理は重要
- 投資をケチって損したプロジェクト
  → こんな小規模投資は今後中止する

Column
規模の効果と経験効果

クリティカル・マス同様、規模と成果に関係がある例として、規模の効果と経験効果がある。

たとえば製鉄所や化学プラントの製造原価（対数値）と製鉄所の規模（対数値）をプロットすると、右図のようにキレイに直線に乗ることが知られている。つまり、この場合では工場の規模が2倍になれば、製造原価が70%減少するという関係だ。これを**規模の効果**という。

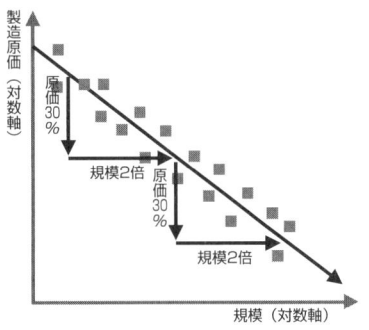

自動車会社や銀行業務など固定費型のビジネスでは、広くこの規模の効果が認められる。自社の拠点統合を検討するときのコスト推定や、他社のコスト推定などに使うことができる。

同じように、横軸に累積生産数（対数）、縦軸に製造原価（対数）をとっても直線的な関係になることが知られている。たとえば、累計1,000台時点での生産原価が1台当り100万円、累計1万台時点で30%下がって70万円となったら、累計10万台時点ではさらに30%下がって当初の半額の49万円になることが期待できる。生産プロセスの継続的な改善効果が数字にも現われてくるわけだ。これを**経験効果**という。

経験効果が大きい場合、将来の原価削減をあらかじめ見込んで積極的に価格競争を仕掛け、大量の受注を獲得することでさらにコスト優位性を獲得することも可能だろう。実際にこの戦略は、テキサス・インスツルメント社が半導体の分野で採用し、同社の覇権を築くもとになったとされる。

❿ プロダクト・ポートフォリオ・マトリクス：選択と集中

　プロダクト・ポートフォリオ・マトリクス（以下PPM）は経営資源を集中すべき事業と撤退すべき事業を選ぶために使うツールで、ボストン・コンサルティング・グループが発明したものである。仮説検証ツールの中では最も有名なツールだろう。

　PPMは下図のように、市場シェアを横軸に、市場成長率を縦軸にとった散布図に、事業や製品をプロットしたものだ。円の大きさは売上高を示す。また、グラフの4つの象限ごとに**問題児・スター・金のなる木・負け犬**という名前がついており、製品や事業のライフサイクルに対応させている。

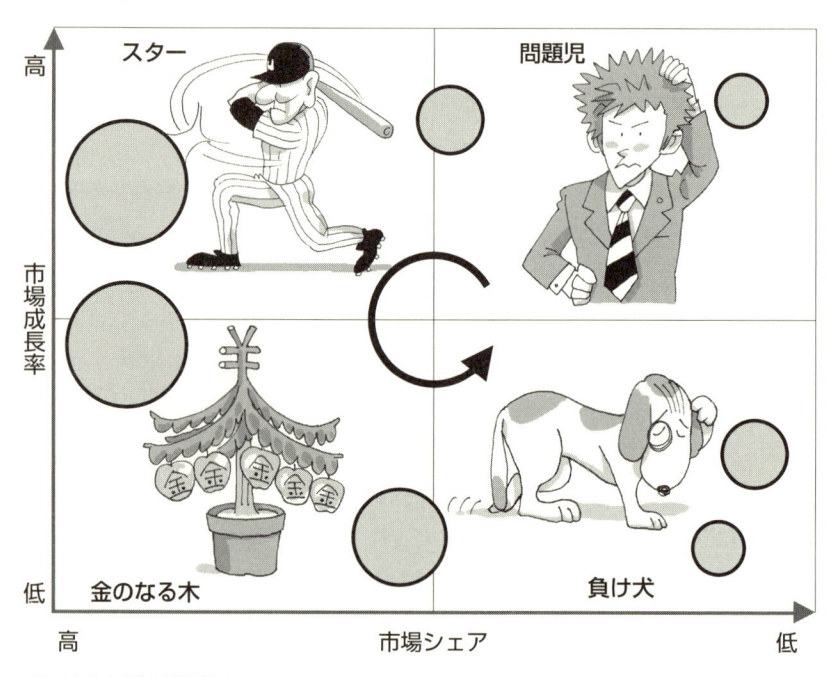

※円の大きさは売上高を示す。

PPMの理論では、製品や事業はそのポジションを、順次、下の図のように変えていく。この考えを**プロダクト・ライフサイクル**という。

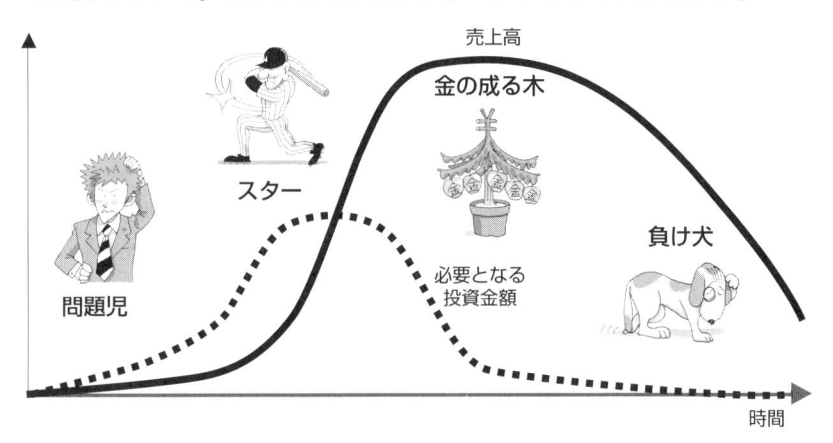

①「問題児」

製品が市場に登場してきた頃だ。市場の成長率または成長の期待値は高いが、新規参入も多く高いシェアを確保するのは容易ではない。研究開発などでお金がかかる割には、収益は確保できない。しかし早めに参入しないと参入障壁はどんどん高くなる。ただし、多くの会社は市場に参入してもこのステージで脱落していく。

②「スター」

問題児の時代を勝ち残った商品は、まだまだ成長を続ける市場で一定のシェアを確保できる。社内でも大きな注目を浴びる。このステージでは生産設備や技術開発へ積極投資し、将来の儲けの柱を確立しよう。

③「金のなる木」

成熟した市場で一定のシェアを確保した商品は、安定した利益を生み出し始める。このステージではコスト構造を改善し、分厚い利益を確保するのが重要だ。この商品で稼いだ利益は、次世代の金の成る木を産み出すべく、問題児やスターへの投資に回していこう。

④「負け犬」
　金のなる木もいつかは市場自体が縮小するか、または代替技術・商品が登場する。このステージでは、コストを最小限に抑えることで利益を確保し、また早めに事業を売って現金化することも視野に入れよう。

　ただし、PPMはあくまで大局論だ。現実の世界では、ヒット商品一つでPPM上のポジションはすぐに変わってしまう。島田隆氏が『最強の経営学』（講談社現代新書）の中で紹介したシャープの例を右ページに見てみよう。71年から99年まで連続してポートフォリオに登場する製品には電卓・カラーＴＶ・電子レンジがあるが、見ておわかりのとおり、必ずしも理論どおりのライフサイクルを辿っているわけではない。

　PPMが企業経営に持つ意味は、つねに事業や製品ラインの新陳代謝を進めなければならないということだ。金のなる木で稼げる間にスターを育て、またスターの種となる問題児をいくつか育てておこう。そうしないと、今はよくても次第にジリ貧になっていく。

　PPMの持つもう一つの意味は、同じ会社でもPPM上のポジションにより管理方法や行動原理をまったく変える必要があることだ。
　金のなる木と負け犬事業はほぼ安定した事業だ。また、事業の目的は収益を最大化することだ。このためにはリスクを極力避け、カイゼン的手法で確実な利益を出すことが求められる。このステージで求められる人材は、コストを確実に抑える管理型の人材だろう。
　一方、問題児とスター事業で求められることは、大胆にリスクを取り成長することだ。スター事業でも継続的な事業投資を躊躇すると、問題児へと転落してしまう。問題児事業になると、もっとリスクは大きく10に２～３が将来の成長の源泉として収穫できればよい程度になる。
　問題児とスター事業では、許容範囲の中でむしろ積極的にリスクをとることが求められる。また、変化の早い市場に即応した機敏な意思決定

第5章●実戦テクニック2：仮説を実際に検証してみる・ツール編B

シャープのポートフォリオの変遷（1971年〜1999年）

'71年のポートフォリオ

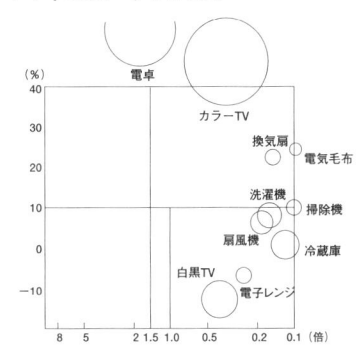

'73年のポートフォリオ

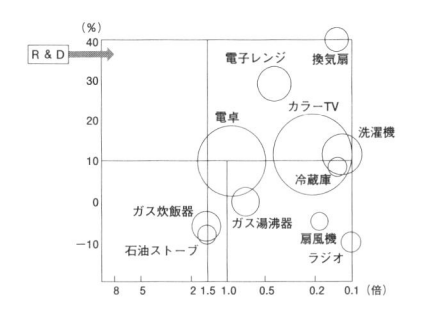

'79年のポートフォリオ

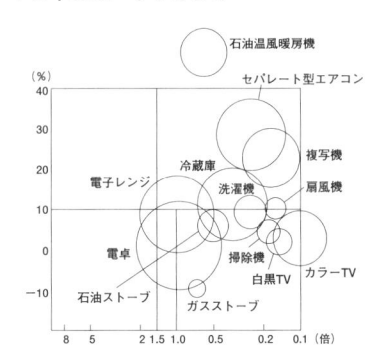

'84年のポートフォリオ

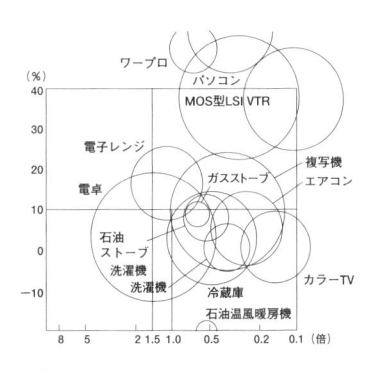

'89年のポートフォリオ

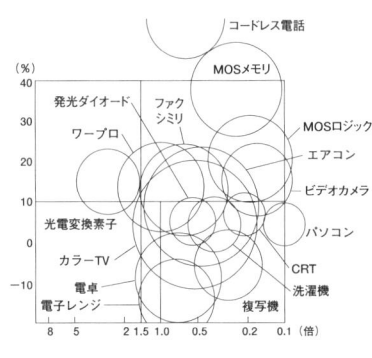

'99年のポートフォリオ

※点線の円は半径を1/2に縮小したもの

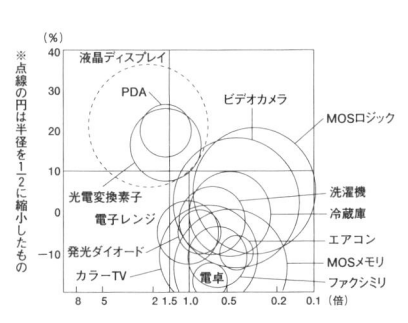

出所：『最強の経営学』島田隆（講談社現代新書）より

も大切だ。この事業で求められる人材は、起業家型の人材だ。ここにリスク回避型の文化や大企業的である減点主義的な人事評価制度を持ち込むと、将来の成長を止めてしまう。

　事業のポートフォリオを管理するとは、このようにPPMのポジションに応じて、違う文化やシステムを育てることでもある。

　さて、現実の場面では教科書どおりのPPMではなく、若干変形したものを使うことが多い。市場のデータを手に入れることは、現実問題として難しいことが多いからだ。

　PPMでは、横軸（＝市場シェア）は自社の強さ、縦軸（＝市場成長率）は市場の魅力度と読むことができる。ここで、自社の強さを利益率やEVA™などの評価指標、市場の魅力度を売上高成長率で読み替えて作ったグラフが下図の"自社事業ポートフォリオ・マトリクス"だ。

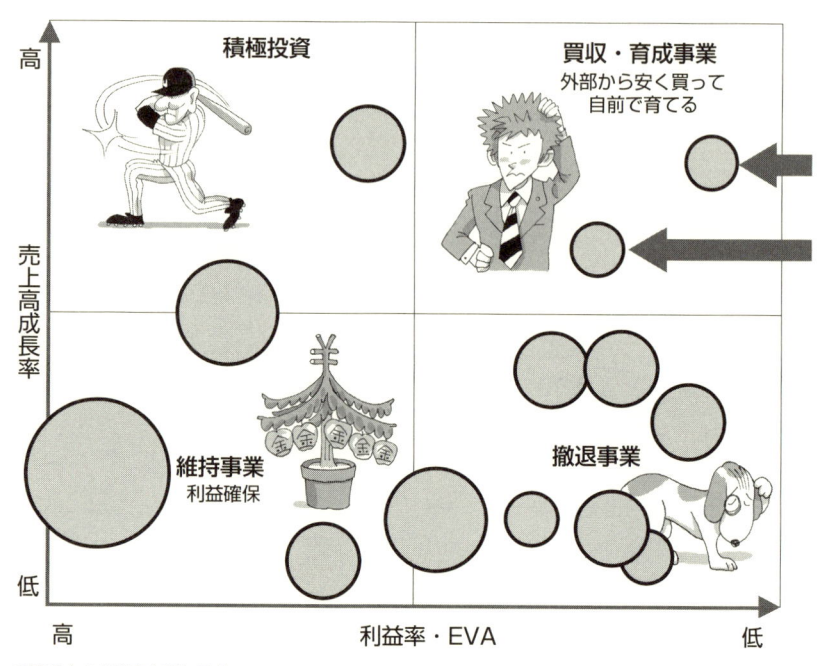

（縦軸：売上高成長率　高〜低／横軸：利益率・EVA　高〜低）

- 積極投資
- 買収・育成事業　外部から安く買って自前で育てる
- 維持事業　利益確保
- 撤退事業

※円の大きさは売上高を示す。

このマトリクスもPPMと同じ4つの象限ごとに、**買収・育成→積極投資→利益確保→事業撤退**のセグメントを考えることができる。

このマトリクスは事業の選択を集中を検討する、もう少し本音を言うと"選択したくない＝リストラ対象部門を明らかにする"ためによく使われる。

このマトリクスを描いてみると、歴史ある会社ほど右下の負け犬セグメントに多くの事業部が集まってしまう。歴代の社長を輩出した保守本流的事業部がこのセグメントに入る確率も高い。

企業の健全な成長のためには、それら事業を売却し新しい事業に投資すべきではあるが、生身の人間が絡んでいるので話は簡単でない。

現実の分析場面での最初の関門となるのは、説得力のある数値データの収集と加工だ。とりわけ"切り捨てられる事業部"にとっても十分説得力のあるデータを示して、反論を封じ込めなければならない。

最初の数字を出すと、いろいろなところで反論にぶつかる。

まずは、そもそもの部門の切り分けでモメる。「あんな赤字を出している事業と一緒にするな」、「あそこの黒字プロジェクトは政治的に分けられただけで歴史的にはわれわれの一部門だ」、「この資産がわれわれの部門に計上されているのはおかしい」というわけだ。

次に、横軸の利益の評価でモメる。「今までの利益率という評価基準からEVAに変えるのは不公平だ」、「資本コストの計算に異議あり」、「共通費の配賦基準が不公平だ」というわけだ。

さらに、事業の意義でモメる。「この事業所は××市の中核企業であり、撤退は大局的見地からは許されない」、「この技術は当社のフラッグシップであり、赤字でも継承する必要がある」というわけだ。

しかし、いろいろな議論を反映して再計算をしたところで、ポジションが大きく変わるわけではない。そのうち撤退対象となった部門も次第にあきらめがつき、次の身の振り方を考えるようになる。最初の数値を出してから最終的な合意（＝あきらめ）がつくまでに通常は半年以上かかる。

⓫ 損益分岐点分析：
　　どれだけ売れば、儲かるか

　損益分岐点は、この本の範囲外の財務分析だが、飛び抜けて多く使われるので、とくに紹介しておこう。

　損益分岐点分析（ブレークイーブン・ポイント＝BEP分析）は、売上と利益の関係を、横軸に売上高または売上個数、縦軸にコストと利益を金額をとったグラフだ。右ページの図で見てみよう。

　売上が10万円増えたら利益も10万円増えるわけではない。売上を増やせば、それに応じて原料の仕入れや加工の費用、また、販売経費や残業代などもかかってくるからだ。これらコストを比例費（または変動費）という。また売上から比例費を引いたものを限界利益という。商品を1個売って増える利益も、同じく限界利益という。

　また、比例費以外のコスト、つまり、売上に関係なくほぼ一定でかかる費用を固定費という。たとえば、事務所の家賃や従業員の基本給、また減価償却費などだ。

　損益分岐点とは、利益を上げるのに最低限必要となる売上高（または販売個数）を指す。式で書くと損益分岐点とは、

> 利益＝売上高－比例費－固定費＝限界利益－固定費＝０

となるポイントだ。別の表現をすれば、固定費＝限界利益となるポイントともいえる。また、売上個数から見た式で書くと、

> 損益分岐点の売上個数＝固定費÷１個当りの限界利益

となるポイントである。

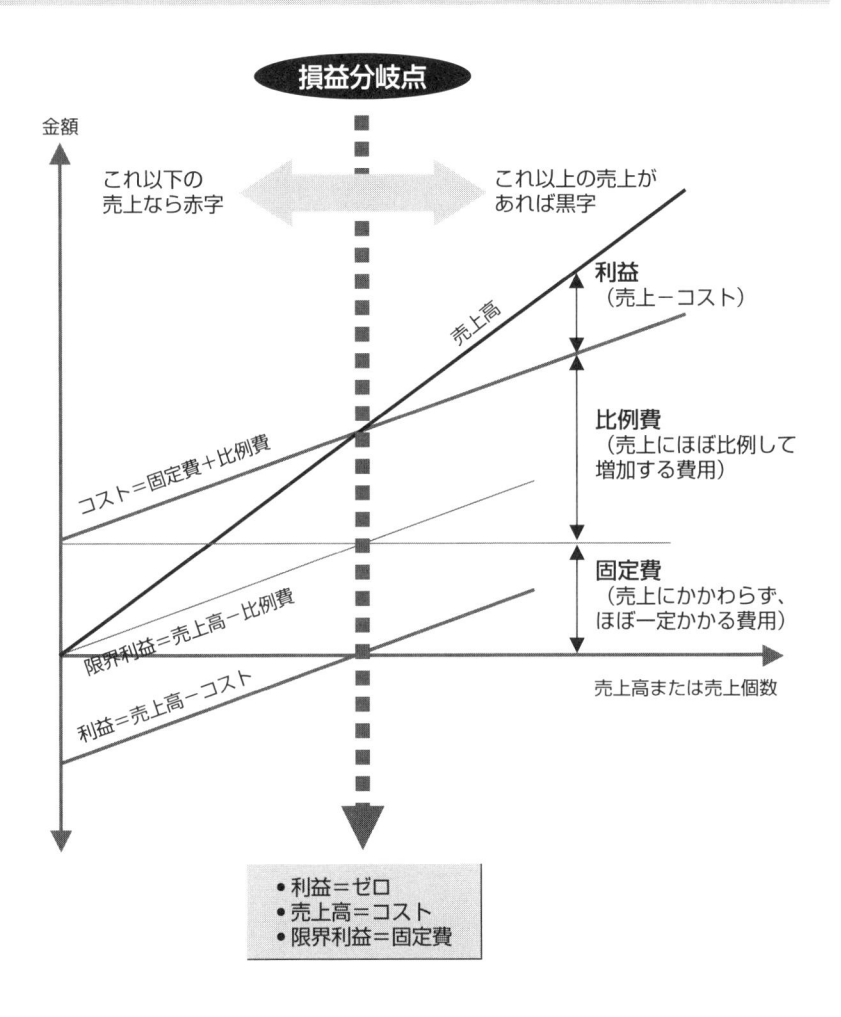

第5章●実戦テクニック2：仮説を実際に検証してみる・ツール編B

損益分岐点

- これ以下の売上なら赤字
- これ以上の売上があれば黒字

金額

売上高

コスト＝固定費＋比例費

限界利益＝売上高－比例費

利益＝売上高－コスト

利益（売上－コスト）

比例費（売上にほぼ比例して増加する費用）

固定費（売上にかかわらず、ほぼ一定かかる費用）

売上高または売上個数

- 利益＝ゼロ
- 売上高＝コスト
- 限界利益＝固定費

　いずれにせよ、利益を出すには損益分岐点以上の売上を達成することが必要となる。

ちなみに、固定費と比例費は、とくに会計基準で定義されている項目ではない。自社のマネジメントとして管理会計として把握すればよい項目なので、ある原価項目を固定費か比例費かに振り分ける場合、自社の事業の実態に合わせて決めよう。

たとえば、同じパートの人件費でも、地方の工場のように何十年も勤めているパートが多い場合はそのコストは固定費として捉えるべきだし、都心のコールセンターのように、需要により張りつけるパートの人数が大きく変わる場合はそのコストは比例費だ。

また、固定費といっても売上にかかわらず一定不変ではない。たくさん売れれば新たな設備投資も必要だろうし、管理の人材を雇う必要もあるかもしれない。固定費とは不変ではなく、むしろ売上に応じて階段状に増える費用だといえる。

また、損益分岐点分析は売上の変化の影響を分析するのに重宝する。たとえば、同じ売上高で同じ利益を出している商品でも、下図のようにその原価構造はかなり違っていることもある。

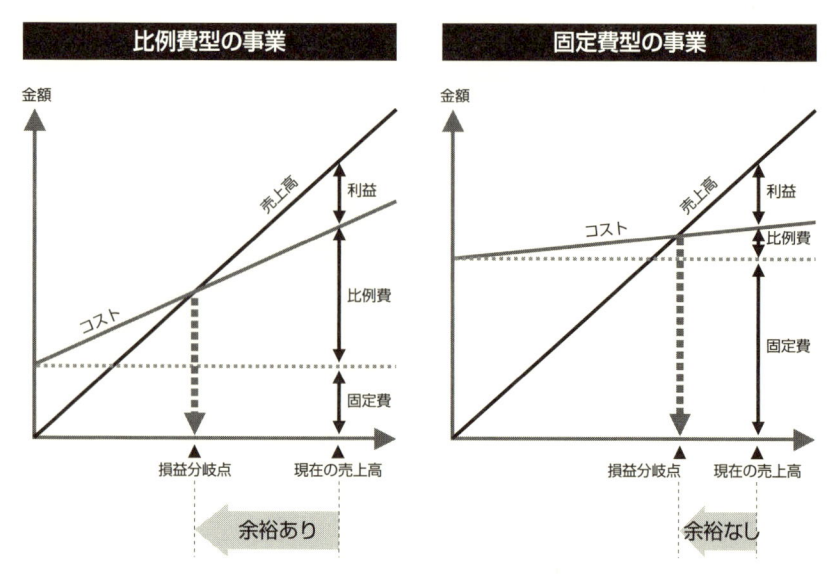

比例費型の事業

固定費型の事業

第5章●実戦テクニック2：仮説を実際に検証してみる・ツール編B

　前ページ図の左側はコストの大半を比例費が占める比例費型の事業、右側はその逆の固定費型の事業だ。比例費型の業種は小売業、卸売業など、そして、固定費型の業種としてはプラントや自動車などの装置産業が思い浮かぶ。銀行や商社なども売上＝利鞘として捉えれば、固定費型の業種と考えられる。

　比例費型の事業の場合、売上個数が若干落ちても、まだ損益分岐点までには余裕がある。しかし固定費型の事業の場合、同じ利益を出していても損益分岐点は高く、ちょっとした売上の減少が赤字転落に直結しかねない。固定費型の事業は、損益分岐点に達する"限界稼働率"をいかに低く抑えるかが、収益を最も左右するファクターとなる。

　今後の成長が見込まれる市場なら、リスクをとって成長に賭ける固定費型の事業構造も設計できる。売上が増えれば増えただけ儲かるのが固定費型の事業の特徴だからだ。しかし、リスクを回避したいならば、できる限り固定費の少ない比例費型の事業構造を設計すべきだろう。

　また、今のデフレの時代、「もう少し売れれば」と商品の値段を下げてしまう誘惑にかられがちだ。しかし、損益分岐点分析をすれば、売価を5％下げると、利益はそれ以上にダメージを受けることがわかる。

　吉野家や（一時期の）マクドナルドは、単純に値段を下げたからバカ売れして成功したのではない。それ以前に業務プロセスを徹底的に改善し損益分岐点を下げ、安値でも十分な利益が出るようにしたのだ。また、安価な外食チェーンという、安値が販売数増加に直結するビジネス（"価格弾性値が高い"という）だからこそできた荒技だ。

　値段を下げる戦略は、多くの場合きわめて危険だ。損益分岐点分析をせずに値段を下げるような無謀なことはしてはいけない。

終章

戦略思考であなたの人生を豊かにしよう

生活の中で戦略思考のスキルを磨こう

●戦略思考は"できる"ビジネスパーソンの必要条件

　下図を見てほしい。あなたが普通のビジネスパーソンから"できる"ビジネスパーソンになり、さらに経営プロフェッショナルになるまでに、身につけるスキルを示したものだ。

　普通のビジネスパーソンが"できる"ビジネスパーソンに脱皮するには、戦略思考が必須の思考スキルとなる。もちろん、戦略思考スキルと並行して専門スキルや対人スキルも身につける必要があるし、仕事を遂行するには責任感やストレス耐性も重要だ。

　しかし、いずれにせよ、普通のビジネスパーソンが、"できる"ビジネスパーソンとなるための思考OSは戦略思考スキルだ。

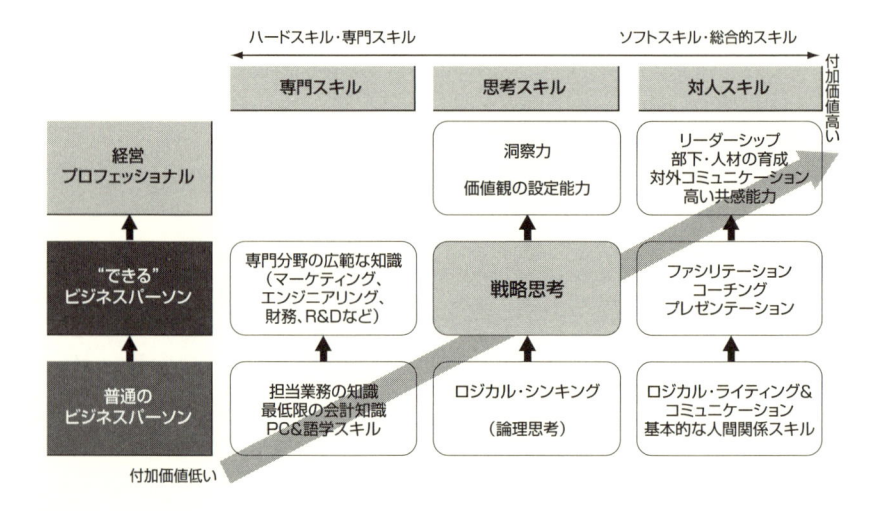

	ハードスキル・専門スキル		ソフトスキル・総合的スキル
	専門スキル	思考スキル	対人スキル
経営プロフェッショナル		洞察力 価値観の設定能力	リーダーシップ 部下・人材の育成 対外コミュニケーション 高い共感能力
"できる"ビジネスパーソン	専門分野の広範な知識 （マーケティング、エンジニアリング、財務、R&Dなど）	戦略思考	ファシリテーション コーチング プレゼンテーション
普通のビジネスパーソン	担当業務の知識 最低限の会計知識 PC&語学スキル	ロジカル・シンキング （論理思考）	ロジカル・ライティング&コミュニケーション 基本的な人間関係スキル

付加価値低い → 付加価値高い

●毎日の仕事の中から始めよう

　思考スキルを身につける近道は、毎日の仕事の中で使うことだ。本などで知識を仕入れ、研修で体験しただけだと、すぐに忘れる。毎日の仕事で磨かないと、スキルは身につかない。戦略思考の利用開始日を明日に延ばす理由はない。今からすぐにでも使い始めよう。

　まずは、毎日作る社内文書や電子メールに、戦略思考のツールを使おう。具体的には、
- ピラミッド・スタイルで書く
- 論点をMECEに構造化する
- 「空→雨→傘→紙」へ落とし込む

　に気を配ってみよう。
　またミーティングでは、
- 進んで書記役（できればファシリテーター）となって、ホワイトボードを使いながら、議論を構造化する
- 「空→雨→傘→紙」の段階をモニタリングし、イニシアティブをとって具体化を進めていく

　などにもトライしよう。

　1カ月もすれば、自分の頭がロジカルに構成されてくるのが実感できるはずだ。慣れてくると、自然に頭の中がロジカルになってきて、こんな作業は意識せずとも自然にできるようになる。
　私個人の場合は、メールを（インデントを使って）ピラミッド・スタイルで書くのが最も効果的なトレーニングとなった。毎日、いやでも使うものなので、ぜひお勧めしたい。
　また、毎日の仕事で戦略思考を使えば、本からの知識もグングン入ってくるようになる。ちなみに、章末のブックガイドには戦略思考力を高めるのに効果的な情報が得られる本を紹介している。

●質問と仮説をクセにして、前向きな「天の邪鬼」になろう

　この本で何回か述べたとおり、戦略思考の最大の敵は「常識」だ。この「常識」の壁を乗り越えるためには、"なぜ？""なぜ？""本当に？"と、最低3回は質問を繰り返そう。
　しかし、言うのは簡単だけれど、ほとんどの人はできない。言われたことを素直に効率的にこなす、という受け身型の教育を20年近く受け、さらに社会人としてそれなりに会社に適応していると、そもそも言われたこと、やっていることに疑問を持つこと自体ができなくなってしまうからだ。
　こういう私自身、まともに"なぜ"と問うクセがついたのはコンサルティング会社に入ってからだ。"なぜ"と問い・問われるのが仕事のコンサルティング会社に入るまでは、今やっていることに疑問を持つことはなかったといっていいくらいだ。
　仕事で"なぜ"と聞くのは、相当なエネルギーがいる。"なぜ"と聞いて、的外れでも答えを返してくれるならいいほうで、たいていの場合ははぐらかされたり、怒られたりする。みんなが知っていることを聞いて、バカと思われるのも嫌だ。"なぜ"と聞くより、言われた仕事を"ハハッ"と承って一生懸命やったほうが、ずっと楽だ。
　また、組織の中では、上司の指示に疑問を持たず仕事をするほうが往々にして出世する。大企業や官庁のエスタブリッシュメントには、きわめて優秀なオペレーション能力と政治力をもちながら、疑問を持つという能力を殺している人も多い。
　経済全体が成長している時期なら、組織の「常識」に従い周囲の価値規範どおりに行動するのが正しい企業戦略であったし、正しい処世術だっただろう。しかし、今の世の中で"偉い人やお上の言うとおり"にしていたら、丸裸にされかねない。
　これからの時代には、「常識」を疑う"天の邪鬼"な頭が必要だ。もっとも、天の邪鬼といっても、何でもケチばかりをつけて、動こうとす

る人の足を引っ張る、陰気な天の邪鬼（＝宦官）ではない。自分の頭で考えて前に進み、また組織を引っ張っていく"前向きな天の邪鬼"を目指してほしい。

　"前向きな天の邪鬼"になるためには、日常生活の中で、疑問を投げたり、課題や仮説を立てるクセをつけるのが役に立つ。疑問や仮説といっても、本格的なものでなくてよい。ちょっと頭を巡らす程度で十分だ。
　たとえば、朝のニュースを、何が起こったか（What）を聞き流すだけではもったいない。どんな原因があるのか（Why）を考え、また自分ならどうするか（How）を考えてみよう。じっくり考える時間はないだろうが、これでも相当頭が動くはずだ。別に企業ニュースや経済問題に限らない。普通の社会ニュースや犯罪でもいいし、ファンなら野球やサッカーでもいい。
　また、週末に家族で食事に出たら、こんなことを考えてみよう。
- この店をもっと繁盛させるにはどうしたらいいのかな？
- やはり味かな？　それとも雰囲気とサービス？　メニューの構成はどうだろうか？　ターゲット顧客によっても違うだろうが、どんな人を想定してるのかな？
- 利益を出すにはどうすればいいのかな？　でも、変に利益志向になったら、離れる客もいるだろう。どうすればいい？

同じく旅行に行ったら、こんなことを考えてみよう。
- 訪れた宿や観光施設を繁盛させるにはどうしたらいいのか？
- 自分がもっと満足するには、どんなことがあれば嬉しいか。再び来させる秘訣は何なんだろう？
- ほかには、どんなお客が来ているのだろう？　彼らは満足して帰っているんだろうか？　興味はあっても来ることができない客は？
- 観光地全体がさびれているなぁ。街が楽しくならないと、遊びに来ても楽しさが薄れるな。どうすれば活性化できるんだろう？

休日の新聞でスーパーの広告を見ても、ドライブで車のディーラーの看板を見ても、いろいろ考えを巡らしてみよう。
　そして、いい考えが出てきたり、考えてもわからないことがあったら、恋人や配偶者など、身近なパートナーに聞いてみよう。そのパートナーこそ、あなたの最良のコンサルタントだ。結構ハッとする"気づき"があるはずだ。
　また、考えてみたことに関連する本を見つけたら、立ち読みしよう（できれば買ってみよう）。別に難しそうな教科書でなくてよい。図やイラストがたくさんある、わかりやすい本が一番いい。
　いろいろな場面で興味を広げるうちに、次第に右脳も活発になり、頭の感度が高くなる。ちなみに大前研一氏は、毎朝の通勤の間に電車の窓から見た広告の会社の社長になったつもりで課題設定・仮説検証し、毎日、戦略思考の訓練をしたそうだ。

　右脳を豊かにしたいなら、雑多なものに興味を持ち、いろいろな種類の「本」を読もう。
　"休日は漫然とテレビを見てます"なんていうのでは、人の右脳はどんどん退化していく。テレビはあなたの右脳と左脳を占領してしまう。テレビを見ながら考えるのは難しい。それに比べて本や雑誌は左脳で活字を読みながら、並行して右脳を動かすことができるメディアだ。文字で読みながら並行して図やイラストにイメージ化するなど、意識して右脳を動かせばさらに効果が上がる。
　本を読む時間がないことを言い訳にしてはいけない。優れた経営者（＝非常に忙しい）は例外なくすごい読書家だ。それに、速読の本を読んで試せば、読む速さは簡単に２〜３倍になる。
　本で右脳を動かすと、発想のもととなるパターンが増えていく。だから、できるだけ仕事とは関係ない雑多な種類の本、できれば天の邪鬼な新しい発想の本を読もう。自分の仕事関係の本ばかりいくら読んでも、右脳は活性化しない。

また、右脳を活性化するには、**外からの新しい風を感じよう**。

毎日、同じことの繰り返しでは、脳はどんどん退化する。安心できる生活スタイルは必要だが、話題のもの、旬のものが気になるという、ある意味でのスケベ根性は何歳になっても、いやむしろ歳をとるほど（＝地位が上がるほど）あったほうがいい。新しいことを五感で体感するのが、最も右脳を刺激する方法だからだ。

五感を最も刺激するのは異文化体験だろう。

私が思う一番の異文化体験は、実は会社を変わることだ。今までの「常識」がガラガラと崩れると思う。

これが難しいあなたにお勧めなのは海外旅行。ハワイとかではなく、中国沿海部だ。そこでは、裸の資本主義（政治的建前はともかく）が放つ強烈なエネルギーと、成長に向けた貪欲さ・前向きさを肌で感じることができる。テレビで"中国パワー"と聞いただけでは、なかなか実感できないが、直接五感で接すると"あぁ、こりゃ日本は負けるな"と素直に感じると思う。このような体験がないまま、10年前の「常識」で"中国は共産主義の発展途上国"などと思っていると、どんどん頭が化石化していく。

新しいことを積極的に吸収し経験することは、これからの時代、あなたの最大の資産になる。とくに失敗は最大の学びの源だ。チャレンジして失敗したら、そこから学ぶべきことは多いはずだ。変化の多い時代、付加価値を発揮できる人とは、学び続けることのできる人だ。

> 右脳は働かせてナンボ。どんどん刺激しよう。

戦略思考を活かして
あなたの人生を豊かにしよう

●"できる"ビジネスパーソンになるのが最大のリスク回避方法

　ここで"できる"ビジネスパーソンを目指すことが、あなた自身にとってどんな意味があるか、もう一度確認しよう。

　序章でも述べたとおり、あなたが会社からリターンを求めるためには、あなた自身が会社に付加価値を与えていくしかない。

　人員削減や高失業率の話を聞くと、マイナス点を避ける縮み思考になりがちだが、これは最もリスキーな選択肢だ。言われたことをこなすだけの人には、いくらでも代わりがいるし、市場自体もIT化とグローバル化（例：国内事務の中国への転移）でさらに縮まる。そんな人たちの市場価格は、どんどんタダに近づいていく。精神的な"守り"に入ったら、守るべきものも守れなくなってしまう。

　あなた自身を"守る"には、組織に付加価値を与える"できる"ビジネスパーソンを目指すのが正解だ。

　"できる"ビジネスパーソンは少ない。あなたがそれに足るスキルを身につけ実績を積めば、今の会社で活躍の場が広がるだけでなく、他の組織からも求められる人となる。

　"できる"ビジネスパーソンになることが、あなたのリスクを最小化し、リターンを最大化する。リターンとは単に収入だけではない。面白い仕事という職業人としての最も価値あるリターンも、同時に最大化できるのだ。

●最終的には経営プロフェッショナルを目指してもらいたい

　上級ビジネスパーソンの次には、経営プロフェッショナルのレベルを目指したい。経営プロフェッショナルは、一言で言えば"安心して事業を任せられる人""どこでも社長（や市長など組織の長）が務まる人"だ。

　一番イメージしやすいのは、日産のゴーン社長だろう。ゴーン氏は今までの企業再建実績を買われて日産の社長に就いたが、仮に総合電機メーカーの社長になっても、銀行頭取になっても大きな違和感はないだろう。経営者や指導者に求められるのは、業界経験や業界内人脈ではなく、変化する環境の中、正しく意思決定する力とリーダーシップだからだ。

　この力は、企業だけではなく非営利団体や行政機関、医療や教育や農業など、あらゆる組織で求められるようになる。ドラッカーの指摘するように、21世紀はあらゆる組織に"マネジメントが必要となる"時代なのだ。

　現在、これらの組織を運営しているのは経営のアマチュアだ。変化の時代は乗り切れない。これら組織が機能不全に陥ったとき、それを救うのは経営プロフェッショナルしかない。

　しかし同時に、経営プロフェッショナルに足る人は、実に少ない。ゴーン社長は"日本企業には勝つための要素すべてがそろっている。足りないのは経営だけだ"と語っている。企業だけではない。日本という国に最も足りないのは、組織経営を任せるに足る、経営プロフェッショナルなのだ。

　機能不全に陥りつつあるこの国を救い再生するためにも、志のあるあなたには、経営プロフェッショナルたることを目指してほしい。

●戦略思考をあなた自身の課題解決に使おう

　戦略思考は、自力で解決策を見つけるための方法だ。ビジネスだけでなく、人生のいろいろな場面で使うことができる。
　極論すると、他者である会社の課題を解決するより、自分自身の課題の解決に使うほうが、あなたにとっての戦略思考の価値は大きいはずだ。

　たとえば、こんな場面を考えてみよう。
- 彼・彼女と結婚すべきだろうか
- 二人目の子供を作るべきだろうか
- 転勤辞令が出たが、単身赴任すべきだろうか
- 家を買うべきだろうか。賃貸でいくべきだろうか
- 会社を辞めたいが、本当に辞めてしまっていいのだろうか
- 子供がグレてしまった。どうすればいいのだろうか
- 父親が亡くなった。残された母親を、どうしようか

　こんなときこそ、戦略思考が役に立つ。クールに課題を論点分解し、建設的な仮説を出していこう。感情も絡むので、関係する人への伝え方には注意すべきだが、戦略思考を使えば、よりよい解決策が導き出せるはずだ。
　戦略思考で自分の課題を捉えてみると、あなたが人生で意思決定するときの第一の軸が見えてくる。つまり、家族・自分の時間・仕事の充実・お金などの中で、何が自分にとって一番大切なのか、集中すべきものなのかが、次第にはっきり見えてくる。また、5年後、10年後の社会や自分、また家族を"TO BE仮説"で思い描くことにより、今あなたが取り組むべきことも明らかになる。

●「自立」する自信を身につけよう

　繰り返し書いてきたとおり、これから付加価値を生み出せる人は、組織の中にあっても自立したビジネスパーソンだ。自分の人生の中に会社でのキャリアを位置づけるべきであり、その逆ではない。

　精神的に自立することは、豊かな人生、幸せへの第一歩だ。精神的に自立し、自分の価値軸に従った、悔いのない生き方をしよう。
　自分で考えることを放棄してしまうと、どこまでいっても、会社から離れられない、他人に従属する人生になってしまう。リスクを怖がって、守りに入り、結局ジリ貧になってしまう。

　これからは、自立したビジネスパーソンが活躍し、そんなビジネスパーソンを抱えた会社が伸びていく世の中になっていくはずだ。もし、日本がそういう国にならないのならば、そんな魅力のない国にずっと未練を持つことはない。あなたが自立した"できる"ビジネスパーソンに成長すれば、あなたの活躍できる世界はもっと広くなる。

> 　課題解決力をつけて、自信を持って生きていこう。
> 　そのための第一歩として、戦略思考のスキルを身につけ、使いこなしていこう。

Book Guide
一口コメント付 ブックガイド

●戦略思考の本を読む

『実戦！問題解決法』大前研一・齋藤顯一（小学館、2003年）
    戦略思考の入口を具体的に教えます。大前氏が総監修をしている通信教育コース"ビジネス・ブレークスルー"の紹介もあります。

『知恵は金なり』堀紘一（PHP研究所、2003年）
    ボストン・コンサルティングの元社長・堀氏が、どうやってビジネスに付加価値をつける（＝知恵をつける）かを語ります。おすすめです。

『問題解決プロフェッショナル「思考と技術」』
                    齋藤嘉則（ダイヤモンド社、1997年）

『戦略シナリオ　思考と技術』齋藤嘉則（東洋経済新報社、1998年）

『問題発見プロフェッショナル「構想力と分析力」』
                      齋藤嘉則（ダイヤモンド社、2001年）
    数ある戦略本の中では最も本格的かつ実践的でしょう。ビジネスの場面で活用できそうな具体例も豊富です。

『マッキンゼー式　世界最強の問題解決テクニック』
                    イーサン・M.ラジエル他（英治出版、2002年）
    コンサルティング会社が戦略思考をビジネスの中でどのように活用しているかを紹介します。同様な環境にいた身として実感がわきます。

『企業参謀－戦略的思考とはなにか』大前研一（プレジデント社　1999年）
    1975年と77年に刊行された『正・続企業参謀』の新装版で、日本の戦略思考の原点。今でも十分通用する名著といえます。

『意思決定のための「分析の技術」』後正武（ダイヤモンド社、1998年）
いろいろな分析の技法を紹介しています。
『まず、戦略思考を変えよ』田坂広志（ダイヤモンド社、2001年）
"戦略思考"とのタイトルですが、方法論というより哲学をひもときます。田坂氏の一連の著作はクォリティが高くおすすめできます。

●ロジカル・シンキングなど基本スキルの本を読む

『ロジカル・シンキング』照屋華子・岡田恵子（東洋経済新報社、2001年）
よくまとまっており、ロジカル・シンキング全体をうまくカバーしてます。
『考える技術・書く技術』バーバラ・ミント（ダイヤモンド社、1995年）
世界中のロジカル・シンキングの原点といえる本です。
『論理力を鍛えるトレーニングブック』渡辺パコ（かんき出版、2001年）
レベルは高くないが、サクッと読めるしわかりやすい。同著者の『人生に役立つ論理力トレーニング』（幻冬舎、2003年）も面白いです。
『プロフェッショナル・プレゼンテーション』
　　　　　　　　　　土井哲、高橋俊介（東洋経済新報社、2003年）
実践的でよくできています。効果的なプレゼンのためにイシューツリーを活用する方法もよくわかります。
『伝わる・揺さぶる！文章を書く』山田ズーニー（PHP研究所、2001年）
言いたいこと書きたいことを、いかに自分の中から導き出すかを教えてくれます。ビジネス書ではないですが、大いに参考になるはずです。
『会議革命』齋藤孝（PHP研究所、2002年）
売れっ子の齋藤氏が、退屈な会議をどうやって活き活きしたものにするかを教えます。実践的で、わかりやすいです。
『考具』加藤昌治（TBSブリタニカ、2003年）
発想するためのツールや方法を紹介します。実践的で、すぐに使いはじめることができます。

『問題解決ファシリテーター』堀公俊（東洋経済新報社、2003年）
　　会議をいかに進めるかを丁寧に解説しています。イシューツリーを使って会議を効率化する方法がよくわかります。
『質問力』飯久保広嗣　（日本経済新聞社、2003年）
『質問する力』大前研一（文藝春秋　2003年）
　　課題の本質を探り、仮説を立てるために必要となる"いい質問"をいかにすべきかを教えます。

●実行スキルを身につける本を読む

『戦略ナビゲーション』舟崎隆之（東洋経済新報社、2002年）
　　戦略思考からその実行にまで踏み込んでいます。
『なぜ会社は変われないのか』柴田昌治（日本経済新聞社、1998年）
　　実績に裏打ちされた日本的な企業風土改革アプローチを紹介します。続編などもあります。柴田氏の著作はクォリティが高くおすすめです。
『経営パワーの危機』三枝匡（日本経済新聞社、1994年）
『Ｖ字回復の経営』三枝匡（日本経済新聞社、2001年）
　　閉塞状況にある会社にいかに変革を導いたかを、実話に基づき語ります。共感できるところは大でした。

●戦略思考を活かした人の実例を知る

『ルネッサンス』カルロス・ゴーン（ダイヤモンド社、2001年）
『ゴーンが挑む７つの病』日経ビジネス編、伊藤良二（日経ＢＰ社、2000年）
　　日産のゴーン社長の本です。前者は"経営プロフェッショナルかくあるべし"という趣の本。後者はゴーン氏の手法を紹介します。
『巨象も踊る』ルイス・Ｖ・ガースナー（日本経済新聞社、2002年）
　　沈みかけた巨艦ＩＢＭをいかに回復軌道に戻したかを、艦長自身が語ります。迫力ありおすすめです。

『八城政基 MBA講義』八城政基（日経BP社、2000年）
　　数あるMBA本の中で、まず最初に読むべき本です。日本人の"経営プロフェッショナル"が経営学を実務でどう実践したかがわかります。
『iモード・ストラテジー』夏野剛（日経BP企画、2000年）
『iモード事件』松永真理（角川書店、2000年）
　　iモードの成功は夏野氏の戦略仮説があったからだとよくわかります。ベストセラーの後者も面白いです。
『未完の「国鉄改革」』葛西敬之（東洋経済新報社、2001年）
『なせばなる民営化JR東日本』松田昌士（生産性出版、2002年）
　　巨大組織が陥っていた救いがたい無責任体質と機能不全、そしてその変革に向けた道程を描きます。とくに前者は迫力あります。
『小倉昌男　経営学』小倉昌男（日経BP社、1999年）
　　運輸省（当時）と闘って宅配便を日本に生み出したヤマト運輸の社長が語ります。おすすめです。
『思考スピードの経営』ビル・ゲイツ（日本経済新聞社、1999年）
　　お節介なWordやうるさい（？）イルカが嫌いな人でも、MicroSoft社の強さは認めざるを得ません。その強さの原点といえます。

●経営学各分野の勉強をする

『MBA○○○○』シリーズ
　　グロービス・マネジメント・インスティテュート（ダイヤモンド社）
スタンダードな教科書としてよくできたシリーズです。戦略一般以外にも財務やマーケティングなど幅広く押さえています。
『最強の経営学』島田隆（講談社、2001年）
『プロが教える問題解決と戦略スキル』相葉宏二（日本経済新聞社、2003年）
　　ともに手軽な本ですが中味は濃い。戦略の本質を語る本といえます。
『稲盛和夫の実学―経営と会計』稲盛和夫（日本経済新聞社、1998年）
　　京セラ・KDDIの創業者が、会計を経営の中でどのように捉えてきた

か説きます。会計の本では一番おすすめできます。

『実学入門・経営がみえる会計』田中 靖浩（日本経済新聞社、1999年）
　難しくなりがちな会計を実用的に、かつ、わかりやすくひもとく本です。

『リエンジニアリング革命』
マイケル・ハマー＆ジェイムズ・チャンピー（日本経済新聞社、1993年）
　リエンジニアリングの原点です。一時のブームは去りましたが、まだまだ有効な考え方です。

『トヨタ生産方式』大野耐一（ダイヤモンド社、1978年）

『トヨタ式改善力』若松義人、近藤哲夫（ダイヤモンド社、2003年）
　前者は日本最強の企業トヨタの原点、トヨタ生産方式をその創始者が紹介します。後者はそれをわかりやすく解説する本です。

『ザ・ゴール』エリヤフ・ゴールドラット（ダイヤモンド社、2001年）
　トヨタ生産方式の発展形といえる制約理論を紹介する本です。"日本人が制約理論を知ったら米国がまた負けてしまう"と、10年近く翻訳が許可されなかった、いわくつきの本です。

『実学入門・なぜ売れないのか』稲垣佳伸（日本経済新聞社、2003年）
　サブタイトルに"営業力は「仮説力」で決まる"とあります。仮説をいかに立てて営業するかの本。実践的で役に立ちます。

『経営革命大全』
ジョセフ・H.ボイエット、ジミー・T.ボイエット（日本経済新聞社、1999年）
　古典から最新の経営学をちょっとシニカルに俯瞰する本です。実務の役には立たないが、ウンチクを傾けたい人にはいいでしょう。

『組織の盛衰』堺屋太一（PHP研究所、1993年）
　日本式組織の強みと弱みを語ります。新しい発見も多いです。

『最強組織の法則』ピーター・M.センゲ（徳間書店、1995年）
　"学習する組織"という考えは新鮮でした。ベストの経営書によく挙げられる本です。日本では、ソニー、トヨタ、ホンダが"学習する組織"の代表格でしょう。

『組織戦略の考え方』沼上幹（筑摩書房、2003年）

『できる社員は「やりすごす」』
　　　高橋伸夫（ネスコ、1996年）（日経ビジネス人文庫、2002年）
　　日本の実態にピッタリ合う異色の組織論です。本文中、「宦官」という言葉は前者から、ホンダの事例は後者から引用しました。

『トム・ピーターズの経営破壊』トム・ピーターズ（TBSブリタニカ、1994年）
　　有名コンサルタントの異色の経営本です。マジメ・お勉強モードの経営学でなく、元気になる経営学です。トンガリにあふれています。

●天の邪鬼な人の視点を知る

『なぜこの店で買ってしまうのか』パコ・アンダーヒル（早川書房、2001年）
　　スーパーの「常識」と顧客の行動がいかにかけ離れているかを実例で示します。これはおすすめです。

『イノベーションのジレンマ』クレイトン・クリステンセン（翔泳社、2001年）
　　安っぽい"破壊的技術"が既存技術を代替してきた歴史を語ります。ハイテク会社の企画部門のバイブルといえます。

『失敗の本質』戸部良一（ダイヤモンド社、1984年）
『一下級将校の見た帝国陸軍』山本七平（文藝春秋、1987年）
　　前者は日本軍の失敗を、組織論の立場から論じます。特権階級であった軍官僚エリートがいかに無能で腐っていたかと痛感します。後者はその腐りぶりを下から眺めた本です。

『人口ピラミッドがひっくり返るとき』ポール・ウォーレス（草思社、2001年）
『人口減少社会の設計』松谷明彦、藤正 巌（中央公論新社、2002年）
　　人口という切り口から、いかに世界また日本が見えるか。新しい切り口にちょっと感動しました。

『仕事のなかの曖昧な不安』玄田有史（中央公論新社、2001年）
　　失業率が高いのは中高年でなく若者、また若年失業率を押し上げるのは既得権益にしがみつく団塊の世代、という「常識」に真っ向から対立する主張をはじめて展開した本です。これも新鮮でした。

『犬と鬼』アレックス・カー（講談社、2002年）
　　外から来た永住者から日本がどのように見えるか、薄々感じていたことをグサリと指摘された気がします。共感できました。
『お金持ちになれる黄金の羽根の拾い方』橘玲（幻冬舎、2002年）
　　市井の財産作りの常識をひっくり返します。
『「社会調査」のウソ』谷岡 一郎（文藝春秋、2000年）
『ツキの法則』谷岡 一郎（ＰＨＰ研究所、1997年年）
『カジノが日本にできるとき』谷岡 一郎（ＰＨＰ研究所、2002年）
　　『「社会調査」のウソ』は、社会調査がいかに恣意的な結論を導くために解釈されているかを実例で紹介します。ファクト収集の参考になります。他の2冊も非常に面白く新鮮でした。
『吉野家の経済学』阿部修二・伊藤元重（日本経済新聞社、2002年）
『回転寿司の経済学』渡辺英米（ベストセラーズ、2002年）
　　ともに、外食産業の経営に関する本です。吉野家や回転寿司のファンには、とても面白いと思います。
『ナニワ金融道』青木雄二（講談社モーニングＫＣ）
　　ある意味でビジネスの原点。私がコンサルタントになったとき、最初に読むように言われた本です。青木氏の他の本も面白いと思います。
『国まさに滅びんとす』中西輝正（集英社、1998年）
　　エリート層のモラルの欠如が大英帝国を長期低迷に導いていった道程を示します。今の日本の状況と同じで、考え込んでしまいます。
『あなたの会社が壊れるとき』箭内 昇（日経ビジネス人文庫、2003年）
　　金融業界への鋭い指摘で知られる元長銀執行役員の箭内氏のエッセイです。一種のスゴミがありおすすめです。

●キャリアを考える

『サラリーマン・サバイバル』大前研一（小学館　1998年）
　　大前先生、相変わらず吼えています。面白いと思います。

『プロフェッショナルの条件』
　　　　　　　　　ピーター・F.ドラッカー（ダイヤモンド社、2000年）
『ネクスト・ソサエティ』ピーター・F.ドラッカー（ダイヤモンド社、2002年）
　　高名な未来学者が"思考能力が今後のビジネスマンの価値""マネジメントがすべての組織に必要になる"と説得します。

『仕事の思想』田坂広志（PHP研究所、1999年）
　　成長、共感、目標、などさまざまな視点から"なぜ仕事をするのか"を深く静かに語ります。格調高い名著だと思います。

『ビジネスマンプロ化宣言』淡輪敬三（かんき出版、2002年）
　　"サラリーマンをやめてプロになる"ための道を示します

『キャリアショック』高橋俊介（東洋経済新報社、2000年）
　　自分の動機に合った生き方が"幸せなキャリア"を作ると説きます。

『カンパニーマンの終焉』アンソニー・サンプソン（TBSブリタニカ、1995年）
『雇用の未来』ピーター・キャペリ（日本経済新聞社、2001年）
　　前者は米国でも普通だった会社人間がいかに消えていったか、後者はその後の雇用形態についてを論じます。

『コンサルタントは付加価値で勝負する』
　　　　　　　　　都村長生、高橋俊介（東洋経済新報社、1999年）
　　もしも、あなたが経営コンサルタントを目指すなら必読本です。

あとがき

　この本は、私が株式会社セルム（http://www.celm.co.jp/）の委託を受け担当している企業研修「戦略思考」のクラスの講義および演習内容をまとめたものである。

　この研修コース全体は、次世代の経営幹部を養成するものだ。選抜された受講生を対象に、財務やマーケティングなどのクラスに加え、自社が実際に直面する経営課題への提言作成を行なって、課題解決能力を磨いていく。

　この研修コースで、最初に学ぶのが戦略思考のクラスだ。なぜなら、戦略思考＝課題解決のOSは、課題解決の力を身につけるには、最初に仕込むべきスキルだからだ。

　私のクラスは、おかげさまで受講者に好評を博している。

　その最大の理由は、戦略思考のトレーニングが受講者にとって"初めての経験"だからだと思う。受講者は皆勉強家で"戦略ツール、知ってるよ"という人も多い。それでも戦略思考を本格的に使うのは"実は初めて"という人がほとんどだ。これだけ戦略の本や話題が氾濫しているのに不思議ではあるが、現実問題として、戦略思考の頭の動かし方をひもとく本は、今まであまりなかったようなのだ。

　もちろんクォリティが高い本は、いくつか出ている。

　しかし、どうも物足りないのだ。実際に、本に書かれているようにスルスルと課題が解決できるわけがない。いろいろな試行錯誤を繰り返し、ハズレの山をたくさん作ったあとに、結果として見事な解決策にたどり着いた、というのが現実だろう。その過程が捨象され、ちょっとキレイになりすぎているのではなかろうか。本で紹介されるのは、おそらく100を検討した中から2～3個出てきたキーチャートだ。残りの9割以

上の"ハズレ"は紹介されない。しかし、そのハズレなしには素晴らしい解決策など作れない。

　この試行錯誤まで含めた「頭の動かし方」がよくわかっていないと、戦略思考は受験勉強になってしまう。"この問題は３Ｃと４Ｐを使って分解しました。これで正解ですか？"とか聞いてしまう。

　そうではないだろう。戦略思考の目的は、あくまで課題を解決することだ。ツールは、その課程を助けるために使う脇役でしかない。どうもここらへんが、今までうまく伝わっていなかった気がするのだ。

　「やはり誰かが、キチンと教えてあげる本を書くべきだろう。もとになる研修テキストもあるし、自分で書こうか……」と、作り始めたのがこの本だ。

　この本はいろいろな方の助けなくしてはできなかった。
　まず、今まで私の研修を受け、フィードバックをくれた受講者の皆さん。この本は研修での試行錯誤を通じて生まれたもので、いわば皆さんとの合作でもある。まずは皆さんに感謝したい。
　そして何より、私の前職場である戦略コンサルティング会社、A.T.カーニーの皆さんに感謝したい。優秀なプロフェッショナルの皆さんとともに仕事をした経験は、今の私の財産だ。この本の内容も、私自身が在籍中に受けたトレーニングを参考にしたし、また、戦略思考の頭の動かし方自体も在籍時の思考パターンを再現して構成したものだ。
　そして、読者にこの本を"面白い"と思っていただけたならば、それは私が密かに国内最強のクリティークと思っている、妻の由佳のおかげだ。この１年間の仕事漬けの状態に付き合ってくれてありがとう。
　最後に、「本にしませんか」との声をかけてくださった日本実業出版社の大西啓之さん、お疲れさまでした。いい本ができたと思います。

著者

河瀬　誠（かわせ　まこと）
1964年生まれ。86年、東京大学工学部計数工学科を卒業。同年、王子製紙株式会社に入社。95年、ボストン大学経営大学院にて理学修士および経営学修士（MBA）を取得。97年、戦略コンサルティング会社のA.T.カーニーに入社。通信・金融業界を中心に各種プロジェクトを担当。戦略思考の重要性と、自立したビジネスパーソンとして生きる大切さを痛感する。
2002年、ソフトバンク・グループに入社し、ブロードバンド音楽配信事業を立ち上げる。
05年より、知的資産経営専門のコンサルティング会社ICMG社（旧アクセル社）に勤務。10年より、エムケー・アンド・アソシエイツ社長として、戦略思考や戦略策定のワークショップを経営者や中堅のビジネスパーソンに提供している。
神奈川県鎌倉市に、妻と猫と住む。
著書に、『経営戦略ワークブック』（日本実業出版社）、『戦略思考のすすめ』（講談社現代新書）、『信用リスク・マネジメント革命』（金融財政事情研究会、共著）がある。
e-mail　kawase_makoto@yahoo.co.jp

戦略思考コンプリートブック

2003年7月10日　初版発行
2013年6月1日　第18刷発行

著　者　河瀬　誠　©M.Kawase 2003
発行者　吉田啓二
発行所　株式会社日本実業出版社　東京都文京区本郷3-2-12　〒113-0033
　　　　　　　　　　　　　　　　大阪市北区西天満6-8-1　〒530-0047
　　　　編集部　☎03-3814-5651
　　　　営業部　☎03-3814-5161　振替　00170-1-25349
　　　　　　　　　　　　　　　　http://www.njg.co.jp/
　　　　　　　　　　　　　　　　印刷／厚徳社　　製本／共栄社

この本の内容についてのお問合せは、書面かFAX（03-3818-2723）にてお願い致します。
落丁・乱丁本は、送料小社負担にて、お取り替え致します。

ISBN 978-4-534-03613-1　Printed in JAPAN

下記の価格は消費税(5%)を含む金額です。

会社が元気になる「3ステップ+アクション」
経営戦略ワークブック
河瀬 誠　　　　　　定価 2,625円(税込)

大手企業で人気の研修コンテンツをすべて公開！ツールや思考法（フレームワーク、仮説思考、マーケティング）を用いた戦略の導き方と実行法を丁寧に解説。"使える戦略"とは何かがわかる！

この1冊ですべてわかる
経営戦略の基本
(株)日本総合研究所　経営戦略研究会
　　　　　　　　　　定価 1575円(税込)

経営（全社・事業）戦略を初めて学ぶ人はもちろん、基本を再確認したい人にも最適な入門書。経営戦略の全体像、全社・事業戦略の策定と実施、戦略効果をさらに高めるノウハウまで網羅した1冊。

ビジネスで使いこなす
入門　定量分析
中村 力　　　　　　定価 1890円(税込)

ビジネスにおける「定量分析」を意思決定に活用する方法を教える入門書。「判断ブレが少ない」「説得力やプレゼン力が増す」などの定量分析のメリットを豊富な事例と図解で説明する決定版！

デューデリジェンスのプロが教える
企業分析力養成講座
山口 揚平　　　　　定価 1890円(税込)

「企業価値の本質を見抜く作業＝デューデリジェンス」のエッセンスを、一般ビジネスマンや投資家向けに解説。有名企業9社を9つの視点から分析した解説を読むうちに企業分析の基本が身につく。

3分でわかる
ロジカル・シンキングの基本
大石 哲之　　　　　定価 1470円(税込)

論理思考のフレームワーク（型）さえわかれば、ロジカル・シンキングは誰でもできる。MECE、仮説思考、フェルミ推定などが1項目3分でわかる。仕事に役立つ「考える技術」が身につく入門書。

30の「勝負場面」で使いこなす
ロジカル・シンキングの道具箱
山崎 将志　　　　　定価 1575円(税込)

最低限おさえておきたいツールを問題形式でわかりやすく解説。本書で頭の中に「道具箱」をつくれば、会議・商談などの大切な場面で適切なツールを使えるようになり、思い通りに仕事が進む！

六法で身につける
荘司雅彦の法律力養成講座
荘司 雅彦　　　　　定価 1575円(税込)

憲法からはバランス感覚、民法からは社会のさまざまな出来事をクリアに見るための観察眼、商法からはビジネス感覚と、ビジネス・パーソンとして最低限必要なスキル「法律力」が養成できる。

定価変更の場合はご了承ください。